국어를
즐겁게

우리말의 어원과 유래를 찾아서

국어를 즐겁게

1판 1쇄 인쇄 2021년 3월 15일
1판 1쇄 발행 2021년 3월 22일

지은이 박호순
펴낸이 안광욱
펴낸곳 도서출판 비엠케이

편집 맹한승 **디자인** 아르떼203
제작 (주)재원프린팅
출판 등록 2006년 5월 29일(제313-2006-000117호)
주소 서울시 마포구 성미산로10길 12 화이트빌 101
전화 02) 323-4894 **팩스** 070) 4157-4893
이메일 arteahn@naver.com

값은 표지에 있습니다.
ISBN 979-11-89703-28-8 43700

우리말의 어원과 유래를 찾아서

국어를
즐겁게

민속연구가 **박호순** 지음

Book
magazine&publishing

근래에 국어 과목을 어려워하는 학생들이 늘어나고 있다고 한다. 대학입학 수학능력시험이 끝나고 나면 너나없이 언어 영역이 어려웠다고 하면서, '웬 지문이 그렇게 기냐?'고 혀를 차며 언짢은 표정들이다. 하지만 국어 시험의 지문이 긴 것은 어제오늘의 일만도 아니다. 50년 전의 대학입학 예비고사 때나 40년 전의 대학입학 학력고사 때나 대학입학 수학능력시험이 처음 시작된 1994년에도 국어 시험의 지문은 길었었다. 하지만 당시의 수험생들은 지문이 길다는 느낌은 받았어도 지문이 짧기를 기대하기보다 그냥 긴 글에 적응하려 노력할 뿐이었다.

　대학입학 수학능력시험은 수험생들을 난감하게 만들기 위한 것이 아니라 대학의 학과목을 이수할 능력이 얼마나 있는가를 측정하려는 목적을 가지고 있다. 요즈음 학생들에게 국어 시험의 지문이 더 길게 느껴지는 것은 아마도 컴퓨터나 스마트폰과 같은 이기(利器)를 통해 짧은 글은 많이 접하면서 독서를 통한 긴 글은 접할 기회가 많이 부족했기 때문일 것이다.

독일의 철학자이며 정신분석학자인 에리히 프롬이 쓴《사랑의 기술》의 서문에는, '이 책을 읽고 사랑의 기술을 손쉽게 터득하리라고 기대하는 사람은 크게 실망할 것이니, 이 시점에서 책을 덮는 게 낫다'는 내용의 문구가 쓰여 있었던 것으로 기억하고 있다. 본고(本稿) 또한 그러하다. '우리말의 어원과 유래'를 주제로 쓰여진 이 책을 읽고 별안간 국어 성적이 향상될 것이라는 기대는 하지 않는 게 좋겠다. 이 책은 오직 우리 주변에서 자주 회자(膾炙)되고 있는 우리말을 모아 그 어원과 유래를 찾으므로써 우리 학생들이 우리말에 관심을 갖고 흥미를 느끼며 나아가 책을 가까이 하는 데 조금이나마 기여하는 마중물이 되기를 바라는 마음에서 쓴 글이기 때문이다.

　양사언(楊士彦)의 시조 '태산이 높다 하되'의 내용을 바꾸어 우리 국어와 연관을 지어 보았다.

국어가 어려우되 우리나라 말이로다
읽고서 또 읽으면 어려울 리 없건마는
학동(學童)은 제 아니 읽고 어렵다만 하더라

본고에는 이미 저술한《알고 보면 재미있는 우리 민속의 유래》의 주제와 유사한 내용 몇 가지가 중복되어 있다. 이것은 그 내용을 좀 더 보충하려는 의도였음을 밝히며, 독자의 너그러운 양해를 구한다.

본고가 정리될 수 있도록 음우(陰佑)를 아끼지 않으신 모든 분들께 깊은 감사를 드린다.

저자 박호순 씀

차
례

머 리 말 • 5

I

언어

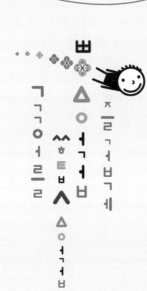

1. '얼굴'에 담겨 있는 의미

일반적으로 눈·코·입 등이 있는 머리의 앞면을 얼굴이라고 한다. 그렇다면 이마는 얼굴과 머리 중 어디에 포함될까? 답은 머리이다. 얼굴과 머리의 구분은 눈썹을 중심으로 그 위는 머리이고 그 아래는 얼굴이므로 이마는 머리에 속한다고 보아야 한다.

고어(古語)를 살펴보면, '얼굴'이 꼴이나 형상(形狀)의 뜻으로 쓰인다 하였고, 또한 '굴'의 옛말인 '골'만으로도 꼴이나 형상을 의미한다고 하였다. 따라서 '얼굴'의 '굴'은 고어의 '골(모양)'과 같은 뜻이며 이는 모음조화 현상에 따라 '얼골'이 '얼굴'로 변하였고, 현재는 '골'이 '꼴'로 변하여 지금의 언어로 쓰이고 있다. 일부 문헌에서는 '얼'과 '굴'이 각각 생긴 모양의 뜻을 가진 말로 이 둘이 합하여 꼴이나 형상의 뜻을 지닌 합성된 단어라고 설명하고 있지만, 얼굴이 꼴이나 형태(形態)만을 의미한다고 보기엔 뭔가 부족한 점이 있어 보인다.

우리말에서 '얼'은 정신·넋·혼·마음·생각 등을 의미하는 언어이다. 어떤 사람이 정신이 나간 것처럼 멍하니 앉아 있으면 사람들은 그를 가리켜 '얼이 빠진 것 같다'고 한다. 여기서 말하는 '얼'은 합성어로 꼴이나 모양 같은 신체적 의미만을 뜻한다기보다 정신·넋·혼·마음·생각 같은 정신적 의미도 함께 담고 있다고 보는 것이 어원적(語源的)인 면에서도 훨씬 타당한 분석이라고 할 수 있겠다. 따라서 '얼굴'은 정신·넋·혼·마음·생각 등을 의미하는 '얼'과 꼴이나 모양을 뜻하는 '굴'이 합하여 '얼굴(얼골)얼굴-모음조화)'이 되었다고 보아야 할 것이다.

사람의 신체 중에서 얼굴에는 손바닥이나 발바닥 그리고 그 외의 신체에 없는 정서적 요소가 있다. 얼굴에는 인간의 감정인 희로애락(喜怒哀樂)이 적나라하게 드러난다. 마음속으로 느끼는 기쁨과 노여움과 슬픔과 즐거움 등의 심리 상태가 숨김없이 얼굴에 드러나는 것이다. 또한 얼굴은 자신의 인격과 인성, 문화 수준, 생활 양식 등 자신에 관한 모든 것이 알게 모르게 상대방에게 인식되는 출구이기도 하다.

옛날에는 사람을 가늠할 때 선별의 근거로 삼던 신언서판(身言書判)이란 기준이 있었는데 바로 신수(身手)·말씨·문필(文筆)·판단력이 그것이었다. 옛날이나 지금이나 바르고 고운 말을 쓰는 말씨와 훌륭한 글과 글씨를 다룰 줄 아는 문필 그리고 치우침 없는 판단력도 중요하지만, 사람의 얼굴과 신체를 보고 평가하는 신수를 우선적인 기준으로 삼았던 것만 보아도 그 사람의 얼이 나타나는 얼굴이 얼마나 중요한 조건이었는지를 알 수 있을 것이다.

한눈에 바로 알아볼 수 있다는 뜻으로 '척 보면 안다'는 말도 있다. 상대방의 얼굴을 잠깐만 보아도 그 사람의 성품을 알 수

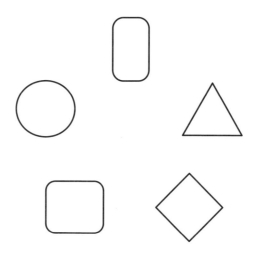

얼굴의 꼴과 형태

있다는 의미이다. 복잡한 인간관계에서 상대방의 얼굴을 한눈에 얼른 보고 내가 가까이 해도 괜찮은 사람인지 아니면 가까이 하기에는 좀 꺼려지는 사람인지를 파악하는 데 걸리는 시간은 얼마나 될까? 학자들의 말에 의하면 불과 0.1초면 된다고 한다. 그러니 우리가 사회생활을 영위하는 데 각자의 얼굴이 얼마나 중요한지 두 말할 필요가 없겠다.

우리의 얼굴은 불혹(不惑: 공자가 나이 40세에 이르러 세상 일에 미혹되지 않았다고 한 말에 따라 마흔 살을 뜻함) 이전에는 부모가 만들어 준 것이라 하고 이후에는 자기 스스로 만들어 가는 얼굴이라고 한다. 이는 모든 면에서 근본이라 할 수 있는 얼이 있는 모습 그대로 표출되는 얼굴을 잘 관리해야 한다는 뜻이다. 사람들이 화장을 하여 얼굴을 예쁘게 꾸미는 것도 얼굴 관리의 한 방편일 수 있겠지만, 겉으로 보여지는 얼굴 관리보다도 내면의 수양을 통해 온유한 성품이 풍겨 나오는 인품이 깃든 얼굴이 더 중요하지 않을까.

나 자신의 인격과 인성의 수양을 위해 인내심을 가지고 사필귀정(事必歸正: 모든 일은 반드시 바른길로 돌아감)의 올바른 생활양식과 정직한 사고방식으로 인간으로서의 품격과 성품을 형성해 간다면 스스로 만족할 만한 아름다운 얼굴이 만들어질 것이다. 그러면 사람에게는 어느 정도의 얼굴이 형성되어야 할까? 아마도 길을 걷고 있을 때 누군가 나에게 다가와 내 얼굴을 들여다보고 스스럼없이 길을 물을 수 있을 정도의 온유한 얼굴이면 되지 않겠는가.

2. 우리말은 언제부터 사용되었을까?

　우리 한민족(韓民族)이 우리말을 언제부터 사용하였을까 하는 생각은 우리나라 사람이라면 누구나 한번쯤은 갖게 되는 의문일 것이다. 필자는 아쉽게도 대학에 들어가서야 우리말에 관심을 갖게 되었다. 그도 그럴 것이 1950년대에 국민학교(현 초등학교)에 다닐 때 국어 공부라야 저학년은 한글 깨치기와 읽고 쓰기가 주된 내용이었고, 고학년에 올라가면서 시와 위인전을 읽으며 붓글씨 쓰기와 글짓기가 주로 배웠던 학습 과제였기 때문일 것이다. 그런 중에 국어 공부를 하며 세종대왕께서 우리 한글을 만드셨다는 글을 접하고는 세종대왕이 그렇게 크고 훌륭하게 느껴졌던 적이 없었고, 최만리라는 집현전 학자가 훈민정음을 창제하고 반포한 것에 반대했다는 말을 듣고는 어린 마음에 속으로 얼마나 그를 미워했는지 모른다. 중·고등학교 시절에는 시·소설·수필과 고전을 공부하며 '훈민정음 서문'과 '용비어천가'도 외웠지만, 어찌된 영문인지 문법이 국어 공부에 큰 비중을 차지했던 것 같다.

당시 우리나라의 학교 문법은 이론과 품사의 명칭이 학자마다 달라 선생님들이나 학생들이 많은 혼란을 겪고 있었다. 학교에서 교재로 채택되어 사용하고 있는 문법 교과서가 8명의 저술인에 7종의 교재가 있었는데 7종의 교재 이론과 명칭이 서로 달랐고, 또한 학교마다 가르치는 교사가 어느 저술인의 제자인가에 따라 그 내용과 명칭이 달랐다. 예를 들면 최현배 학자의 제자는 이름씨·대이름씨·꾸밈씨·움직씨 등으로 가르쳤고, 이희승 학자의 제자는 명사·대명사·형용사·동사 등으로 가르치는 경향이 있었다. 심지어 대학 입학시험(당시에는 각 대학에서 직접 시험을 치르는 본고사임)을 보러 갈 때에는 그 대학이 어느 학자의 영향을 받고 있는지를 미리 파악하고 그에 맞는 어휘를 선택해서 답을 써야 한다는 말까지 나돌았었다. 그러던 중 교사와 학생들의 어려움을 간파하고 학교 문법의 통일을 앞장서서 주장하던 김성배 학자가 기지를 발휘하여 저술인 8명을 설득해 중지를 모아 문법 통일을 보았다. 저술인들에 의해 합의된 내용은 이론은 최현배 학자의 것을 따르고 품사의 명칭은 이희승 학자의 것으로 하자는 데 의견의 일치를 보게 되었다 한다.

　　이러한 시대에 초·중·고 학창 시절을 보낸 나는 대학에서 '민속학'과 '계림유사연구'의 강의를 들으면서 우리말의 민족적 가치와 언어의 우수성에 관심을 갖는 계기가 되었다. '민속학' 강좌는 '우리 민속의 유래'를 연구하게 하였고, '계림유사연구' 강좌는 '우리 언어의 유래'를 공부하게 하였다.

　　우리나라는 조선 시대에 훈민정음이 창제되면서 우리말을 우리

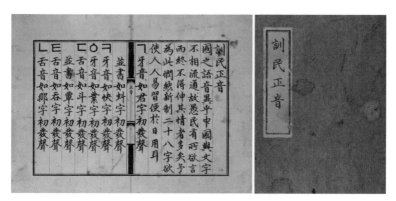

한글 편찬의 의미와 정신을 담은 훈민정음

글로 표현하게 되어 당시의 우리말을 찾아볼 수 있지만, 그 이전에는 우리말은 있어도 우리 문자가 없어 한자(漢字)로밖에 표기할 수 없었을 것이다. 그렇다면 우리의 문자가 없던 그 옛날 우리 조상들은 어떤 언어를 어떻게 표현하였을까?

그 답은 《계림유사(鷄林類事)》에서 찾아볼 수 있다. 《계림유사》는 12세기 초 고려 숙종(肅宗) 때 중국 송(宋)나라 손목(孫穆: 통역관으로 추정함)이라는 사람이 사신과 함께 개경(開京)에 왔다가 당시 고려의 조제(朝制: 조정의 제도), 풍속(風俗) 등과 함께 고려 사람들이 사용하고 있는 언어 중에서 353 어휘[진태하(陳泰夏)의 《계림유사 연구(鷄林類事硏究)》에는 359 어휘가 수록되어 있음]를 채록하여 당시 고려 사람들의 발음을 중국 송나라 시대의 한자음(漢字音)으로 가차(假借: 뜻은 다르나 음이 같은 다른 한자를 빌려 씀)하여 기록한 백과서(百科書)이다.

다음은 《계림유사》에 수록된 어휘 중에, 당시 고려 사람들이 사용했던 우리말을 이해하는 데 도움이 될 만한 것들을 발췌하여 예를 들어 보고자 한다. 예의 내용은 진태하의 《계림유사연구》를 바탕으로 뽑아 본 것이다. 왼편의 한자는 송나라 손목이 고려 사람들의 발음을 가차하여 기록한 것이고 오른편은 한자의 의미를 풀이한 내용이다.

天日漢捺(천왈한날)　중국 사람들이 말하는 '天(천)'을 고려 사람들은 '한날(하늘)'이라고 한다.

雨日霏(우왈비)　중국에서 말하는 '雨(우)'를 고려에서는 '비'라고 한다.

雷日天動(뢰왈천동)　중국에서 말하는 '雷(뢰)'를 고려에서는 '천동(천둥)'이라고 한다.

石日突(석왈돌)　중국에서 말하는 '石(석)'을 고려에서는 '돌'이라고 한다.

犬日家稀(견왈가희)　중국에서 말하는 '犬(견)'을 고려에서는 '가희(개)'라고 한다.

馬日末(마왈말)　중국에서 말하는 '馬(마)'를 고려에서는 '말'이라고 한다.

父日丫祕(부왈아비)　중국에서 말하는 '父(부)'를 고려에서는 '아비'라고 한다.

手日遜(수왈손)　중국에서 말하는 '手(수)'를 고려에서는 '손'이라고 한다.

冷水日時根沒
(냉수왈시근몰)　중국에서 말하는 '冷水(냉수)'를 고려에서는 '시근몰(식은 물)'이라고 한다.

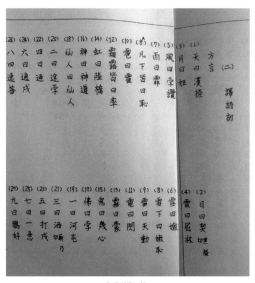

《계림유사》

弓曰活(궁왈활)　　　중국에서 말하는 '弓(궁)'을 고려에서는 '활'
이라고 한다.

　위의 예시 내용을 살펴볼 때, 표기된 한자의 음은 현재 우리가
사용하고 있는 한자음으로 기록한 것이지만,《계림유사》의 기록이
1,000년 전의 고려 사람들이 사용했던 한자음(漢字音)이었던 것을
감안한다면 우리 민족은 그 당시에도 지금과 거의 비슷한 소리의
언어를 사용했을 것으로 추측할 수 있겠다.
　더하여 우리 민족의 역사가 시작되는 4,300년 전의 고조선(古朝
鮮) 때에는 어떤 언어를 사용했을까? 아마도 지금과 같은 소리의
언어는 아니더라도 현재 언어의 뿌리가 될 만한 우리말을 사용했
을 것으로 추측되며, 우리 민족 나름의 기호적 문자(記號的文字)도

존재했었을 것으로 추정이 된다. 그 근거로 중국 《한서(漢書)》 '지리지(地理志)'에 의하면, 고조선은 사회 질서를 유지하기 위한 법조문을 만들었다고 하는데, 그 내용은 개인의 생명과 노동력에 의한 사유 재산과 가부장적(家父長的)인 가족 제도가 존중되는 관습법으로 '범금팔조(犯禁八條: 팔조금법이라고도 함)'라고 불렸다. 그러나 아쉽게도 5조목은 소실되고 3조목만이 전하고 있는데 그 내용은 다음과 같다.

1. 살인을 한 자는 사형에 처한다.
2. 남을 상(傷)하게 한 자는 곡물로써 보상한다.
3. 남의 물건을 훔친 자는 그 주인의 노비(奴婢)로 삼는 것을 원칙으로 한다. 그러나 속죄하고자 하면 일인당 50만 전(錢)을 내놓아야 한다.

위와 같은 내용이 중국 《한서》를 통해 전해지고 있는 것으로 보아, 분명 우리 민족은 부족 국가를 형성하여 우리의 역사가 시작된 고조선 때에도 우리 나름대로의 우리 언어를 사용했을 것으로 추측이 되는 것이다.

따라서 《계림유사》에 전하는 고려 시대의 언어와 중국의 《한서》 '지리지'에 전하는 고조선의 '범금팔조'의 내용을 유추해 볼 때, 우리 한민족은 그 옛날 우리 민족의 역사가 시작되는 고조선 때부터 우리만의 고유 언어를 사용했을 것으로 추정해도 크게 틀리지 않을 것이다.

3. 사랑과 사람

　사랑에 대한 정의를 내리기는 참으로 어려운 것 같다. 국어사전에는 사랑을 다음과 같이 설명하고 있다. 사랑이란 첫째, 정성과 힘을 다하여 아끼고 위하는 마음. 둘째, 이성에 끌려 몹시 그리워하는 마음. 셋째, 남을 돕고 이해하려는 마음. 넷째, 어떤 사물을 즐기거나 몹시 아끼고 귀중히 여기는 마음. 다섯째, 열렬히 좋아하는 대상(이성 등)이라고 하였다.

　이러한 사랑에 대하여 기독교에서는 '믿음 · 소망 · 사랑 그중에 제일은 사랑이라'고 하면서, 사랑은 오래 참고 온유하며, 시기하지 아니하며, 자랑하지 아니하며, 교만하지 아니하며, 무례히 행하지 아니하며, 자기의 유익을 구하지 아니하며, 성내지 아니하며, 악한 것을 생각하지 아니하며, 불의를 기뻐하지 아니하며, 진리와 함께 기뻐하고, 모든 것을 믿으며, 모든 것을 바라며, 모든 것을 견디는 것이라고 하였다. 사랑이 믿음과 소망보다 앞서는 이유는 믿음과 소망은 마음에 간직되어 있는 반면에 사랑은 마음에 간직되면서도 행동으로 실천할 수 있기 때문이라고 한다. 결국 기독교에서 말하는 사랑은 예수의 헌신적 사랑이다.

불교에서의 사랑은 중생(衆生)들을 가엾게 여기어 고통을 덜어주고 안락하게 해 주려는 '자비(慈悲)'를 말한다. 불교 사상 중에는 자비무적(慈悲無敵)이란 말이 있다. 어지럽고 힘든 세상에서 자신이 살아가는 데 가장 힘이 되는 것은 상대를 미워하지 않는 자비로운 사랑이라는 것이다. 자비를 베푸는 데에는 적이 없다는 말이다. 불교의 자비심은 인연의 멀고 가까움에 차별 없이 모두를 불쌍하고 가련하게 여기며, 무량(無量)한 사랑과 감싸는 마음으로 자기보다 상대를 더욱 위하는 마음이다. 불교에서 말하는 사랑은 부처의 무한한 자비이다.

유교에서의 사랑은 남을 이해하고 보듬으며 어질게 행동하는 '인(仁)'을 의미한다. 또한 아랫사람에게 베푸는 도타운 '자애(慈愛)'라고도 한다. 《논어(論語)》에는 '박시제중(博施濟衆: 널리 은혜를 베풀어서 뭇사람을 구제함)'이란 말이 있는데, 이 말에 관련된 부분을 발췌해 본다.

공자(孔子)의 제자인 자공(子貢)이 여쭙기를,
"만약 백성에게 은혜를 널리 베풀어 대중의 고난을 구한다면 인자(仁者)라 할 수 있겠습니까?"
하니, 공자 답하기를,
"어찌 인자에 머무른다고 하겠는가. 그야말로 필연코 성인(聖人)이라 할 것이다. 이는 요(堯)와 순(舜) 임금도 오히려 걱정하던 바이다. 인자는 스스로 입신코자 할 때에는 남을 입신하게 하며, 스스로 사리에 통달코자 할 때에는 남도 통달하게 한다. 능히 자기를 비추어 남을 이해하고자 한다면 이것이 곧 인(仁)에 이르는 길이라고 할 수 있을 것이다"
고 하였다.

유교에서의 사랑은 기독교의 헌신적 사랑이나 불교의 무한한 자비보다 오히려 보편적인 면이 있어 보이지만, 유교에서도 하늘 즉 신(神)의 뜻을 사랑에 결부시키고 있다. 공자가 말한 지천명(知天命)은 사람의 나이 쉰 살을 달리 이르는 말로, 사람이 쉰 살이 되면 하늘의 순리(順理)를 알아야 한다는 말이다. 하늘의 순리를 따르는 것도 나와 이웃을 사랑하는 일이다. 부자유친(父子有親)은 부모를 공경하고 효도를 하는 것인데 이 또한 부모를 사랑하기에 효를 실천하는 것이다. 유교의 기본은 '인(仁)'이라고 하지만, '예(禮)' 또한 가벼이 여길 수가 없다. 사람과 사람 사이에 예절을 지키는 것 또한 상대를 사랑하기 때문에 예절을 지키는 것이다.

철학적 의미의 사랑에는 에피투미아(epithumia: 원초적 사랑), 플라토닉(platonic: 정신적 사랑), 에로스(eros: 이성적 사랑), 필리아(philia: 친구 간의 사랑), 스토르게(sthorge: 가족 간의 사랑), 아가페(agape: 조건 없는 사랑) 등이 있으나, 일반적으로는 에피투미아, 에로스, 아가페를 철학적 사랑의 기본으로 이야기하는 경향이 있다.
에피투미아는 원초적인 사랑으로, 자기 자신을 우선으로 하여 욕구 충족을 위한 자기 사랑이다. 배가 고프거나 몸이 아프면 울고, 마음이 흡족하면 웃으며, 좋은 물건을 보면 갖고 싶어 하고, 사

회 활동 중에는 높은 지위와 명예를 얻고 싶은 것 등 자신에게 이로운 것을 탐하는 것이 에피투미아적 사랑이다.

에로스는 그리스 신화에 나오는 '사랑의 신(神)'의 이름처럼 이성 간의 사랑을 기본으로 하며, 서로가 아름다운 것을 추구하고, 아름다운 것에 감동을 받으며, 아름다움을 표현하는 자타 공존의 사랑이 에로스적 사랑이 아닐까 한다.

아가페는 철학자 플라톤이 '이데아(idea: 이상적 개념)'에 대한 동경이라고 정의한 것처럼 신의 뜻을 따르는 사랑, 모든 인류를 위한 사랑, 어떠한 조건도 없는 헌신적 사랑을 말하는 것이다. 아마도 예수의 사랑과 부처의 자비와 상통하는 사랑으로 보아도 크게 어긋남이 없을 게다.

이처럼 사랑에 관한 이야기가 많이 전하고 있지만, 어원사전에서는 '사랑은 사람이 사람을 생각하는 것'이라고 풀이하였다. 그러니까 '사랑'은 사람과 사람이 상대방의 여러 상황을 깊이 생각하고 헤아리면서 서로를 배려하는 마음일 것이다.

중세 국어에서는 'ᄉᆞ랑'은 두 가지 뜻을 가지고 있었다.《월인석보(月印釋譜)》에는 '思(사)는 ᄉᆞ랑ᄒᆞᆯ씨라'라고 하여 '생각하다'를 '사랑하다'로 설명하였고,《내훈(內訓)》에서는 '愛之(애지)는 ᄉᆞ랑ᄒᆞ야'라고 하여 '사랑하다' 역시 '사랑하다'로 설명하고 있어 옛날의 'ᄉᆞ랑'은 생각하는 것과 사랑하는 것 모두를 뜻하고 있었던 것이다.

한편에서는 'ᄉᆞ랑하다'는 '思(생각 사)'를 언해(諺解)한 말이라고 하면서, 불교 수행서인《야운자경(野雲自警)》에 나오는 '思量(사량: 생각하여 헤아림)'에서 유래된 말이라고도 하였다. 또한 'ᄉᆞ랑하다'는 '愛(사랑 애)'를 언해한 '괴다(사랑하다)' '둣다(사랑하다)'와 같은 뜻이라고 하면서, 'ᄉᆞ랑'이란 힘들고 괴로워도 참고 견디며 기다리는 마음이라고 하였다.

그러면 '사랑'과 가장 관련이 있는 '사람'에 대하여는 어떻게 정의를 내려야 할까?

국어사전과 어원사전에 의하면, '사람'의 어원은 '살(명사로, 사람이나 동물의 뼈를 싸고 있는 부드러운 물질)+암(접미사)'이 합하여 '사람'이 되었다고 한다. 다른 한편에서는 우리말의 동사 '살다'의 어간 '살'과 명사를 만드는 접미사 'ㅁ'이 합하여 '살옴·살음·살암' 등으로 발음하다가 '사람'으로 정착되었다고도 한다.

사람은 지구상에서 지능이 가장 발달한 고등 동물이고, 직립 보행을 하며, 언어를 사용하고, 도구를 만들어 쓰며, 사회생활을 영위하는 만물의 영장(靈長)이라고 한다. 그러나 사람의 가장 큰 특성은 프랑스의 철학자이며 수학자인 파스칼이 그의 사후에 발간

된 《팡세》에서 '인간은 생각하는 갈대'라고 한 것과, 프랑스의 조각가 로댕이 자기가 죽으면 무덤 앞에 세워 달라고 할 정도로 아끼던 작품 즉, 오른손으로 턱을 괴고 있는 조각상인 '생각하는 사람'이 의미하는 것처럼 생각할 줄 아는 것이 바로 사람인 것이다.

결론적으로 볼 때, 어원사전에서는 '愛(사랑 애)'와 '思(생각 사)'의 두 뜻을 포함하고 있는 '사랑'과 '사람'은 같은 동원어(同原語: 뿌리가 같은 말)라고 하면서, 사랑은 사람이 사람을 생각하는 것이라고 정리하였다.

조금 더 구체적으로 이야기하면, 상대방이 싫어하는 것을 하지 않는 게 가장 사랑하는 것이란다.

우문현답(愚問賢答: 어리석은 질문에 대한 현명한 대답)이란 말이 있다. 이번에는 필자가 '사랑'과 '사람'에 대하여 현문우답을 해 보고자 한다.

'사랑'이란 '사람'이란 글자에서 'ㅁ'을 떼어다가 모난 곳을 지극한 정성으로 갈고닦아 'ㅇ'을 만든 다음, 떼어낸 글자에 다시 끼워 넣어 주는 그 과정이 바로 '사랑'이 아닐까 한번 생각해 보았다.

4. 말은 고백이 아니면 맹세이다

　국어사전에 의하면, 말[言語(언어)]은 사람의 생각이나 느낌을 표현하고 전달하는 음성 기호라고 한다. 다시 말하면 사람의 생각을 목구멍과 입을 통하여 조직적으로 나타내는 소리이다. 또한 말은 '일정한 내용의 이야기'를 뜻하기도 하고, '말투, 말씨'를 이르기도 하며, '소문, 풍문'도 이르고 '단어, 구, 문장' 등에까지 포괄하여 두루 이른다.

　이처럼 사람의 생각이나 느낌을 표현하고 전달하는 음성 기호인 '말'이란 어휘는 어떻게 만들어졌을까?

　'말'이란 어휘의 어원에 관한 연구는 많이 이루어지지 않은 듯하다. 어느 학설에 의하면, 말[言語(언어)]은 '생각의 작용'이라고 하면서 우리가 사용하는 언어를 '말'이라고 표기한 예를 다음과 같이 '월인천강지곡(月印千江之曲)'에서 찾아 제시하고 있다.

　世尊(세존)ㅅ 말리니 千載上(천재상)ㅅ 말이시나 귀예 듣논가 너

기쇼셔

　　(석가세존의 말씀을 말씀해 올리겠으니, 천 년 전의 말이지만
　　귀에 듣는 듯이 여기십시오)

그러면서 '말'은 '묻다[問(문)]'의 '묻'이 명사로 '말'의 뜻을 지니
며, 글[文(문)]도 '말'의 뜻을 지녔다고 하였다. 또한 'ㄱ로다[曰(왈)]'
와 'ㄱ로치다[敎(교)]'의 어근 '글'도 '말'의 뜻을 지녔다고 하였다.
하지만 이 내용만으로는 '말'이란 어휘 자체의 어원을 설명하기에
는 어려움이 따른다. 어떤 이는 '말'은 '마음의 알맹이'가 줄어서 된
어휘라고 하면서 '말'은 '마알'이 줄어서 되었고, '마알'은 '마음의
알맹이'가 줄어서 된 것이기 때문에, 우리가 사용하는 '말'의 어원
은 '마음의 알맹이'가 줄어든 것이라고 하였다.

그러나 필자는 위의 내용과는 달리 '말'이란 어휘의 어원을 원초
적으로 찾아보고자 한다.
우리 민족은 아주 오래 전부터 '말'이란 어휘를 써 왔으리라고
본다. '훈민정음(訓民正音)'이 창제되면서 '말'이란 어휘를 '말'이라
고 기록한 것을 보면, 이미 우리 글자가 만들어지기 이전에도 우리
가 말하는 언어를 '말'이라고 하였을 것이다. 또한 고려 시대의 언
어를 알 수 있는 《계림유사(鷄林類事)》를 보면, 언어의 뜻을 가진
'말'과 같은 발음을 하는 어휘가 수록되어 있는데, '斗曰抹(두왈말)'
이라고 하여 "고려 사람들은 곡식의 양을 측정하는 기구 '斗(두)'
를 '말'이라고 한다"고 하였고, '馬曰末(마왈말)'이라고 하여 "고려
사람들은 사람이 타거나 수레를 끄는 동물 '馬(마)'를 '말'이라고

한다"고 기록하였다. 이것을 보면 우리가 사용하는 어휘 '말[言語 (언어)]'을 아주 먼 옛날에도 '말'이라 하였을 것으로 추측할 수 있 겠다.

그러면 '말'이란 어휘의 어원은 무엇일까?

말의 어원은 태어난 아기가 자라면서 '엄마'를 향해 처음으로 입 을 열어 '엄마'를 부를 때 나오는 소리를 '말'이라고 하였을 것이며, 이 소리가 굳어져 '엄마'가 된 것으로 보여진다. 왜냐하면 아기가 처음으로 입을 열 때 나오는 소리는, 'ㅁ(입술을 열기 바로 전에 입 안 에서 만들어진 소리)+마(입술을 열었을 때 나오는 소리)+아(마 다음에 이어지는 울림소리)' 즉 'ㅁ+마+아'라고 볼 수 있기 때문이다. 다시 부언하면 'ㅁ+마+아'가 '마+아'를 거치고 '마+ㄹ'을 거쳐 '말'이 된 것으로, 우리는 아기가 내는 소리를 그대로 인용하여 '말'이라 한 것으로 보겠다. 그리고 이를 영어권에서는 'language(언어)'라 하였 으며, 한자권에서는 '言語(언어)'라고 한 것이다.

또한 아기가 처음으로 내는 소리 'ㅁ+마+아'가 'ㅁ+마'를 거치고 '음마'를 거쳐 '엄마'가 된 것으로 볼 수 있겠다. 이를 뒷받침이라 도 하듯이 동양이나 서양의 아기들도 '엄마'를 부르는 소리가 우리 와 매우 비슷하다. 우리의 '엄마'를 영어는 '맘(mom)', 독일어는 '몸 (mom)', 프랑스어는 '마만(maman)'이고, 중국어는 '마마(媽媽)' 또 는 '마미(媽咪)', 일본어는 글자 없이 소리만 '모모'이며, 태국에서 는 '맴'이라고 한단다. 모두가 입술이 열리기 전에 입 안에서 만들 어진 소리 'ㅁ'과 입을 열었을 때 나오는 소리인 '마'가 합하여 만들 어진 것처럼 각각 'ㅁ(m)'이 둘씩 들어 있음은 우연이 아닌 듯하다.

세상에서 가장 순수한 마음과 티 없이 맑은 소리로 가장 사랑하는 대상을 향하여 처음으로 부를 때 나오는 아기의 소리를 어원으로 하는 '말'은 우리 삶의 세상을 밝힐 뿐만 아니라 우리의 사람됨도 바로 이 말을 통해서 형성된다고 하겠다. 또한 사람이 말을 습득하는 것은 서로 간에 의사 전달의 수단만을 위한 것이 아니라 말을 통해서 사람됨이 이루어지기 때문이기도 하다. 사람은 선천적으로 완성된 본질을 갖고 태어나는 것이 아니라, 말을 습득하고 발전시키면서 자신의 본질을 형성해 가는 것이다. 그래서 가벼운 말을 습득한 사람은 그의 사람됨이 얕고, 무거운 말을 습득한 사람은 그의 사람됨이 깊이가 있는 것이며, 빈 말을 습득한 사람은 속이 없는 사람이 되고, 정확하고 알찬 말을 습득하면 매사에 조심하고 발전하려 노력하는 사람이 되는 것이다.

이처럼 사람과 그의 말은 깊은 관계를 맺는다. 사람은 그의 입에서 나오는 말을 통해서 주어진 상황을 변화시키고, 유동적인 현실을 일정한 모습으로 창조하기도 하며, 그 과정을 통해서 자신도 일정한 모습으로 변화한다. 또한 변화된 일정한 모습은 습관을 형성하고, 사람은 이 습관을 통해서 자신의 삶에 지속성을 갖게 된다. 그리고 선천적이든 후천적이든 간에 가치가 있는 지속적인 습관은 그 사람의 입에서 나오는 책임 있는 말을 통해서 이룩하게 되는 것이다.

사람은 자신의 입에서 나온 말에 구속을 받는다. 사람이 일상생활 속에서 한 번 내뱉은 말은 자기 자신을 고정시키고 다른 사람들은 그의 말대로 그를 인정하고 상대하게 된다. 그의 말은 오늘도 내일도 시간을 초월하여 존재하기 때문에 그는 어쩔 수 없이 자기가 한 말에 구속을 받는다. 만일 어제 한 말이 오늘 바뀐다 하더라도 다른 사람들은 어제 한 말을 기억하고 오늘 말이 바뀐 것에 대해 성실한 사람이 아니라고 평가를 하기 때문에, 어쨌든 사람은 그의 입에서 내뱉은 말을 지키고 이행해야 한다.

사람이 한 말에 대한 구속력은 다른 사람들과 약속을 할 때 더 분명하게 드러난다. 약속의 말은 그 사람의 미래를 구속하고 다른 사람들은 그가 한 말에 따라 그 사람을 상대한다. 약속을 믿고 지키고 하는 행위는 사람과 사람의 관계에서 시간의 흐름을 초월한 윤리적인 실체가 존재하기 때문이다. 물론 많은 약속들이 허공으로 날아가 버리는 일이 허다하지만, 그래도 사람들은 환경과 상황이 끊임없이 변하더라도 약속을 지키고 또한 지켜야 한다고 믿으며 살아간다.

사람의 입에서 나온 말이 과거에 속하면 고백이고, 미래에 관계된 말이면 맹세가 되며, 이 고백과 맹세에는 공통점이 있다. 그것은 사람이 고백이나 맹세를 통해서 불분명한 세계로부터 탈피하여 스스로를 확고하고 분명하게 드러내는 것이다. 다시 말하면 고백과 맹세의 말은 애매모호하고 유동적인 상태에서 자아(自我)를 드러내어 비판의 대상이 됨으로써 자아의 시비(是非)를 시험하는 과정을 만든다. 그러므로 고백과 맹세는 윤리(倫理)를 기본으로 하는 말이어야 한다.

사람이 말을 할 때에는 아무리 신중하여도 지나치지 않는다. 사람의 입으로 내뱉은 말이 뜬구름처럼 나타났다가 눈 깜짝할 사이에 사라지는 것 같지만, 사람의 말은 시간을 초월하는 실체이기 때문에 어제 한 말과 오늘 한 말이 다르더라도 다른 사람들은 어제 한 말로 그 사람을 구속하고 평가하므로 입에서 한 번 나온 말은 사라지지 않는다. 다시 말하거니와 사람의 입에서 나온 말은 고백이 아니면 맹세이며, 자신이 말한 고백과 맹세는 자아의 시비를 가려 평가하는 말거리가 되는 것이다. 더하여 자신이 한 말 속에는 자신의 영혼도 깃들어 있으니, 고백이건 맹세이건 간에 말을 할 때에는 한 번 더 생각해 보고 신중에 신중을 기하여도 부족함이 없을 것이다.

5. '한참'이란 몇 시간 정도일까?

　'한참'은 '오랜 동안' 또는 '한동안'의 뜻으로, 기다림이나 지남의 상황에서 시간이 상당히 흘렀음을 의미한다. 국어사전에는 '한참'에 대한 한자(漢字)의 표기가 없어 순수한 우리말로 생각할 수도 있겠지만, 한자로 표기하면 '일참(一站)'을 지칭하며, 옛날 두 역참(驛站: 역말을 갈아타던 곳) 사이의 거리를 일컫던 말이다.

　옛날 우리나라에는 역참의 역할을 담당하는 우(郵), 역(驛), 전(傳), 정(亭) 등을 30리(12km)마다 설치하고 이곳에서 공문서의 전달, 관리나 사신들의 이동, 조공물이나 군수물과 같은 물자 수송 등의 업무를 수행하였다 한다. 따라서 이를 근거로 할 때 우리나라에서 말하는 '한참'의 시간은 사람이 30리를 걷는 데 소요되는 시간으로, 약 3시간 정도로 보면 타당할 것이다.

　역참이라는 말은 몽고에서 유래되었다고 한다. 몽고에서는 역참을 참적(站赤)이라고 하였는데 이것이 후에 역참으로 변했다는 것이다. 역참 제도의 시작이 언제부터였는지 확정하게 말하기는 어렵지만 가장 활발했던 시기로는 중국 원(元)나라의 통치 시대로 보는 것이 일반적인 견해이다. 몽고의 제5대 황제이자 원나라의 시조인 쿠빌라이는 남송(南宋)을 멸망시키고 중국을 통일하여 대제국을 건설한 후 중앙 집권 체제를 확립하였다. 원나라는 중앙 집권 체제의 대제국을 지배하는 수단으로 역참 제도를 발전시켰다. 수도인 대도성(大都城)으로부터 여러 지방과 연결된 수많은 통로 중에 수도와 직결되는 길마다 우리나라와는 달리 100리(40km) 간격으로 역참을 설치하였다. 땅덩이가 워낙 넓은 원나라는 역참마다 운송 수단인 말과 수레는 물론 물이 닿는 곳에는 배까지 갖추어 놓았고, 사람들의 숙식을 위한 숙박 시설도 마련하였다. 원나라는 이를 바탕으로 상업 활동을 진흥시키는 정책을 펼쳐 나라 부흥에 크게 이바지하였던 것이다.

우리나라에서도 삼국 시대에 이미 역참이 존재했었음을 알 수 있는데《삼국유사(三國遺事)》에는 다음과 같은 내용이 수록되어 있다.

신라 제17대 내물왕(奈勿王)이 왕위에 오른 지 36년(390)에, 왜국(倭國)의 강요에 못 이겨 셋째 아들인 미해(美海: 신라 제19대 눌지왕의 아우)를 왜국에 볼모로 보내게 되었다. 왜국에 볼모로 잡힌 미해는 눌지왕이 왕위에 오른 지 10년이 되어도 고국에 돌아오지 못하고 있었다.
한편 눌지왕이 왕위에 오른 지 3년(419)에, 아우인 보해(寶海)마저 고구려에 볼모로 잡히는 신세가 되었다. 눌지왕은 볼모로 끌려간 두 아우를 늘 그리워하던 중 왕위에 오른 지 10년(426)이 되던 해에, 신하들과 함께 한 연회에서 두 아우를 생각하며 눈물을 흘렸다. 이때 신라의 충신이었던 박제상(朴堤上:《삼국유사》에는 김제상으로 되어 있으나 본고에서는 박제상으로 표기함)이 앞으로 나아가 재배하고 두 아우를 구해 올 것을 아뢰었다.

박제상은 명(命)을 받들고 곧장 고구려로 들어갔다. 보해를 찾은 박제상은 추격군을 따돌리고 고성(高城) 바닷가를 통해 무사히 돌아왔다. 보해를 만나 기뻐하면서도 한편으로 슬퍼하는 왕의 모습을 본 박제상은 곧바로 왜국으로 떠났다. 왜국에 당도한 박제상은 왜왕을 속여 신임을 얻은 후, 그들의 감시를 피하여 미해를 탈출시키고 자신은 체포되어 목도(木島)에서 소살(燒殺: 불에 태워 죽이는 형벌)을 당하였다.

미해가 왜국을 무사히 탈출하여 바다를 건너오자 눌지왕은 놀라 기뻐하며 백관들에게 굴헐역(屈歇驛)에서 맞이하도록 명하고, 임금은 아우 보해와 함께 남쪽 성 밖에서 그를 맞았다. 눌지왕은 박제상의 죽음을 애도하며 그 아내를 국대부인(國大夫人)으로 봉하고 그 딸을 미해의 부인으로 삼았다.

위의 내용처럼 《삼국유사》에 굴헐역의 기록이 있는 것으로 보아 삼국 시대 이전부터 역참이 존재했었음을 미루어 짐작할 수 있겠다.

고려 시대의 역참은 원나라의 영향을 받아 더욱 발전하였고, 조선 시대에는 고려 제도를 계승하면서도 사군 육진(四郡六鎭)의 북방 역로 신설과 《경국대전(經國大典)》의 영향으로 전국적인 역참

암행어사의 마패

조직과 역로망이 확립되어 국가 발전에 크게 기여하였다.

역참에는 상마(上馬: 준마라고 불릴 만큼 크고 잘 달리는 말), 중마(中馬: 보통 말), 복마(卜馬: 짐을 싣는 말)가 구비되어 있는데 지방으로 출장을 간 관원(官員)이 역마를 동원하려면 필히 증표(證票)를 제시해야 한다. 증표는 지름이 10cm쯤 되는 둥근 구리판에 한쪽 면에는 자호[字號: 어떤 사물의 차례를 숫자가 아니라 천자문(千字文)의 글자로 매긴 호수(號數)]와 연월일을 새기고 다른 한쪽에는 말 그림이 새겨진 마패(馬牌)이다. 마패의 말 그림은 대개 한 마리부터 다섯 마리까지 새겨져 있어 이 말의 숫자만큼 말을 동원할 수 있었다. 이러한 마패가 조선 시대에는 임금의 명을 받아 지방 정치의 잘잘못과 백성의 사정을 비밀리에 살피던 암행어사(暗行御史)의 인장(印章)으로 대용되기도 하였다.

우리나라에는 지금도 역참의 뜻을 의미하는 '참(站)' 자(字)가 쓰이는 곳이 있다. 고속버스 터미널의 지하철 역에는 '고속버스 터미널'을 한자(漢字)로 '高速巴士客運站(고속파사객운참) - [여기서 '巴士(파사)'는 버스의 중국식 가차(假借) 표기임]'으로 표기하였고, 경기도 화성시의 '동탄역' 또한 '東灘站(동탄참)'이라고 표기하였다. 또한 필자가 일본 후쿠오카에 있는 하우스텐보스(네덜란드 말로 '숲속의 집'이란 뜻임)에 다녀온 적이 있었는데 고속버스 안에서 '고속기야마'를 '高速巴士基山站(고속파사기산참)'이라고 쓴 안내문을 보았다. 일본에서도 우리나라처럼 역의 뜻을 지닌 '站(참)' 자가 쓰이고 있는 것을 보면서 한중일 삼국의 오랜 역사 흔적을 느낄 수 있어 흥미롭기까지 하였다.

삼천 리 금수강산(錦繡江山)

우리나라를 일컬어 삼천 리 금수강산이라고 한다. 비단에 수를 놓은 듯 아름다운 산천이란 뜻인데, 땅덩이의 길이가 정말로 삼천 리가 될까?

호랑이가 앞발을 들고 포효하는 모습의 우리나라 땅은 남쪽 끝에서 북쪽 끝까지의 거리가 1,178km라고 한다. 그러니까 리(里) 단위로 환산(4km가 10리)하면 2,945리가 된다. 55리가 부족한 3,000리인 것이다. 그래서 거의 3,000리가 되기 때문에 삼천 리 금수강산이라고 하는 것이란다.

6. '완전 맛있다'와 '참 맛있다'

　　1970년대 어느 초등학교에서 있었던 일이라고 한다. 지금은 그렇게까지는 하지 않지만, 그때만 해도 새 학기를 맞으면 학급마다 담임선생님과 아이들이 자기 학급의 환경 정리를 하느라 매우 분주하였다. 방과 후 시간과 토요일 오후(당시에는 토요일에도 등교하여 오전 수업을 하였음) 심지어 일요일까지 학교에 나와 선생님과 예닐곱 명의 아이들이 자신들의 학급을 아름답게 꾸미기 위해 색 켄트지에 그리고 오리고 붙이는 등 열과 성을 다하였다.

　　그날도 아이들이 학교에 나와 환경 정리를 하였는데 마침 점심때가 되었다. 선생님은 아이들이 일요일까지 반납하며 학교에 나와 준 것이 기특하여 아이들에게 점심을 사 주기로 하였다. 선생님은 아이들을 데리고 중국집으로 들어갔다. 차림표를 보니까 '짜장, 우동, 짬뽕, 탕수육……' 등이 있는데 '짜장, 우동, 짬뽕'만 두 글자이고 나머지는 모두 세 글자 이상이었다. 선생님은 어깨를 조금 으쓱거리며,

　　"음식 이름이 두 글자로 된 것 중에 먹고 싶은 것 하나를 마음

대로 골라라"

고 했다. 아이들은 거의 '짜장'을 시켰는데 한 아이가 주문을 하지 않고 주저주저했다. 선생님이 재촉을 하며,

"OO야, 얼른 골라야지"

했다. 그랬더니 그 아이가 침을 한번 꼴깍 삼키고는,

"선생님, 저는요 탕슉 먹을래요"

라고 하는 게 아닌가. 이 말을 듣고 선생님과 아이들이 순간 얼음처럼 굳었다가 한 아이가 킥킥 하고 웃는 바람에 모두들 웃음보를 터뜨렸다. 선생님은 크게 인심을 쓸 수밖에 없었다. '탕슉'이라고 말한 아이 덕분에 탕수육 한 접시를 모두가 나누어 먹게 되었고 그 아이에게는 따로 짜장 한 그릇이 안겨졌다. 지금도 그러하지만 당시 초등학교 아이들에게는 짜장면이 최고였다.

아이들이 중국집을 나서며 한 마디씩 했다.

'참 맛있게 먹었다, 정말 맛있었다, 진짜 맛있었다, 무척 맛있었다, 너무 맛있었다, 엄청 맛있었다, 무진장 맛있었다'고. 그러나 그 아이들 중에 '완전 맛있었다'라고 말한 아이는 없는 듯했다. 그 당시만 해도 '완전 맛있다'라는 말을 쓰는 시대가 아니었다. 그런데 요즘에는 '완전'이란 단어의 쓰임이 우리 국어의 격에 맞지 않게 아무 곳에나 쓰이고 있는 형국이다. 젊은이들 사이에서는 경쟁이나 하듯 사용하고, 특히 TV 방송에서 출연자들의 대화 속에는 물론 내용을 간추리거나 강조하기 위해 넣는 자막에는 '완전'이란 단어만 넣어주면 모든 문구가 이루어지는 것처럼 '완전'이란 단어가 TV 자막을 장악하고 있다. 언제부터 '완전'이란 단어가 방송에 등장하게 되었을까?

필자는 여러 방송 프로그램(드라마, 예능 프로그램 등)을 방송 전문가처럼 모두 섭렵하지도 않았고 또 그럴 수도 없었지만, 그래도 간간이 라디오 방송을 듣거나 TV를 시청한 것들을 되돌아볼 때, 아마도 1990년대부터 '완전'이란 어휘가 방송에 등장하기 시작한 것 같다.

　1998년도에 최고의 시청률을 올렸고, 나를 칼같이 퇴근시켜 TV 앞에 앉게 만든 드라마가 있었다. 이 드라마는 처음에는 정서적으로 이해하기 어려운 겹사돈으로 사건이 전개되면서 우여곡절을 겪고 끝내는 가족 간의 애틋한 사랑 이야기로 결말을 짓는 내용이었다. 그런데 드라마 속에 한참 뜨겁게 연애를 하는 남녀가 있었다. 둘이 데이트를 마치고 헤어질 때 남자 친구로부터 자신이 평소에 좋아하던 파전이 담긴 종이 가방을 건네받으며 '완전 밤참이다'라고 하였다. 이때만 해도 대화 속에 '완전'이란 말을 아무렇지도 않게 쓰는 시대는 아니었다. '밤참으로 제격이다' 또는 '밤참으로 안성맞춤이다'라고 말하는 시대였다.

　다음 기억으로는 2013년에 대학생들의 생활상을 그린 인기 드라마로, 1990년대에 서울에 상경한 지방 학생들의 애환과 그들 사이에서 사랑과 우정이 꽃피는 내용이었다. 하숙생 중에 야구 선수가 있었는데 주인집 딸에게 허리 보호대를 빌려 주며, "이거 완전 좋은 거다"라고 하였고, 한 대학생이 가정 형편으로 휴학을 하고는 선배에게 사정 이야기를 하며, "완전 쫄았어요"라고 하였다. '아주 쫄았어요' 또는 '정말 쫄았어요'라고 했으면 좋았을 것을…….

　그 다음의 기억으로는 2009년도에 시작되어 오래도록 시청자들의 사랑을 받은 예능 프로그램이다. 어른 두 명이 MC를 담당하였고, 출연자는 부모 중 한 명과 자녀들은 많으면 네 명까지 출연하기도 하였다. 진행 방법은 주로 젊은 연예인과 아이가 함께 나와 퀴즈를 풀거나 토크를 하는 형식과 스피드 퀴즈 게임이라고 하여 자녀가 문제를 내면 부모가 답을 하며, 가족 간의 토크도 하는 프로그램이었다. 그런데 출연한 아이들이 토크를 할 때마다 '완전 좋아, 완전 멋있어' 등 '완전'이란 말을 많이 하는 편이었다. 이 프로그램은 유치원에 다니는 아이부터 초등학교 아이들은 물론 중·고등학교 학생들에게까지 인기가 많았던 관계로 감수성이 예민한 전국의 많은 아이들과 학생들이 알게 모르게 출연자 따라하기를 하여 '완전'이란 말을 다투어 사용하지 않았나 싶다. 또한 당시 중·고등학교 학생들이 성장하여 현재 20대 중·후반이 되었으므로 한창 일선의 현장에서 일하는 일꾼이 되었을 것이다. 그렇다면 이들의 머릿속에 '완전'이란 단어가 잠재되어 있어 현재 '완전'이란 단어가 홍수를 이루는 것은 아닌지……. 이 외에 내가 듣지 못하였거나 시청하지 못한 다른 방송에서 국어의 격에 맞지 않게 '완전'이란 단어가 등장하였다면 이 또한 '완전'이란 말의 홍수에 일조를 했다고 보아야 할 것 같다.

'완전'이란 말은 '모든 것이 갖추어져 부족함이나 결함이 없는 것'을 의미한다. 즉 충분히 갖추어져 있어 결점이나 흠이 전혀 없을 때 '완전'이란 말을 쓰는 것이다. 한자로도 '完(완전할 완)' 자와 '全(온전할 전)' 자로 부족함이나 결점이 없고 충분함을 뜻하는 말이다. 이처럼 '완전'이란 단어는 더도 없고 덜도 없는 완벽한 것인데 요즈음 라디오 방송이나 TV 화면에는 아무 곳에나 '완전'이란 단어가 너무나 자연스럽게 쓰여지고 있으며, 심지어 유행가 가사에도 '완전 좋아'가 흘러나온다.

실례를 좀 더 들어 보면, '완전 맛있다'부터 '완전 멋있다, 완전 예쁘다, 완전 좋다, 완전 예술이다, 완전 꿀맛, 완전 섭섭, 완전 억울, 완전 답답, 완전 대박, 완전 최고……' 오늘도 어떤 예능 프로그램에서 토크를 하는 중에, 남편의 입장에서는 옳다고 하는 말인데 이것이 부인의 입장에서는 자신의 생각에 어긋난다고 말했더니, 바로 자막에 '완전 웃겨'가 뜨는 것이다. 내가 판단하기엔 그것이 그렇게 크게 잘못된 말이 아닌 듯 싶은데, 아내 편에서 볼 때에 조금 거슬린다고 하여 '완전 웃겨'라는 자막이 떴다. 그게 얼마나 이치에 어긋난 이야기라고 '조금 웃겨'도 아니고 '완전 웃겨'라고 하는가.

외국인들이 우리나라에 와서 제일 먼저 배우는 말이 '완전 좋아요'라고 한다, 우리말을 섣부르게 배운 외국인들이 '완전'이란 말이 무조건 좋은 말인 줄 알고 아무 곳에나 사용하는 것 같다. 외국인이 갈비탕을 먹으며 '국물이 완전 진해요', 외국에서 시집 온 새댁이 '남편이 완전 착해요'라고 하고는 다시 '남편이 엄청 착해요' 한다. 그러니까 '완전'이란 말을 쓰면 모두 좋은 것이라고 생각하는 모양이다.

나는 요즈음 꼬마들이 출연하는 예능 프로그램에 푹 빠졌다. 꼬마들이 귀엽기도 하거니와 그들은 '완전'이란 말을 하지 않는다. 아니 그들은 그 말을 쓸 줄도 모른다. 한 꼬마가 놋그릇이 높이 쌓여 있는 것을 보고 "엄청 많아", 신발장을 열어 보고 "신발 많아, 엄청 많아", 하얀 새 운동화를 보고 "아주 예뻐" 한다.

　우리말에는 '완전'이란 단어를 쓰지 않고도 원래 써 왔고 또 쓸 수 있는 말이 너무나 많다. '정말(로), 엄청, 무척, 너무(나), 매우, 아주, 참(말로), 무진장, 되게, 딥다…….' 이외에도 찾아보면 더 있을 것이다.

　우리가 '완전'이란 단어를 함부로 쓰면 안 되는 예를 들어 본다. 한복을 곱게 차려입은 할머니가 단풍놀이를 나왔다가 빨갛게 물든 단풍잎 하나를 주워 손바닥 위에 올려놓고 "완전 곱다"라고 했다면 그 말이 우리 국어의 격이나 할머니의 품격에 어울린다고 말할 수 있겠는가? 아니다. "참 곱다. 정말 곱다"라고 해야 우리 국어의 격에도 맞고 한복을 곱게 차려입고 미소 짓는 할머니의 인품에도 어울린다고 말할 수 있는 것이다.

7. '쪽팔리다'와 '자존심 상하다'

　2007년도 절찬리에 방영된 드라마가 있었다. 푸른도라는 작은 섬에 젊은 미혼모가 에이즈에 감염된 딸과 치매에 걸린 할아버지를 모시고 그날그날을 헤쳐 나가는 삶의 이야기이다. 내용도 훌륭하고 시청자들의 반응도 무척 좋아, 작가는 한국방송 작가상 드라마 부문 수상의 영예를 안았고, 남자 주인공은 연기 대상 미니시리즈 부문 황금연기상을, 여자 주인공은 연기 대상 미니시리즈 부문 여자 최우수상을, 딸 역은 연기 대상 아역상을, 할아버지 역은 연기 대상 공로상을 받아 출연자들이 2007년 연기 대상을 휩쓴 걸작이었다.

　필자는 개연적 이야기를 좋아하는 DNA가 좀 있는 편이라 그런지 드라마를 즐겨 보곤 한다. 그런데 여러 드라마 중에 이 드라마를 더 좋아했는데 그 이유를 세 가지로 말하면 다음과 같다.
　첫째로 이 드라마는 휴머니즘(인본주의)을 바탕으로 시청자들에게 힐링[치유(治癒)]의 기회를 제공해 주었기 때문이다. 수혈로 인해 에이즈에 감염된 초등학교 저학년의 딸, 미혼모인 그 딸의 엄마, 가족의 일원으로 아무 도움이 되지 않는 치매에 걸린 할아버지 그리고 아버지의 의료 사고와 여동생의 죽음으로 사회에는 냉소적이나 마음이 따뜻한 유능한 의사가 한 울타리 안에 모여 사회적 편견에 맞서며 역경을 극복하는 내용이다. 그들은 서로를 감싸안고, 자기 자신과 자신의 가족만이 소중하다는 사람들과 자신들의 생각이 항상 옳다고 주장하며 행동하는 사람들 그리고 타인의 삶을 조금도 배려하지 못하는 비정한 사람들에게 원망보다 떳떳하게 삶을 영위하여 상황의 반전을 기하려 노력하였다. 결국 그들은 주변의 편견과 선입견으로 인한 차별의 굴레에서 벗어나고, 마을 사람들은 모두가 서로를 격려하고 끌어안으며 아름답게 물든 석양의 노을 속에서 진정한 미소로 사랑을 전하는 이야기였다.

둘째로는 내가 이 드라마 속에 한 인물과 옷깃을 스치는 인연이 있었기에 더 관심을 갖게 되었던 모양이다. 내가 경기도 화성시 관내에 있는 교육 기관에 근무하고 있던 2007년으로 기억된다. 이 드라마를 그해 봄에 시청하였고 가을에 학교를 방문하여 업무를 추진하고 있던 중 어느 초등학교에 들르게 되었다. 교장선생님은 선생님들이 학생들을 위해 교육 과정을 열심히 운영하고 있다면서 교육 시설 또한 훌륭하여 그 학교 학생들은 좋은 환경에서 열심히 공부하고 있다고 자랑을 하더니, 또 자랑할 게 있다고 어깨를 으쓱하였다. 그러면서 유명한 아역 탤런트가 이 학교에 다니고 있다는 것이다. 그 탤런트는 그해 봄에 내가 TV 시청을 하면서 감동을 받았던 바로 그 드라마에 딸의 역을 맡았던 서O애 양이었다. 오늘은 촬영이 없어 학교에 등교하였고, 지금은 쉬는 시간이니 잠깐 불러

보겠다고 하면서 연락을 취하였다.

잠시 후 서O애 양이 교장실에 들어왔다. 아주 귀엽게 생긴 초등학교 3학년 정도의 학생이었다. 당시 나는 60년 가까이 살아오면서 연예인을 직접 만나는 것은 촌스럽게도 그날이 처음이었다. 반가운 마음에 나는 나도 모르게 사인(sign)을 해줄 수 있겠냐고 물었더니, 고개를 끄덕이며 자연스럽게 그리고 익숙하게 사인 한 장을 해 주었다. 그리고 근황에 대해 한두 마디 이야기를 나누고는 교실로 돌아갔다. 서O애 양이 돌아간 다음에도 교장선생님은 서O애 양에 대한 자랑을 한참 더 늘어놓았는데, 이것이 내가 이 드라마 속의 한 인물과 옷깃을 스치는 인연이었던 것이다. 그런데 10여 년이 지난 지금 그때 받은 사인을 찾으려 하였으나, 너무 잘 보관해서인지 아직 찾지를 못하고 있다.

다음 셋째의 이유가 바로 내가 이 드라마를 좋아하게 되고 관심을 갖게 한 내용이 있었기 때문이다.

'쪽팔리다'라는 말은 1980년대부터 항간에 쓰이기 시작하더니, 1990년대에는 웬만한 일에는 '쪽팔리다'라는 말을 넣지 않으면 말이 안 될 정도로 너나없이 사용하였고, 급기야 2000년대에 들어와서는 '쪽팔리다'를 속어(俗語)라고 하면서 '체면이 깎이다'로 풀이하여 국어사전에까지 등재하게 되었다. 그도 그럴 것이 '쪽팔리다'라는 말이 실제 생활에서는 체면이 깎이는 정도로 쓰이는 것이 아니라 더욱 광범위하게 쓰이고 있었던 것이다. 예를 들면 많은 사람들 앞에 나서기 싫을 때, 무언가 허물이 있거나 부족하여 창피스럽고 부끄럽고 껄끄러울 때 그리고 나보다 나은 사람과 함께 일을 해야 할 경우 등 실생활에서 놓여 있는 조건이나 형편은 달라도 마음이 내키지 않으면 그저 '쪽팔리다'라는 말을 하는 것이었다.

'쪽팔리다'는 '쪽'과 '팔리다'가 결합하여 만들어진 합성어라 하겠다. '쪽'에 대하여 1990년경에 만들어진 국어사전에는 '쪽팔리다'의 '쪽'에 관련된 내용은 등재되어 있지 않고, 2000년도 이후에 만들어진 국어사전에 '쪽은 얼굴에 대한 속어'라고 설명을 하고 있다. 그리고 '팔리다'는 '팔다'의 피동형이므로 '쪽팔리다'는 결국 내 얼굴이 상대방에게 넘어가 빼앗기는 꼴이 되는 상태를 의미한다.

그런데 이 드라마에서 우리말을 순화하는 데 일조를 하는 장면이 나온다. 딸과 엄마가 대화를 하는 중에, 딸이 "쪽팔린다"라고 하니까, 엄마가 "그런 말 쓰면 안 돼"라고 하였다. 딸이 다시 "그럼 뭐라 하느냐?"고 물었더니, 엄마는 "부끄럽다, 창피하다"라고 해야 한다고 하였다. 참 좋은 장면이다. 그런데 '쪽팔리다'라는 말 대신에 '부끄럽다' 또는 '창피하다'라고 해도 되겠지만, 그보다는 '자존심 상하다'가 더 격에 맞는 말인 것 같다. 하여튼 내가 본 영상물 중에 속어나 은어(隱語)와 같은 말을 쓰지 않도록 제어하거나 유도하여 언어 순화를 실천하게 하는 내용이 있었던 것이 나에게는 이 드라마가 처음인 듯하다. 다른 영상물에도 있을 수 있었겠지만, 나는 이 장면 때문에 이 드라마를 더욱 좋아하게 되었고 또 관심을 가지게 된 것이다.

현재 고등학교 학생들이 배우고 있는 국어 교과서에도 '속어는 통속적으로 사용하는 저속적인 말로, 장난기가 있는 표현이거나 반항적인 표현을 할 때 쓰이는 말'이라고 하면서, '속어는 격이 낮고 천박한 느낌을 주는 말이기 때문에 되도록 사용을 자제하는 것이 좋겠다'고 하였다.

옛말에 신언서판(身言書判: 옛날 인물을 고를 때 표준으로 삼던 네 가지 조건. 즉 신수·말씨·문필·판단력)이 있었는데 여기에도 말씨가 들어 있다. 결국 속어나 은어나 욕설과 같은 상스러운 말을 피하고 품격이 있는 고운 말 바른 말을 사용하자는 것이다.

오늘 어느 프로그램에서는 자막에 '쪽팔리다'를 '×팔리다'로 표기하였는데 이렇게만 해도 청소년들의 언어 순화에 많은 도움이 되리라고 믿는다.

8. 고명딸과 고명아들(?)

　부모의 입장에서 보는 자녀들의 명칭이 있다. 우선 제일 먼저 태어난 자녀에게는 '맏이'라 하면서 아들이면 '장남' 딸이면 '장녀'라 하고, 장녀에게는 '살림 밑천(자녀들 중 부모의 일을 가장 잘 거들어 주는 효녀)'이란 별칭이 붙기도 한다. 다음 둘째로 태어나면 '차남·차녀' 또는 '2남·2녀', 셋째로 태어나면 '3남·3녀', 넷째로 태어나면 '4남·4녀'라 하고, 끝으로 태어나면 '막내'라고들 한다. 그리고 형제자매 없이 아들이 한 명만 있는 경우이거나 딸은 있어도 다른 남자 동기가 없이 아들이 한 명뿐인 경우에 '외아들' 또는 '독자(獨子)' 그리고 귀엽다는 뜻을 더하여 '외동아들'이라 하며, 반대로 다른 자녀 없이 딸이 한 명만 있는 경우에 '외딸', '무남독녀(無男獨女)', '외동딸'이라고 하면서, 아들은 있으되 딸이 한 명인 경우에는 '외딸'이라고도 하고 특별히 '고명딸'이라고 한다.

　고명은 음식의 양념이면서, 음식의 모양을 맛깔스럽게 꾸미기 위하여 음식 위에 뿌리거나 얹는 것들을 통틀어 칭하는 말이다. 위에 얹거나 뿌린다고 하여 웃고명이라고도 한다. 고명에는 지단을 비롯하여 버섯·실고추·대추·밤·호두·은행·잣·김가루·깨소금·미나리·당근 등이 있고, 이러한 고명은 주 재료보다 맛이 있고 질이 좋은 것이 특징이다. 특히 정월 초하루에 먹는 떡국에는 지단·실고추·김가루가 올라 벽사진경(辟邪進慶: 사악한 것을 물리치고 경사스러운 일을 맞이함)의 의미가 담긴 오방색(五方色: 청색·황색·적색·백색·흑색)의 음식이 되기도 하고, 국수와 냉면은 물론 떡에도 여러 가지 고명이 오르기도 한다.

이처럼 고명딸의 고명이 음식의 일부 재료이기 때문에 딸을 비하하는 면이 있는 것처럼 보일 수도 있겠지만, 본래는 다른 재료보다 맛과 멋에서 돋보일 정도로 눈에 뜨이기 때문에 딸을 귀하게 여기는 뜻으로 사용되었음을 인지해야 할 것이다. 실제로 예나 지

고명을 얹은 떡국

금이나 고명딸은 지나칠 정도로 부모의 총애를 많이 받고 자랐다. 여러 아들 중에 딸이 한 명밖에 없으니 얼마나 귀여웠겠는가. 역사를 더듬어 볼 때, 조선 제16대 인조 임금과 귀인 조씨 사이에서 태어난 효명옹주(孝明翁主)는 인조 임금을 딸 바보 임금으로 만들었고, 조선 제26대 고종 임금과 귀인 양씨 사이에서 태어난 덕혜옹주(德惠翁主)는 '덕수궁의 꽃'이라 불릴 정도로 총애를 받았으며, 심지어 덕혜옹주가 5살이 되던 1916년에는 덕혜옹주를 위해 덕수궁 준명당에 우리나라 최초의 유치원을 설립하였고, 덕혜옹주가 층계에서 떨어질까 봐 난간을 설치하였는데 지금도 그때 뚫은 흔적이 남아 있다고 한다.

고명딸은 엄밀히 말하자면 외동딸의 범주에 속한다. 그래서 여러 아들이 있는 중에, 딸 한 명이 맏이로 태어나거나 중간에 태어나거나 막내로 태어나거나 간에 모두 고명딸임에는 틀림이 없다. 그런데 딸 한 명이 여러 아들 중에 맏이로 태어나면 아들보다 총애는 더 받지만 '맏이' 또는 '장녀'라 하고, 중간에 태어나면 고명딸은 맞지만 고명딸이라는 부름을 제대로 받지 못하는 편이다. 고명딸은 막내로 태어나야 그 진가가 발휘되는 것이다. 어른들 말씀에 '늦둥이가 귀엽다'거나 '늦게 온 자식이 더 귀엽다'고 한다. 결국 막내가 귀엽다는 것인데, 여러 아들 틈에 막내로 딸을 낳았으니 얼

조선 시대 고종 임금의 고명딸인 덕혜옹주

마나 귀엽겠는가. 그야말로 진가가 나타나는 고명딸이다.

고명딸의 상대적인 말은 고명아들이다. 자녀가 세 명 이상인데 아들은 한 명뿐이고 다른 자녀들이 모두 딸인 경우에 그 한 명뿐인 아들이 고명아들이다. 그런데 이론상으로는 고명아들이 존재하지만, 실제로는 쓰이지 않는 말이다. 심지어 국어사전에도 '고명딸'은 등재되어 있는 반면 '고명아들'은 등재되어 있지 않다. 방송에 관한 통계에도 '고명아들'이란 말이 10년에 2~3번 정도 뉴스에 나오므로 표준어로서 정착되지 못하고 사실상 존재하지 않은 사어(死語)가 되고 말았다.

필자는 1980년도에 현직에 있으면서 공교롭게도 막내 고명딸이라고 하는 여선생님과 중학교에서, 막내 고명아들이라고 하는 남선생님과는 고등학교에서 함께 근무를 한 적이 있었다. 오빠들 틈에서 자란 고명딸 여선생님과 누나들 틈에서 자란 고명아들 남선생님과는 성격이나 행동이 많이 달랐다. 고명딸인 여선생님은 성격이 쾌활하고 운동을 좋아했는데, 테니스도 즐기지만 특히 탁구를 잘 치는 편이었다. 그때 내가 고명딸 선생님과 함께 근무했던 학교는 중·고등학교 병설이었다가 고등학교가 분리되어 떠나는 바람에 중학교만 남게 되었다. 그 때문에 빈 교실이 많아 서너 칸에 탁구대를 설치하고 방과 후에는 선생님들이 편을 나누어 탁구 시합을 하였는데, 그 선생님도 남자 선생님들과 어울려 땀이 나도록 열심히 치곤 하였다. 그 선생님은 웃기도 잘하지만 찡그리거나 성내는 모습을 본 기억이 없었던 것 같다. 내기 게임에 져도 낄낄

(웃음소리가 좀 남달랐음) 웃으면 그만이었다. 아마도 그 선생님과는 1년 동안 동학년 담임을 같이 한 적이 있기에 그 웃음소리를 기억하고 있나 보다.

고명아들인 남선생님과는 몇 년을 함께 근무하였는데 크게 소리 지르는 것을 본 기억이 없었던 것 같다. 고명딸 여선생님이 남선생님들과 허물없이 잘 어울리는 것처럼 그 선생님은 여선생님들과 토닥이며 잘도 어울렸다. 그 선생님과의 추억은 2박 3일 지리산 천왕봉 등반이었다. 산을 오르며 응달에 눈 덮인 얼음이 있었던 것으로 보아, 아마도 그때가 3월 말쯤이었을 게다. 마침 월요일이 개교기념일이라 2박 3일의 여행을 할 수 있는 기회가 주어졌다. 당시 나는 3학년을 담당하였고, 새 학기를 맞아 3학년 담임들과 단합 대회를 핑계 삼아 여행을 떠나기로 하였는데, 그 선생님을 비롯한 몇몇 선생님들이 함께 가고 싶다고 하면서 우리 학년에 합류하였다. 토요일 밤 기차로 출발하여 다음날 아침 지리산 아랫자락에 도착하면서부터 등반이 시작되었다. 장터목에서 라면을 끓여 먹고 천왕봉에 올랐다가 백무동으로 내려온 기억이 가물거리는 것으로 보아 이것이 그날 우리들의 등산 코스였던 모양이다. 그런데 그 선생님은 누가 부탁을 하지 않아도 라면을 끓일 때나 간식을 먹을 때나 말없이 옆 사람을 챙겨 주고 설거지를 할 서열이 아닌 데도 나서서 하는 것이었다. 아마도 집에서는 자라는 동안 어머니나 누나들이 손 하나 까딱 못 하도록 대우를 받았을 텐데……. 아무튼 내 기억에 그 선생님은 오가는 기차 안에서도 여선생님들과 스스럼없이 잘 어울렸고 말과 행동이 참 착했다.

그런데 사람의 인연은 참으로 알다가도 모를 일인가 보다. 바로 이들 고명딸 여선생님과 고명아들 남선생님이 대학 동문으로 연애를 하다가 결혼을 하여 아들 딸 낳고 금실 좋게 잘 살며 어디든 함께 다니는 껌딱지 부부로 인연을 맺었던 것이다. 아마도 이들은 자신과 다른 그 무엇을 상대방이 갖고 있음에 호감을 가졌던 모양이다.

21세기에 들어서며 이제 '고명딸'이란 어휘도 '고명아들'처럼 옛말이 될 가능성이 농후해 보인다. 근래에는 옛날처럼 자녀를 많이 낳지 않을 뿐더러 자녀를 두더라도 거의 한두 명 정도이니, 이제 모두가 '외동딸'이나 '외동아들'이 아니면 '형제·자매'가 되어 '고명딸'이나 '고명아들'은 찾아볼 수 없는 현실이 되어 가고 있다. 만일 '고명딸'이나 '고명아들'이란 어휘가 노래를 할 줄 안다면 아마도 '아! 옛날이여'를 부를 지도 모르겠다. 하여튼 '고명딸'이나 '고명아들'은 부모는 물론 가족의 총애를 받는 대상이었음은 부정할 수 없는 사실이다.

(일부에서는 그동안 '고명아들'이란 어휘는 쓰지 않고 '고명딸'이란 어휘를 음식과 관련하여 사용하고 있음에 '고명딸'이 성차별적 용어라 지적하였다고 한다. 그러나 본고에서는 그러한 의도는 전혀 없으며, 어디까지나 집필 목적에 따라 우리말의 어원과 유래를 찾아 서술하는 데 치중하였음을 밝힌다.)

9. 침묵은 금, 웅변은 은······ 진짜?

사람이 입을 열어 자신의 생각이나 느낌을 상대방에게 말하는 것을 웅변이라 하고, 입을 다물고 말을 하지 않으면 침묵이라고 하면서 '웅변은 은이요, 침묵은 금이다'라고 한다. 이 말은 우리나라 속담이 아니라 영국의 격언(格言)이다. 영국의 비평가이면서 많은 명언(名言)을 남긴 토머스 칼라일이 'Speech is silver, silence is gold(웅변은 은이고, 침묵은 금이다)'라고 한 말에서 유래된 것이라 한다. 그는 또 '침묵은 한마디 말보다 더 감동적이다'라고 하면서 '침묵'의 중요성을 강조하였다. 그러나 침묵이 금이라고 하여 모든 사람들이 말을 하지 않는다면 의사소통이 이루어지지 않아 사회적 혼란이 야기될 것이다. 우리 속담에, '말을 해야 안다'는 뜻으로 '말 안 하면 귀신도 모른다'고 하였고, '마땅히 할 말은 해야 한다'는 뜻으로 '고기는 씹어야 맛이고 말은 해야 맛이다'고 하였다. 그렇다고 우리 속담에 말조심에 관한 것이 없는 것도 아니다. '말이 많으면 집안 살림이 잘 안 된다'는 뜻으로 '말 많은 집은 장(醬) 맛도 쓰다'고 하였고, '말이 많으면 실속 있는 말이 오히려 적다'는 뜻으로 '말이 많으면 쓸 말이 적다'고도 하였다.

그러면 언제, 어디서, 어떤 말을 해야 하고, 어떤 말은 가려야 하는가? 그것은 세 치 혀에 달린 문제로 옛날부터 지금까지 인간 사회의 영원한 숙제가 아닐까 한다.

필자는 어린 시절과 초등학교 시절을 제외하고도 거의 육십 년을 더 살아왔지만, 아직도 내 생각과 느낌을 어느 정도까지 상대방에게 전해야 옳은지 판단하기가 참으로 어렵다는 생각이 든다. 오래 전에 나는 오해를 풀기 위해 사건의 전말을 말해야 옳은지 아니면 그냥 참고 넘겨야 옳은지 한참이나 고민했던 적이 있었다. 내가 어느 시골의 작은 초등학교에서 근무하던 1970년대 초반의 일이다. 그때만 해도 선생님들의 잡무를 도와 주는 주무관이 없었던 시절이라 담임 업무와 수업은 기본이고 그 외의 웬만한 잡무는 모두 선생님들이 나누어 맡아 일을 처리하였다. 나는 여러 업무 중 방송에 관한 일을 맡았는데 방송 일이 힘든 것이 아니라 방송기기가 부족하고, 있더라도 성능이 낮으며 고장 또한 잦았다. 국경일과 기념일 그리고 입학식이나 졸업식과 같은 행사 때에는 국기에 대한 경례의 주악과 애국가 그리고 행사에 관련되는 노래를 틀기 위해 축음기에 검고 둥근 음반을 올려놓고 기다리고 있다가 사회자가 일러 주는 식순의 차례가 되면 즉시 축음기의 바늘을 음반 위에 올려 노래가 나오도록 하는 것이다. 요즘 같으면 테이프나 CD가 있어 그때보다는 훨씬 수월했을 터인데……

하여튼 그럭저럭 잘 지내고 있던 중 방송 사고가 터지고 말았다.

그해 졸업식장에서 애국가가 중간에 끊기는 사건이 벌어졌던 것이다. 다른 노래도 행사 중간에 끊겨서는 안 되겠지만 하필이면 애국가가 중간에 끊기다니……. 초임 시절이라 그때는 하늘이 무너지는 것 같았다. 사건은 이러했다. 그때만 해도 졸업식장을 꾸밀 때 버젓한 강당이 없어 교실과 교실 사이에 있는 나무로 만든 문짝 모양의 벽을 떼어내고 교실 세 칸으로 임시 강당을 만든 다음, 앞부분에 교단을 쌓아 무대를 만들고 양 옆에 커튼을 드리워 작은 공간을 만들고는 커튼 뒤에 교탁을 놓고 그 위에 축음기를 설치하여 애국가와 졸업식 노래가 방송되도록 하는 방식이었다. 나는 나름대로 충격 방지를 위해 방석을 세 개나 겹쳐 깔고 그 위에 축음기를 설치하였다. 졸업식이 시작되었다. 나는 긴장의 끈을 놓지 않고 기다렸다가 사회자의 '애국가 제창' 소리를 듣고 곧바로 음반 위에 축음기 바늘을 올려놓았다. 애국가가 중간쯤 불려지고 있을 때, 졸업식장 옆 복도에서 지진 해일(쓰나미)처럼 어마어마한 충격이 축음기에 전해지더니, 그만 축음기의 바늘이 한 번 점프를 하고는 '길이 보전하세'로 끝나고 말았다.

당시 학교 졸업식에는 몇몇 학교를 지정하여 교육청에서 장학관이나 장학사가 임석관으로 나오는 제도가 있었다. 우리 학교는 몸이 좀 육중한 장학관이 임석하여 축사를 하게 되었는데, 자가용이 없던 시절 버스를 타고 오는 바람에 졸업식이 시작되었을 때 졸업식장에 도착하였고, 애국가가 불려지는 중간에 임석관이 식장에 들어오게 된 것이다. 문제는 임석관의 그 육중한 몸이 축음기가 설치된 바로 옆 복도를 지나면서 충격을 주어 축음기 바늘이 점프를 한 것이다. 그 당시 학교는 거의 모두가 오래된 목조 건물로 복도나 교실 바닥이 나무판자로 되어 있어 어린아이들이 조금만 내리디더도 파도처럼 꿀렁거렸는데, 육중한 몸이 주는 충격의 파장은 정말 대단했다. 나는 졸업식이 끝나고 교장선생님을 비롯한 여러 선생님과 학생들 그리고 학부모들에게 죄인 아닌 죄인이 되어 얼굴을 들지 못했다. 나는 속으로 늦게 온 임석관을 원망도 해 보았지만 이미 일은 벌어진 뒤였다. 그 후 나는 며칠을 고민에 빠져 지냈다. 교장선생님한테만이라도 이 사실을 이야기할까, 아니면 직원 조회 때 여러 선생님들에게 자초지종을 말할까 하다가 그냥 시간만 흘러갔다.

마음속의 누명을 벗지 못하고 어느덧 나는 그 학교를 떠나게 되었다. 떠나면서 '언젠가 우연히 교장선생님만이라도 만나게 되면 그때 그 이야기를 해야지' 하고 마음 먹었다. 그리고는 다른 지역에서 10년이 지나고 20년이 지나면서 나에게도 그때 그 지역 교육청에 근무하는 일이 생겼고, 이제 내가 학교 졸업식 임석관으로 학교를 방문하게 되었다. '아, 이제 그때의 교장선생님을 만나 뵈야지' 하고 여기저기 수소문해 보았더니, 몇 해 전에 세상을 뜨셨다고 하였다.

나는 지금까지도 '축음기의 점프' 사건을 말하지 않고 마음으로 누른 것이 잘한 일인지 잘못한 일인지에 대한 판단을 쉽게 내리지 못하겠다. 그러나 굳이 결론을 말하자면 의도적이든 의도적이지 않든 간에 침묵을 지키게 된 것은 잘한 일이라 생각한다. 좋은 일이라면 몰라도 교장선생님을 만나 그 사실을 알렸다면 내 마음은 시원했을까? 그 교장선생님은 내 잘못이라고 오해한 것에 대해 미안함을 표하더라도 마음이 편했을까? 나나 교장선생님이나 모두 편치 않았을 것이다. 나는 그 후에도 이와 비슷한 일이 몇 번 있었지만, 그냥 웃음으로 넘겼더니 더 이상 일이 커지지 않았다.

위의 일화는 침묵의 이로움을 말한 것이지만, 인간 사회에서 꼭 침묵만이 이로운 것이라고 말할 수는 없는 것이다. 인간이 만물의 영장인 것은 불을 사용한다거나 복잡한 도구를 만들 줄 알기 때문이기도 하겠지만, 그보다는 언어를 사용하여 서로 의사소통을 할 수 있기 때문이다. 우리 속담에, '말을 잘하면 말만으로도 은공을 갚을 수 있다'는 뜻으로 '말로 온(모든) 공(功)을 갚는다'고 하였고, '늘 말하던 것이 마침내 결실을 맺는다'는 뜻으로 '말이 씨가 된다'고 하였으며, '한 마디 한 마디의 말이 중요하다'는 뜻으로 '말 한 마디에 천금이 오르내린다'고 하였고, '말만 잘하면 어려운 일이나 불가능한 일도 해결할 수 있다'는 뜻으로 '말 한 마디에 천 냥 빚도 갚는다'고 하였던 것처럼, 말을 잘 가려 하면 침묵보다 나을 수도 있는 것이다.

일반적으로 웅변을 은이라고 평가하는 것은 남의 말을 하기 때문에 그런 것이 아닌가 한다. 오래 전에 전원생활을 배경으로 하면서 '우리 마음속 영원한 고향'이란 주제로 1000회 이상 장수한 드라마가 있었는데, 드라마의 사건 발단은 거의 남의 말을 하는 입방아에서 시작되곤 하였다. 'OO라고 하더라', 'OO인 것 같다' 등으로 시작하면 몇 입 건너 결국에 가정(假定)이 사실처럼 되어 화내고, 다투고, 울고, 혼나고……. 그리고는 마지막에 사과하고 화해하는 것으로 끝을 맺는 내용이다. 그러나 이 드라마가 겉으로는 농촌 생활의 정겨움을 보여주고 있지만, 내면적으로는 '말을 가려 하라'는 깊은 뜻이 담겨 있기도 한 것이다.

침묵만이 금이 아니다. 가려 말하고 남의 말만 하지 않는다면 웅변도 금이 될 수 있다. 침묵의 중요성과 가려 말하기의 중요성을 표현한 시조가 있어 소개해 본다.

말하기 좋다 하고 남의 말은 말을 것이
남의 말 내 하면 남도 내 말 하는 것이
말로써 말이 많으니 말 마를까 하노라.
　　　　　　　　　　　　－작자 미상

들은 말 즉시 잊고 본 일도 못 본 듯이
내 인사(人事) 이러함에 남의 시비(是非) 모르노라
다만 제 손이 성하니 잔(盞) 잡기만 하노라.
　　　　　　　　　　　　－송인(宋寅)

10. 속담이 만들어진 과정의 유추^{類推}

(1) 귀신 씻나락 까먹는 소리

사람들은 상대방이 분명하지 않게 우물우물 말하거나 이치에 어긋나게 말도 안 되는 소리를 하면, '그 귀신 씻나락 까먹는 소리 하지도 말라'며 비웃는 태도로 핀잔을 주기도 한다.

씻나락은 볍씨(종자로 쓸 벼)를 의미하는데, '씨(종자)'와 '나락 (벼)'이 합하여 만들어진 경상도 방언이다. 그리고 경상도 이외에 전라·충청·강원도에서도 '벼'를 '나락'이라고들 말한다. 이러한 나락이 옛날에는 어떻게 쓰였을까?

15세기에 만들어진 《두시언해》에 의하면, '나디라(낟이라) 혼 거슨 人命(인명)에 根本(근본)이니(곡식이라고 하는 것은 사람이 살아가는 데 근본이 되는 것이다)'라고 하여, '나락'은 고어 '낟'에서 온 말임을 알 수 있다. 따라서 '낟(곡식)+악(접미사))나닥〉나락'의 변화 과정을 거쳐 '나락'이 된 것으로 추정할 수 있다. 현재에도 곡식을 뜻하는 '낟'이 쓰이고 있는데, 껍질을 벗기지 않은 곡식의 알맹이를 '낟알'이라 하고, 낟알이 붙어 있는 곡식의 단을 쌓아 놓은 더미를 일러 '낟가리'라고 한다.

씻나락은 한해 농사를 끝내고 거두어들인 벼 중에서 가장 튼실하게 여문 알곡만을 골라 명년 농사의 종자로 쓰기 위해 선별해 놓은 볍씨이다. 농부들에게는 목숨보다 더 귀하게 여기는 가보(家寶) 중의 가보이다. 오죽하면 '농사꾼이 죽어도 종자(種子)는 베고 죽는다'는 속담도 있지 않던가. 농부들에게 씨앗(종자)은 희망이며 생명줄이기도 한 것이다. 이렇게 소중한 씻나락(볍씨)을 귀신이 까먹는다면 농부는 얼마나 황당하겠는가.

'귀신 씻나락 까먹는 소리'에 관한 이야기는 여러 가지가 전하는데, 제사상의 제물이 넉넉치 못해 조상신이 볍씨를 까먹었다하기도 하고, 곳간에 간직한 볍씨를 귀신이 밤마다 찾아와 까먹는다고도 하며, 못자리에 뿌린 볍씨가 제대로 발아하지 못한 것도 귀신이 씨앗을 까먹었기 때문이라는 이야기도 있다. 그중에 두 가지만 골라 이야기를 전하고자 한다.

한 농부가 있었다. 농부는 매우 소심한 노인이었다. 노인은 가을걷이가 끝나기가 무섭게 튼실하게 생긴 씻나락(볍씨)을 골라 쥐가 닿지 못하도록 항아리에 담아 곳간 깊숙이 넣어두고는 씻나락을 귀신이 까먹지나 않을까 늘 근심에 쌓여 있었다. 북풍이 몰아치는 한겨울이 되었다. 밤은 길어지고 세차게 부는 겨울바람이 곳간 문을 밤새도록 흔들어 댔다. 노인은 한잠도 못 자고 밤새 걱정을 하며 혼잣말로 중얼거렸다.

껍질을 벗기지 않은 벼의 알맹이인 벼 낟알

"귀신이 곳간에 있는 씻나락을 까먹나 보다. 귀신이 우리 씻나
락을 까먹나 보다…….."

농부는 밤이면 밤마다 이렇게 꿍얼대는 것이었다. 그러던 중
'내일이면 그만두려나, 또 내일이면 그만두려나' 하며 참고 참았
던 할머니가 한 마디 해댔다.

"(그) 귀신 씻나락 까먹는(다는) 소리 그만 좀 하소."

이런 일이 반복되면서 상대방이 알아듣지도 못하게 혼자 중얼
대는 것을 일러 '귀신 씻나락 까먹는 소리'라고 하였다 한다.

또 하나는 어느 농부가 봄을 맞아 못자리를 만들고 겨우내 잘
보관해 두었던 씻나락을 뿌렸는데 어찌 된 일인지 싹이 트지 않
았다. 정말 귀신이 곡을 할 노릇이었다. 맥이 풀린 농부는 며칠
동안 한숨만 푹푹 내쉬며 걱정을 하다가, '아마도 귀신이 못자리
에 뿌린 씻나락을 겨우내 까먹었나 보다'고 의심하면서 이 사람

저 사람을 만날 때마다, "귀신이 (우리)셋나락을 (다) 까먹었다"고 떠들어 댔다. 처음에는 농부의 처지가 안타까워 이야기를 들어 주었는데 '좋은 노래도 장(長) 들으면 싫다'고 듣다 못해 한 친구가 한 마디 했다.

"이 사람아, (그) 귀신 셋나락 까먹는 소리 그만 하고 남은 셋나락이나 잘 살펴보게."

이처럼 말도 안 되는 엉뚱한 소리를 할 때도, '귀신 셋나락 까먹는 소리를 한다'며 핀잔을 주었다고 한다.

'벼씨'가 아니고 '볍씨'라고 표기하는 이유

종자를 뜻하는 '씨'가 15세기에는 '삐'라고 표기하였다.

그러니까 겉으로는 들어나지 않아도 '씨'라는 말에는 'ㅂ'이 잠재되어 있는 것이다. 따라서 '벼'와 '씨(삐)'가 합성어로 만들어질 때 'ㅂ'이 다시 살아나므로 '벼+삐(씨)〉볍시〉볍씨'가 되어 현재에는 '볍씨'로 표기하는 것이다.

(2) 마파람에 게 눈 감추듯

우리 속담에, 언제 먹었는지 모를 만큼 음식을 빨리 먹어 버리는 것을 일컬어 '마파람에 게 눈 감추듯' 한다고들 말한다. 특히 우리나라 고전(古典) 중에 하나인《춘향전》에는, 춘향과 백년가약을 맺고 한양으로 떠난 이몽룡이 암행어사가 되어 남원에 내려와서는 남루한 행색으로 춘향 모인 월매를 찾아가 밥 한 술 달래 허겁지겁 먹어 치우자, 월매가 원망하듯이 '마파람에 게 눈 감추듯' 먹는다 며 핀잔을 주는 대목이 있어 더욱 유명한 속담이 되었다.

'마파람'은 뱃사람들이 '남풍(南風)'을 이르는 말로, 경풍(景風: 온 화한 바람), 마풍(麻風: 마파람의 한자말), 앞바람(앞에서 마주 불어오는 바람), 오풍(午風: 낮 12시경부터 바다에서 육지로 부는 바람) 등 여러 가지 명칭을 가지고 있다. 또한 마파람의 유래도 명칭만큼이나 많 은 편이다. 들리는 이야기로는, 바람을 중시하는 뱃사람들이 남쪽 을 '마'라고 불렀기 때문에 남쪽에서 부는 바람을 '마파람'이라 하 였다 하고, 옛날에는 북(北)을 '뒤'라 하고 남(南)을 '앞'이라 하였으 므로 '남(南)'에서 부는 바람을 '앞바람'이라고도 하였으며, 또한 일 상생활 속에서 사람들은 해를 향해 남면(南面: 남쪽을 바라봄)하는 경우가 많아 역시 남쪽에서 부는 바람을 '앞바람'이라 하였고, 고 기를 잡으러 바다로 나갈 때 마주치는 바람이라 하여 '마파람'이라 고 하였다 한다.

그러나 위의 내용을 흥미로운 유래라고는 할 수 있겠지만, 정작 '마파람'의 어원을 음운적으로 설명하기에는 어려움이 따르는 것 같다. 그러면 '남풍'을 왜 '마파람'이라고 하였을까?

남풍을 경풍이라 하여 온화한 바람을 말하는 것이며, 개풍(凱風) 이라고도 하여 따뜻한 바람을 의미한다. 바다에서 온화하고 따뜻 한 바람이 불면 대개는 비가 오기 때문에 '남풍'을 '비바람'이라 해도 과언은 아니다. 또한 음운적인 면에서 '마파람'을 '마+ㅎ('ㅎ'종성 체언)+바람'의 합성어로 볼 때, '마'가 무엇을 의미하는지를 파악하면 '마파람'의 어원을 찾을 수 있을 것이다.

고어(古語)사전에는 '마'에 대하여 3가지를 설명하고 있다. 첫째의 '마'는 '서(薯)'라 하여 '참마'를 뜻한다고 하며, 예문으로 '마흘(마ㅎ+을) 키어 쩌먹고(마를 캐어 쪄 먹고)'라는 문구가 17세기에 신숙(申洬)이 쓴 《구황보유방(救荒補遺方)》에 실려 있고, 둘째의 '마'는 임우(霖雨)라 하여 '장마'를 뜻한다고 하며, 17세기 윤선도(尹善道)의 고시조 '비 오는 디'의 중장에, '마히(마ㅎ+이) 미양이랴 장기 연장 다스려라(장마가 늘 이렇게 지겠는가? 쟁기나 연장을 잘 매만져 쓸 수 있도록 해 두어라)'라는 예문이 나와 있다. 그리고 셋째의 '마'는 '마파람'을 뜻한다며 한자 표기로는 '麻(마)'라 한다고 하였는데, '南風謂之麻卽景風(남풍위지마즉경풍: 남풍을 일러 '마'라 한다. 즉 경풍이다)'라는 예문을 18세기에 이익(李瀷)이 쓴 《성호사설(星湖僿說)》에서 찾아볼 수 있다.

그러면 이 셋 중에 어느 것이 '마파람'의 어원과 관련이 있다고 볼 수 있겠는가? 첫 번째 '마'는 먹을 수 있는 '참마'를 뜻하므로 제외하고, 세 번째 '마'는 '마파람'이란 어휘가 만들어진 후에 '마파람'을 줄여 한자로 표기한 것일 뿐이며, 그 쓰임이 두 번째 '마'와는 1세기라는 시간적 격차가 있어 '마파람'의 어원을 설명하기에는 부족함이 있다고 하겠다. 반면에 두 번째 '마'는 '마파람'의 어원을 설명하는 데 두 가지 조건을 충족시킨다고 보겠다. 조건의 하나는 '바람'이 '파람'으로 변할 수 있는 'ㅎ종성 체언'을 가지고 있고, 또 하나는 남풍은 비를 가지고 있는 바람이므로 '장(長)+마ㅎ+바람〉

마ㅎ바람〉마파람'의 변화 과정을 설명할 수 있어 음운과 의미 모두를 충족할 수 있다. 따라서 '마파람'은 외형상으로는 '남풍'이지만, 내면적으로는 비바람과 같은 '장마 바람'을 뜻한다고 하겠다.

　다음으로 '게 눈'의 '게'는 어떤 종류의 게를 말하는 것일까? 우리나라에 살고 있는 게의 종류는 180여 종이나 된다고 한다. 덩치가 큰 영덕 대게부터 온몸이 붉은 홍게, 각갑의 양쪽이 뾰족한 꽃게, 강어귀의 민물에 사는 참게, 수컷의 한쪽 집게발이 큰 농게, 몸 전체에 털이 나 있는 털게, 모래 구슬을 잘 만드는 엽낭게, 습지나 논밭에도 살며 우물가나 부엌에까지도 들어오는 도둑게, 집을 가장 잘 짓는 세스랑게, 갯벌에 수많은 구멍을 파고 사는 칠게 등 많은 게가 있는데, 이 속담과 관련이 있는 게는 아무래도 두 눈을 재빠르게 감출 수 있는 게라야 할 것 같다. 게 눈의 생김새를 살펴보면, 영덕 대게나 꽃게와 같이 덩치가 큰 게들은 눈이 앞쪽에 고정되어 있어 감추고 말고 할 눈이 못 된다. 그러나 농게와 엽낭게 그리고 칠게와 같은 달랑겟과의 작은 게들은 조그만 성냥골처럼 생긴 눈을 가지고 있어 바람과 같은 작은 충격에도 두 눈을 재빠르게 옆으로 꺾어 감추고는 구멍을 찾아 쏜살같이 내달아 숨어버린다. 이처럼 달랑겟과의 게들이 속담 속의 '게'를 의미한다고 보겠는데, 그 중에 굳이 하나를 선택하라면 필자는 칠게를 선택하겠다. 왜냐하면 칠게는 서남 해안의 넓은 진갯벌에 서식하고 그 숫자가 게 중에 가장 많은 편이다. (칠게라는 이름은 칠칠하게 많다고 해서 칠게라고 한단다) 또한 내가 어렸을 때 칠게가 달아나지 못하도록 실에 묶어 가지고 다니며 놀았는데, 그때 칠게가 갑각 위로 작은 눈을 곧추세우면 후- 불어 쓰러뜨리고, 또 눈을 곧추세우면 후- 불어 쓰러뜨리면서 놀았던 기억이 있어 자신 있게 칠게를 선택한 것이다.

　바닷물이 빠진 갯벌에 나온 칠게는 성냥골 같은 작은 눈을 곧추세우고 먹이 활동을 하다가 위험한 조짐을 느끼면 재빠르게 두 눈을 감추고 게구멍을 찾아 숨어 버리곤 한다. 마파람(남풍)이 조금만 세게 불어도 마찬가지이다.

　아마도 이러한 게(칠게와 같은 달랑겟과의 무리)의 습성을 바닷사람(뱃사람)들이 보고, 게가 두 눈을 빠르게 감추는 것처럼 '있던 것이 눈 깜짝할 사이에 없어지는 상황(음식을 빨리 먹어 치우는 상황)'을 일컬어 '마파람에 게 눈 감추듯'이란 말을 썼던 것이 오랜 세월 속에 굳어져 속담이 되지 않았나 유추해 본 것이다.

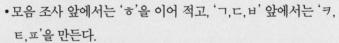

'ㅎ' 종성 체언

- 'ㅎ'을 끝소리로 갖는 체언
- 모음 조사 앞에서는 'ㅎ'을 이어 적고, 'ㄱ, ㄷ, ㅂ' 앞에서는 'ㅋ, ㅌ, ㅍ'을 만든다.
  예) 나라ㅎ+이〉나라히, 뫼ㅎ+과〉뫼콰

(3)개밥에 도토리

　속담으로 전해 오는 '개밥에 도토리'는 '따돌림을 받아 여럿에 어울리지 못하는 사람을 일컫는 말'이다. 이와 비슷한 내용으로 근래에 흔히 쓰는 말로는 '낙동강 오리알'도 있고 '꾸어다 놓은 보릿자루'도 있다. 또한 '개밥에 도토리'라는 속담이 기록된 옛 문헌으로는 19세기 후반의 한문 서적으로, 박경가(朴慶家)가 썼다고 하는 《동언고략(東言考略)》이 있는데 한자로 한국어 어원을 풀이한 책이다. 여기에는 '개밥에 도토리'를 '구반상실(拘飯橡實: 개밥에 상수리나무 열매)'이라고 기록되어 있다. 이 책은 당시의 민간 어원을 알 수 있는 자료를 수록하고 있어 옛말의 어원을 이해하는 데 도움을 주고 있다.

그렇다면 '개밥의 도토리'라는 속담에서 하필이면 왜 개밥을 선택하였을까? 아마도 여러 동물 중에 개가 1만5천 년 전부터 사람과 함께 살아가는 관계를 맺었고 지금도 사람과 가장 친근한 관계를 맺고 있으며 매일같이 2~3번 사람이 주는 밥을 먹기 때문일 것이다. 여기서 개가 먹는 밥은 요즘처럼 반려 동물을 위해 전문적으로 만들어진 사료 형태의 개밥이 아니라 몇 십 년 전까지 사람들이 먹다 남은 밥과 반찬의 찌꺼기를 모아 물을 섞어 개밥그릇에 담아 주는 그런 개밥을 말하는 것이다.

개는 원래 육식 동물이었다. 사람과 함께 살아가면서 잡식 동물이 되었지만, 육식 동물의 특징적 DNA는 1만5천 년의 세월이 흐른 지금까지도 남아 있다. 그것은 개의 물 먹는 모습인데, '동물의 왕국'을 보면서 육식 동물과 초식 동물의 물 먹는 모습이 다름을 알게 되었다. 초식 동물은 주둥이를 물에 넣고 물을 빨아 흡입하는 반면, 육식 동물은 주둥이를 물 표면에 대고 혀를 날름거려 혀에 묻은 물을 먹는 것이다.

필자는 동물을 좋아하는 성격이었다. 그래서 목축업이 꿈이었던 적도 있었다. 그러니 개를 좋아하지 않을 리가 없다. 초등학교 시절 이웃집에 — 꼭 개값은 아니지만 — 보리쌀 두어 되를 주고 젖떼기 강아지 한 마리를 얻어다 키웠다. 강아지에게 밥을 주려고 일부러 내가 먹던 밥을 남길 때도 있었다. 그래서 강아지밥은 내가 자주 주는 편이었다. 어느덧 강아지가 제법 컸다. 어느날 개밥그릇에 콩 두 알이 덩그러니 남아 있는 것을 보게 되었다. 우리 식구가 밥 속에 넣어 먹던 콩이었다. 그날 저녁 일부러 콩이 든 밥을 주고 개가 먹는 모습을 바라 보았다. 개는 혀를 날름거리며 물과 함께 밥알을 혀에 묻혀 먹고는 쪼그리고 앉아 있는 내게로 꼬리를 치며 다가왔다. 나는 일어나 개밥그릇을 들여다보니 콩알이 또 남아 있는 것이었다. 그것을 보고 개는 밥을 혀에 묻혀 먹기 때문에 동글게 생긴 것은 먹지 못한다는 것을 알게 되었다. 이후 학교에서 '개밥에 도토리'를 배울 때 나는 속으로 '개밥에 도토리'가 아니라 '개밥에 콩알'이라고 생각했다.

또 한 가지 '개밥에 도토리'에서 '콩알'도 아니고 왜 '도토리'라고 하였을까? 도토리 하면 도토리와 상수리가 있는데, 도토리는 떡갈나무·길참나무·졸참나무·물참나무 등의 열매로 그 생김새가 갸름하며 그 크기는 어른 계지(季指: 새끼손가락)의 첫마디만 하고, 상수리는 참나무과인 상수리나무의 열매로 그 생김새는 둥근 편이며 크기는 어른 중지(中指: 가운뎃손가락)의 첫마디만 하다. 이런 상수리가 19세기경부터는 따로 구분되지 않고 도토리에 포함되어 모두 도토리로 통용되고 있는 편이다.

도토리가 문헌에 처음으로 등장한 것은 15세기에 쓰여진 《향약구급방(鄉藥救急方)》인데, 이는 향약으로 위급한 병을 치료하는 약방문을 설명한 책으로 우리나라에서 가장 오래된 한의서(韓醫書)이다. 여기에는 도토

도토리 열매

리가 '저의율(猪矣栗)'이라 기록되어 있다. 이를 풀이해 보면 '猪(돼지 저)+矣(어조사 의)+栗(밤 율)'이므로 '돼지의 밤' 즉 '돼지가 즐겨 먹는 밤'이란 뜻이 된다. 일반적으로 우리가 알기에는 산골짝에 다람쥐가 도토리를 제일 좋아한다고 생각하지만, 초식 동물이었던 돼지가 다람쥐보다 더 도토리를 좋아한다고 보아도 지나침은 없을 것이다.

왜냐하면 도토리의 어원이 돼지에서 왔기 때문이다. 15세기의 문자로는 돼지를 '돝'이라 하였고, 따라서 도토리를 뜻하는 '저의율'을 우리말로 표기할 때 '돝이밤', '도토밤', '도톨왐'이라 하였다. 이렇게 표현되던 도토리는 '돼지(돝)가 좋아하는 열매(알)'에 접미사 '이'가 붙어 '돝+알+이〉도탈이〉도톨이〉도토리'의 변화 과정을 거쳐 지금의 '도토리'가 되었다는 것이다.

이번에는 개와 돼지의 삶을 비교해 본다. 사람들은 1만5천 년 전부터 사냥을 위해 개를 키워 왔고, 돼지는 4천여 년 전 파충류 시대에 사람이 뱀으로부터 목숨을 보존하기 위해 뱀의 천적(天敵)인 돼지를 집 안에 키워 왔다. 개와 돼지가 사람의 손에 의해 키워지면서 사람이 먹던 음식을 주는 대로 먹다 보니 자연히 잡식성이 되었다. 지금은 개를 키우거나 돼지를 사육할 때 그들만을 위한 전문

적인 사료를 먹이지만, 20세기 중후반까지만 해도 개는 밥찌꺼기요, 돼지는 밥찌꺼기에 쌀 씻은 쌀뜨물을 더하여 주는 것이 그들의 먹이였다. 그리고 돼지는 그것만으로는 부족하여 다듬고 난 푸성귀와 과일 껍질 그리고 나무 열매(도토리) 등을 더 주는 것이 고작이었다.

아마도 '개밥에 도토리'라는 속담이 만들어질 당시에도 개와 돼지의 먹이는 이러했을 것이다. 이럴 때에 장난이던 아니면 실수였던 간에 개밥그릇에 도토리를 넣어 주었는데 원래 육식 동물이었던 개는 나무 열매인 도토리를 먹지 않을 뿐더러 혀를 놀려 밥을 먹으니 콩도 입에 넣지 못하는데 콩보다 큰 도토리는 더욱 먹지를 못하지 않았겠는가? 결국 개밥그릇에는 도토리만 덩그러니 남아 있었을 것이다. 따라서 사람들은 개가 먹지 않고 내버려 둔 도토리가 여럿과 어울리지 못하고 외토리가 된 사람의 입장과 흡사하다 생각하고는 그런 사람을 빗대어 '개밥에 도토리'라고 하던 것이 속담으로 굳어진 것이 아닌가 한다.

(4) 흰떡에도 고물이 든다

'밥보다 떡'이란 말도 있듯이 사람들은 떡을 꽤나 좋아한다. 이처럼 사람들이 주식으로 먹는 밥보다 더 좋아하는 떡의 역사를 살펴볼 때, 아무래도 그 시작은 원시 농경 사회까지 거슬러 올라가야 할 것 같다. 아주 오래전인 기원전 일천 년이 훨씬 넘는 청동기 시대부터 쌀 농사를 시작하였을 것으로 추측하는데, 당시의 유적지에서 청동기 시대의 논과 밭의 유형으로 보이는 유적이 나타나고 화덕과 시루와 비슷하게 생긴 토기가 발굴되었으며, 그 후대로 내려와서는 신라 시대의 고분에서 어김없이 떡을 찌는 시루가 출토되었다. 또한《삼국사기》에는 신라의 제2대 남해왕(南解王)이 세상을 떠나자, 다음 왕을 정하는 방식으로 떡을 입에 물어 잇자국이 많이 난 유리(儒理)를 제3대 왕으로 추대했다는 이야기가 전하고, 《삼국유사》에는 제32대 효소왕(孝昭王) 대에 화랑 죽지랑(竹旨郎)이 동료 화랑인 득오(得烏)가 부역을 하러 떠났을 때, 그를 위로하기 위해 떡 한 합과 술 한 동이를 가지고 갔다는 이야기에도 떡이 등장한다. 따라서 떡은 쌀 농사가 시작되면서 그 역사도 함께 시작된 것으로 추측이 된다.

떡의 역사가 오래된 만큼 떡에 관한 속담 또한 적지 않다. 떡 고리에 손 들어간다(오래도록 탐 내던 것을 마침내 가지게 된다), 가을 비는 떡 비(아무리 바쁜 가을이라도 비가 내리면 집에서 떡을 해 먹으며 쉰다. 한편 여름 비는 잠 비란다), 떡 사 먹을 양반은 눈꼴부터 다르다(참으로 그 일을 하려는 사람은 겉으로 보아도 알 수 있다), 굿이나 보고 떡이나 먹지(남이 하는 일에 쓸데없이 참견하지 말고 주는 것이나 잘 받아 챙겨라), 남의 떡에 설 쇤다 또는 떡 본 김에 제사 지낸다(우연히 남 덕분에 일이 잘 이루어진다), 누워서 떡 먹으면 팥고물이 눈에 들어간다(제 몸이 편할 것 같아도 도리어 해로움이 따른다), 떡 줄 놈은 꿈도 안 꾸는데 김칫국부터 마신다(해줄 사람은 생각도 하지 않는데 일이 다 된 것처럼 미리 바란다), 떡도 먹어 본 놈이 먹는다(무슨 음식이나 늘 먹어 본 사람이 더 잘 먹는다), 이 장떡이 큰가 저 장떡이 큰가 한다(이쪽이 유리한지 저쪽이 유리한지 결정하지 못하고 망설이고만 있다) 등등 많은 속담 중에 몇 가지만 발췌해 보았다.

떡의 종류도 참으로 다양하다. 어느 시인이 떡의 종류를 시절과 관련지어 재미있게 표현한 시(詩)가 있는데 일부만 소개해 본다.

'흠씬 매를 맞아야 떡은 맛있다'고 하면서, 설날에는 흰떡(가래떡), 잔칫날엔 인절미, 대보름날 약식, 삼짇날엔 두견화전, 한식에는 쑥떡, 단오에 수리취떡, 유둣날엔 증편, 칠석날엔 백설기, 추석 명절 오례송편, 중양절엔 국화전, 상달에는 시루떡…….

'떡'이 경음화(덕〉떡) 되기 이전에는 '덕'이라 표기하였다. 어짐을 뜻하는 '德(덕)'과 같은 발음이다. 지금도 그러하지만 옛날 우리 조상들은 으레 떡은 나누어 먹는 음식으로 생각하고 이웃과 고루 나누어 먹었다. 즉 서로 덕을 베풀었던 것이다. 아기의 백일을 기념하는 백일 떡이나 돌잔치의 돌떡은 꼭 나누어 먹어야 아기가 건강하게 자라 부귀영화를 누린다고 하면서 되도록 많은 사람들과 나누었고, 또한 이사 떡을 하거나 시월 상달의 고사 떡도 여럿에게 나누곤 하였다.
이처럼 우리의 식생활 속에 자리 잡은 떡 중에 백설기가 있는데, 이 백설기는 떡의 이름처럼 전혀 고물이 들어가지 않고 멥쌀가루에 약간의 설탕물을 뿌린 다음 시루에 안쳐 찐 흰떡이다. 이 떡의 빛깔이 희기 때문에 예로부터 신성한 의미로 여겨 신(神)에게 기원

아기 백일상의 잔치떡인 백설기

하는 의례 행사에는 빠지지 않았으며, 특히 아기의 백일상에는 없어서는 안 될 떡으로 꼽혔다. 그런데 우리 속담에 '흰떡에도 고물이 든다'고 하였다. 일부 사람들은 이 속담의 뜻이 '인절미에도 팥고물이나 콩고물이 들 듯 밑천(돈)이 들 것은 들어야 한다'고 하는데, 필자의 생각에는 속담에서 말하는 고물이 인절미에 묻히는 그런 고물을 의미하는 것은 아닌 것 같다.

나는 어려서 시골에서 살았었는데 가끔 서울 사람들이 내려와서 하는 말이 "'흰떡에도 고물이 든다'고 서울은 대문만 나서면 돈이 든다"고 하였다. 움직이면 돈이 든다는 것이다. 시골에서는 대문 밖을 아무리 드나들어도 돈 한 푼 안 드는데 참으로 이해가 가지 않았다. 나중에 안 일이지만 당시 시골에서는 걷거나 자전거를 탔고 서울에서는 전차나 시내버스를 탔기 때문에 서울 사람들은 대문을 나서면 돈이 들었던 것이다.

그러면 사람들은 왜 사소한 일에도 돈이 드는 것을 '흰떡에도 고물이 든다'고 하였을까? 그것은 고물이 전혀 섞이지 않는 백설기를 찔 때에도 필히 콩이나 팥이 조금이나마 필요했기 때문에 만들어진 속담이다. 백설기를 찌려면 먼저 시루 바닥에 나 있는 구멍을 시룻밑으로 막아야 하는데 그 구멍을 막는 기구를 요즘에는 알루미늄이나 스테인리스 스틸로 만든 것을 사용하지만, 옛날에는 가는 새끼 따위로 떠서 만든 작은 채반을 사용하였다. (당시 내가 살았던 시골에서는 '시룻밑'을 채반이라고 하였다) 이 채반으로 시루 구멍을 막고 바로 그 위에 멥쌀가루를 안치면 멥쌀가루가 채반에 나 있는 작은 틈을 막아 김(수증기)이 제대로 오르지 못하여 떡이 져지지 않는다. 그래서 시루 구멍을 막은 채반 위에 콩알이나 팥알을 얇게 깔고 그 위에 멥쌀가루를 안치면 김이 채반의 틈새로 잘 올라 떡이 쪄지는 것이다.

이처럼 백설기를 찔 때에 백설기에는 고물이 들지 않더라도 백설기를 찌기 위해서는 채반과 멥쌀가루 사이에 콩알이나 팥알을 깔아야 하기 때문에 '흰떡(백설기)에도 고물(콩알이나 팥알)이 든다'는 속담이 만들어진 것이며, 이는 '사람이 무슨 일이든 행할 때에는 반드시 비용(돈)이 든다'는 말을 우회적으로 표현한 것이라 하겠다.

(5) 세상에 공짜는 없다

공짜는 힘이나 돈을 들이지 않고 거저 얻는 물건이나 일을 말한다. 사람들은 공짜를 '혹시나' 하고 의심은 할지언정 싫어하지는 않는다. 오죽하면 '공짜는 써도 달다', '공짜라면 당나귀(소)도 잡아 먹는다'고 하였을까? 그런데 세상에는 공짜가 없는 법이다. 유럽에서는 '공짜는 쥐덫에 놓인 치즈뿐이다'고 하였고, 중국에서는 '사람을 잡으려면(내 편으로 만들려면) 위(胃)를 잡아라 (식사를 대접하라)'고 하였으며, 우리나라에서는 '맨입으로 될까?'가 있지 않는가. 표현은 다르지만 공짜는 상대방의 올가미에 걸려드는 지름길이며, 상대방에게 되갚아야 할 채무를 지는 것이다. 이처럼 경계해야 할 공짜에 관하여 여러 가지 이야기가 전하는데, 이야기는 '이야기가 이야기를 낳는다'고 기본 내용은 대동소이하나 입에서 입으로 전하면서 그 표현이 조금씩 다를 뿐이다.

먼저 19세기 말경 미국 서부의 개척 시대 이야기이다. 낮에는 식당을 하고 밤에는 술집을 운영하는 가게가 있었다. 그동안 신바람이 날 정도로 손님이 많았었는데 어느 날부터인가 가게에 손님이 점점 줄더니 운영 자체가 안 될 지경에 이르게 되었다. 가게 사장은 몇 날을 고민하던 끝에 좋은 생각이 떠올랐다. 특별한 서비스를 제공하는 것이었다. 다음 날 가게 입구에는 다음과 같은 안내문이 붙어 있었다. '저녁에 이곳에서 술을 마시는 손님에게는 다음 날 점심 식사를 무료로 제공합니다'라고.

그러자 뜨음했던 손님들이 구름처럼 몰려들었다. 공짜 점심을 먹는 사람들은 '이러다가 가게가 망하지는 않을까' 걱정을 할 정도로 손님이 넘쳤다. 그러나 사장은 술값과 술에 딸린 다른 비용을 조금씩 인상하여 손님들에게 제공할 점심 식사 비용을 미리 마련했던 것이다. 그런데도 손님들은 사장의 술수를 모르고 마치 점심 식사를 공짜로 먹었다고 착각을 하였던 것이다. 그리고 저녁에 술을 마시고 다음 날 점심 식사를 하지 않은 손님은 오히려 점심 식사 비용 만큼 손해를 본 것과 다름이 없었다.

다음은 중국 춘추 전국 시대(春秋戰國時代)의 한원대전(韓原大戰)에서 있었던 일이다. 진(晉)나라 혜공(惠公)의 공격을 받아 진(秦)나라 목공(穆公)이 위급한 상황에 처해 있을 때, 난데없이 300여 명의 용사들이 나타나 위험에 빠진 진(秦) 목공을 구했다. 목숨을 건진 진(秦) 목공은 다시 군사를 정비하고 이 승세를 몰아 진(晉) 혜공을 크게 무찔렀다. 진(秦) 목공을 구한 300여 명의 용사들은 누구였을까?

언젠가 진(秦) 목공이 사냥을 나갔던 일이 있었다. 그날 밤에 여러 마리의 말이 없어졌다. 신하들이 흩어져 주위를 살펴보니 넓은 계곡에서 도적떼로 보이는 300여 명의 무리들이 훔친 말을 잡아먹고 있었다. 이 상황을 전해 들은 진(秦) 목공은 "말은 이미 죽었으니 사람까지 죽일 필요는 없다"고 하면서 술 몇 동이를 도적들에게 보냈다. 임금의 말을 훔쳤으니 도적들의 목이 떨어질 만도 한데 오히려 좋은 술까지 받은 상황이 되었다. 도적들은 이 은혜를 갚기 위해 목숨을 걸고 진(秦) 목공을 구한 것이다. 이후 공자(孔子)가 진(秦) 목공이 이룩한 패업(霸業)을 높이 평가했다고 한다.

다음은 우리나라에 가장 많이 전하는 이야기로, 어떤 이는 세종 대왕까지 등장시키기도 하는 이야기이다. 옛날 애민(愛民) 정신이 투철한 임금이 있었다. 어느 날 임금은 신하(현자라고도 함)들에게,

"만 백성들이 살아감에 있어 귀감으로 삼을 만한 좋은 글을 모아 책을 만들어 오라"고 명령하였다. 신하들은 서둘러 좋은 글을 모아 각자 한 권씩 책을 만들어 임금에게 바쳤다. 많은 신하들이 한 권씩 만들었으니 몇 십 권이 되었다. 임금은, "이 많은 책을 백성들이 언제 다 읽겠느냐?"며, 다시 열 권으로 줄여 오라고 하였다. 신하들은 머리를 맞대 가며 노력한 끝에 열 권의 책이 완성되었다. 임금은 다시 한 권으로 줄여 오라고 하였다. 신하들이 한 권으로 줄여 오자, 이번에는 한 문장으로 줄이라 하였다. 신하들이 숙의한 끝에 만든 문장은, '世上無在 空得之物(세상무재 공득지물: 세상에 공으로 얻는 물건은 없다)'이었다. 즉 '세상에 공짜는 없다'였다. 임금은 무릎을 탁 치며 옳은 말이라고 흡족해 했다 하는데, 꼭 그런 것은 아니겠지만 이런 일이 계기가 되어 '세상에 공짜는 없다'라는 말이 생겼을 지도 모르겠다.

다음은 예나 지금이나 모범이 될 만한 좋은 학습 방법으로, 공부하는 우리 청소년들에게 꼭 들려 주고 싶은 이야기이다. 근래에 '1대 100'이라는 방송 프로그램에 출연하여 우승을 거머쥔 승자(勝者)가 있었다. 그는 몇 안 되는 역대 우승자의 명단에 이름을 올린 영광의 주인공이었는데, 그의 준비 과정은 자존심과의 싸움이었으며, 그야말로 '지피지기 백전백승(知彼知己 百戰百勝)'의 전법이었다.

그는 일단 낮은 단계에서 탈락을 하거나 어느 특정 분야의 문제에 무지한 모습을 보인다는 것은 자존심이 허락하질 않았다. 그래서 그는 자신이 잘 모른다고 생각되는 분야의 지식부터 쌓기 시작했다. 우선 '1대 100'의 기출 문제를 분석하여 출제 경향을 파악하고, 최근 3주 동안 발간된 각종 신문을 탐독하여 시사 문제에 대비하였으며, 현대 미술사는 물론 동서고금의 음악에 관련된 여러 악기와 주요 인물과 역사를 정리하였고, 중요하다고 생각되는 고전을 찾아 복습을 하면서 한국 근대 소설과 셰익스피어의 희곡 그리고 주요 뮤지컬의 요약본을 읽어 보았다.

그러면서 경제 용어, 요리 상식, 패션 용어, 나아가 여성의 옷과 모자 종류까지 정리해 암기하였고, 헷갈리기 쉬운 우리말의 맞춤법 규정을 독해하였으며, 자주 쓰지 않는 속담도 읽어 보았다. 그리고 사자성어를 한문으로 숙지함은 물론 혹시나 해서 동요의 가사까지 외웠고, 그외 상식이라고 할 만한 것은 모두 암기하려고 노력하였다 한다. 그러다 보니 나중에는 세상이 모두 문제 출제자의 눈으로 보여지더란다. 이 말이 진정한 명언이다. 학생이 공부를 하다가, '내가 선생님이라면 이 내용은 이렇게 문제를 낼 수 있을 텐데'라고 할 정도라면, 그 학생은 정말로 공부를 탁월하게 잘하는 학생이거나 아니면 앞으로 잘할 수 있는 능력을 갖춘 학생이 분명하다.

이처럼 세상에는 공짜가 없는 법이며, 또한 노력 없이 이루어지는 일도 없는 것이다. 경제학자들은 '세상에 공짜는 없다'를 '기회비용(機會費用: 어떤 수단을 어떤 재화의 생산에 사용하여 다른 재화를 생산하였을 경우, 얻어질 수 있는 이익을 비용으로 환산한 것)'의 원리에 적용하여 강가나 바닷가에서 조약돌을 줍는 행위도 공짜가 아니라고 한다. 왜냐하면 다른 일을 하여 얻을 수 있는 대가(代價)를 조약돌을 줍는 데 소모했기 때문이라는 것이다.

하여튼 공(空)으로 얻어지는 것이 당장은 감칠맛 나게 달콤하겠지만, 시간이 지나면 언젠가는 아무리 뉘우쳐도 되돌릴 수 없는 후회막급(後悔莫及)으로 되돌아올 것이다.

(6) 서울 가 본 놈이 못 이긴다

'서울 가 본 놈하고 안 가 본 놈하고 싸우면 서울 가 본 놈이 못 이긴다'는 속담이 있는데, 이보다는 '서울 가 본 놈과 안 가 본 놈이 싸우면 안 가 본 놈이 이긴다'는 표현이 항간에 더 많이 쓰이고 있는 편이다. 이 속담이 의미하는 것은 '실제로 행하여 보지 못한 사람이 오히려 이론은 그럴듯하고 말이 많다'는 뜻이기도 하고, '어떤 일에 대해 잘 모르는 사람이 오히려 무턱대고 우기는 현상'이라 말하기도 한다.

그러면 '서울 가 본 놈'은 시대적으로 언제 서울 구경을 가 본 것일까? 서울이란 말이 만들어진 것은 신라의 수도(首都)인 경주를 서라벌(徐羅伐)·서야벌(徐耶伐)·서벌(徐伐) 등으로 불려진 데서 비롯된 것으로 보고 있다. 어원사전에 의하면, 이 중에 2음절인 서벌(徐伐)이 국호도 되고 서울의 뜻도 지녔다고 하였다. 특히 '徐(서)'는 '살(사람)'과 같은 동원어로 보고, '伐(벌)' 역시 '악바리[惡人(악인)]'의 '바리', '혹부리[瘤人(유인)]'의 '부리'처럼 사람의 뜻을 지닌 것으로 보아 '서벌(徐伐)'은 그 근본이 사람을 의미하는 명칭이라 하였다. 고대에서는 사람의 뜻을 지닌 말이 그 부족명이 되기도 하고 나중에는 국호(國號)까지 이르게 됨을 이미 다른 글에서도 언급하였다.

한편 국어사전에 의하면 서울의 '서'는 '새롭다'의 뜻을 지닌 '새'에서 변화된 말이고, '울'은 '우리·울타리'의 뜻을 지닌 '볼'에서 변화된 말로 '서울'은 '새로운 고을' 즉 '새 도시'라고 하였다. 이외에도 서울의 '서'는 '솔기'의 '솔'이나 '솟다'의 '솟'과 통하여 '높다·신령스럽다'의 뜻을 가지며 '울'은 '벌판'의 '벌'에서 변음된 것이라 하여 '서울'은 '큰 마을'의 뜻을 지녔다고 말하기도 한다.

그러나 위와 같은 이론적 설명을 떠나서 '서울'이란 말은 '도읍(都邑)'이란 뜻으로 우리 선조들이 옛날부터 민간에서 통속적으로 쓰였던 말이라고 한다. 실제로 신라의 서라벌이나 고려의 개경과 서경 그리고 조선의 한양 등과 같이 도읍의 명칭이 정해져 있었지만, 민간에서는 모두 '서울'로 통칭되었던 것이다. 그 예로, 고려 시대에 구전(口傳)되던 평민들의 노래라고 하는 고려 속요(高麗俗謠) 중에, 서경(평양)을 배경으로 하여 임과의 이별을 노래한 '서경별곡(西京別曲)'의 노래 앞 부분의 가사를 보면 이런 문구가 나온다.

서경(西京)이 서울이지마는
새로 닦은 작은 서울을 사랑합니다마는
이별하기보다는 차라리 길쌈 베를 버리고라도
사랑만 해 주신다면 울며울며 따르렵니다. 〈후략〉

이처럼 고려 속요에는 '서경'을 일러 '서울'이라 표현하였다. 따라서 '서울'이란 어휘가 만들어지기까지는 여러 음운 변화 과정도 있어 왔겠지만, 한편으로는 우리 조상들은 오래 전부터 새롭게 만들어진 도읍을 관습적으로 '서울'이라 불러왔던 것도 부정할 수는 없는 듯하다.

그러면 다시 속담에 관한 이야기로 돌아와, '서울 가 본 놈'은 언제 서울 구경을 하였을까? 현재의 '서울'을 정식 수도 명칭으로 '서울'이라 부르게 된 것은 1945년 일본이 패망하고 우리가 광복된 이후부터 '서울'이라 부르게 된 것이므로, 아마도 '서울 가 본 놈'은 1945년 이후 서울이 한참 빠르게 발전해 갈 때에 서울 구경을 한 것으로 보아야 할 것이다.

당시 서울은 변화의 바람을 타고 하루가 다르게 발전하고 있었지만, 시골에서는 오직 풍년을 기원하며 농사일에 여념이 없을 뿐이었다. 저녁이면 TV드라마 '전원일기'에서 동네 젊은이들이 친구 집에 모이듯 시골의 사내들도 또래의 사랑방에 모여 농사에 관한 이야기나 아니면 동네의 사소한 일들에까지 담소를 나누곤 하였다. 하루는 서울 친척 집에 가서 며칠을 묵다가 내려온 한 사내가 자랑스레 서울에 다녀온 이야기를 꺼냈다.

"서울 뒷간은 냄새가 안 나더라."

그랬더니 말로는 지고 못 사는 사내가 나서며 서로 말싸움이 일어났다.

"야, 세상에 냄새 안 나는 뒷간이 어딨어."

"아니야, 뒤 보고 앞에 줄을 당기면 물이 내려와 뒤를 싹 씻어 버려."

"야, 장마도 아닌데 웬 물이 내려오냐, 그리고 뒤가 물에 씻겨 가면 농사 거름은 뭘로 하나?"

집 밖에 있는 푸세식 뒷간(재래식 화장실의 은어)만 사용하던 시골 사내들이 서울의 수세식 화장실을 본 적이 없기에 고집을 피웠던 것이다. 시골 사내들이 뒷간 이야기에 수긍을 하지 않자, 서울에 다녀온 사내가 다른 이야기를 꺼냈다.

"서울은 길바닥에 까만 시멘트를 발라서 그런지 비가 와도 빠지지 않고 맑은 날엔 자동차가 지나가도 먼지가 안 나더라."

"뭐라고, 부뚜막에 바를 시멘트도 없는 판에 길바닥에 시멘트를 발랐다고? 아니, 서울 구경 한번 했다고 우리한테 뻥을 쳐."

달구지나 끌던 시골 사내들이 자동차가 달리는 서울의 아스팔트 길 또한 이해할 수 없었던 것이다. 이번에도 시골 사내들이 수긍을 하지 않자, 서울에 다녀온 사내가 마지막 카드로 국보 제1호인 남대문을 꺼내 들었다.

"너희들 남대문 알지?"

"그래 안다. 아마 국보 제1호라지. 그런데 그게 왜?"

"남대문을 가까이 가서 봤는데 입이 딱 벌어지더라. 크기도 엄청 크고, 화려하고 멋도 있고, 대문도 사람의 몇 길이 될 정도로 큰데, 이상하게 문지방이 없더라."

"뭐? 문지방이 없어? 얘가 이젠 별 것을 다 가지고 뻥을 치네. 야! 문지방 없는 문이 어딨어? 대문이고 방문이고 광문까지 사람이 드나드는 문 치고 문지방 없는 문이 있으면 말을 해 봐."

서울에 다녀온 사내는 잠시 할 말을 잊었다. 더 이상 이야기를 해도 소용이 없을 듯했다. 서울에는 분명 수세식 화장실이 있었고,

남대문 전경

길은 아스팔트로 포장되어 있었으며, 남대문은 사람만 드나드는 것이 아니라 우마차와 짐수레도 다녀야 하기 때문에 문지방이 없었던 것이다. 이 상황에 꼭 어울리는 말은 아니지만, 삼인성호(三人成虎: 세 사람이 짜면 호랑이가 거리에 나왔다는 거짓말도 사실처럼 될 수 있다는 말)라고 서울 구경을 못 한 시골 사내들이 서울 구경을 하고 온 사내의 말을 곧이듣지 않고 서울에 대한 이야기가 거짓이라고 우겨대니 혼자서는 도저히 그들을 이길 수가 없는 노릇이었을 게다. 그래서 이런 일이 어느 한 곳 뿐만이 아니라 여러 곳에서 생기다 보니, '서울 가 본 놈하고 안 가 본 놈하고 싸우면 서울 가 본 놈이 못 이긴다'는 속담이 생긴 것이 아닌가 한다.

(7) 세 살 적 버릇이 여든까지 간다

　속담에 '세 살 적 버릇이 여든까지 간다'고 한다. 한자로는 '三歲之習 至于八十(삼세지습 지우팔십)'으로, 어릴 때 몸에 밴 좋지 않은 버릇은 쉽사리 고쳐지지 않는다는 뜻이다. 같은 의미로 '제 버릇 개 줄까'도 있고, 조금 점잖게 하는 말로 '한번 검으면 휠 줄 모른다'는 속담도 있다.

　인간의 발달 단계를 연구하는 학자들의 말에 의하면, 출생부터 18개월까지의 영아기 때에는 아직 자기가 누군지 스스로 깨닫거나 알지 못하며, 세 살 정도의 유아기가 되면 서서히 자기에 대해 알아 간다고 한다. 그래서 세 살이 되면 말버릇이나 행동거지를 비롯한 여러 습관들이 자연스레 몸에 익게 되므로, 옛날 선조들은 세 살 적에 익히는 버릇을 매우 중요하게 여겼고, 따라서 유아기의 아이 앞에서는 말씨나 몸가짐에 많은 주의를 기울여 왔던 것이다. 그도 그럴 것이 사람의 두뇌는 세 살 이전에 90% 이상이 형성된다고 한다. 유아기에 형성된 습관은 살아가는 동안 많은 영향을 끼치게 되므로 속담에 '세 살 적 버릇'이 인용된 것으로 보인다.

　그러면 '세 살 적 버릇'이 왜 '여든까지 간다'고 하였을까? 속담 중에 '세 살 적 마음 여든까지 간다'는 속담도 있는데, 내용인 즉 '어릴 때 먹은 마음이 늙어도 변하지 않는다'는 것이다. 이러한 속담이 만들어진 시기는 아마도 사람의 수명이 마흔 살부터 길어야 쉰 살 정도일 때로 추측이 된다. 따라서 사람이 아무리 오래 살더라도 넉넉히 잡아 마흔의 두 배인 여든은 넘기지 못하리라 생각하고 '여든까지 간다'고 하였을 것이다. 그러니까 '여든까지'는 임종(臨終)을 염두에 두고 한 말인 듯 싶다.

요즘에는 인생 백 세 시대라고 한다. 어느 유행가 가사를 보면, 1절에 '팔십 세에 저 세상에서 날 데리러 오거든 아직은 쓸만 해서 못 간다고 전해라'고 하고, 2절에는 '팔십 세에 저 세상에서 또 데리러 오거든 자존심 상해서 못 간다고 전해라'고 하였다. 이제 팔십 세는 쓸만 한 정도로 건강하고 또한 이 나이에 죽는다는 것은 자존심이 상하는 일이라 하니, 이제 속담을 '여든' 대신 '임종'으로 바꾸어 '세 살 적 버릇이 임종까지 간다'로 해야 할 것 같다.

다음은 '세 살 적 버릇'과 관련 있는 이야기들이다.

첫 번째는 세 살 적 버릇을 어른이 돼서도 못 고친 이야기이다.

어느 노인이 시골 마을을 지나다가 방문을 열어 놓고 낮잠에 빠진 젊은 농부를 보았다. 노인은 농부를 한참 바라보더니,

"쯧쯧, 자면서도 복이 나가네, 복이 나가"

하며, 툇마루에 걸터 앉았다. 낡은 초가집 주인인 농부는 낮잠을 자면서 한쪽 다리를 달달 떠는 것이었다. (지금도 어른들은 어린아이나 젊은이들이 다리를 떨면 복이 나간다고 주의를 주곤 한다) 노인은 긴 담뱃대로 농부의 떠는 다리를 탁 쳤다. 농부는 깜짝 놀라 벌떡 일어났다.

"노인장께서는 뉘신데……"

하며, 놀란 눈으로 노인을 바라보았다. 노인은 쌈지에서 담배를 꺼내 한 모금 빨고는,

"젊은이는 어릴 적부터 다리를 떨었지요?"

라고 하는 게 아닌가.

"아니, 어떻게 그걸 아십니까?"

농부는 자신의 어릴 적 버릇을 알고 있는 노인을 보고 매우 놀랐다. 노인은 헛기침을 두어 번 하고는,

"젊은이는 그 버릇만 고치면 아마 부자가 될 게요"

라는 말을 남기고 그곳을 떠났다. 몇 년이 흐른 뒤, 노인이 그 마을을 지나게 되었다. 그 농부가 살던 곳에 낡은 초가집은 온데간데없고 번듯한 기와집이 지어져 있었다. 노인은 아마도 그 농부가 다리 떠는 버릇을 고쳐 부자가 된 것이리라 생각하며 걸음을 재촉하였다. 그러나 그 기와집에 농부는 보이지 않았다. 주인이 바뀐 것이다. 노인은 혀를 차며 '세 살 적 버릇이 여든까지 간다'고 하더니만 그 말이 맞기는 맞는가 보다 했단다.

두 번째는 짐승도 어릴 적 버릇을 못 고친다는 이야기이다.

옛날 산골에 의좋은 형제가 살고 있었다. 하루는 형제가 들판에서 막 코뚜레를 한 송아지를 길들이고 있었다. 형은 앞에서 고삐를 잡아끌고 아우는 보습 없는 빈 쟁기를 잡고 뒤를 따랐다. 그런데 아우가 송아지에게 '이랴! 저랴!' 하고 싶어도 고삐를 잡아끄는 형에게 '이랴! 저랴!' 하는 것만 같아 하는 수 없이 "형님 이리 가이소, 형님 저리 가이소" 하며 송아지 길들이기를 하였다.

그리고 나서 얼마 후에 아우가 혼자 송아지를 몰고 나가 직접 밭갈이를 하려는데, 아무리 "이랴! 저랴!" 해도 송아지는 꼼짝도 하지 않는 것이었다. 그래서 곰곰이 생각한 끝에 "형님 이리 가이소, 형님 저리 가이소" 하니까 그제서야 송아지가 밭을 갈더라는 것

이다. 이후부터 아우는 그 송아지가 어미 소가 되고 또 늙어 쟁기를 끌지 못할 때까지 평생토록 '형님 이리 가이소, 형님 저리 가이소' 하며 밭을 갈았다고 한다.

세 번째는 어릴 적의 좋지 않은 버릇이 있을 경우, 그냥 두고 볼 수는 없는 노릇이다. 그래서 그 버릇을 고쳐 주려고 할 때, 말로만 하는 것이 아니라 진심 어린 태도로 임해야 한다는 이야기이다.

인도에서 있었던 일이라고 한다. 한 여인이 아이를 데리고 마하트마 간디를 찾아왔다. 간디의 원래 이름은 '모한다스 카람찬드 간디'인데, '마하트마 간디'라는 이름은 인도의 시인 타고르가 그의 업적을 기리기 위해 지어 준 이름이다. '마하트마'는 '위대한 영혼'이란 뜻을 갖고 있다. 여인은 간디에게 간청하였다.

"선생님! 제 아이는 당뇨병을 앓고 있는데 사탕을 너무 좋아해서 탈이랍니다. 단 것이 당뇨병에 나쁘다는 것을 알아듣도록 타일러 주십시오. 아마도 선생님의 말씀이라면 아이가 따를 겁니다."

그러나 간디는 여인에게,

"미안합니다 부인! 내게 사정이 있어서 그러하니 3주 이후에 다시 방문해 주시겠습니까?"

하고는 두 사람을 돌려보냈다. 여인은 3주를 기다렸다가 크게 기대를 하며 아이와 함께 간디를 다시 찾았다. 간디는 아이의 머리를 쓰다듬으며 다정스레 한 마디를 건넸다.

"애야! 당뇨병이 있는데 사탕을 먹으면 몸에 해롭단다. 이젠 사탕을 그만 먹으렴"

하였다. 여인은 이 말을 듣고 너무나 의아해 하며 간디에게 물었다.

"선생님, 그렇게 간단한 말씀이라면 지난 번에 해 주실 수 있었을 텐데 왜 3주를 기다리라고 하셨습니까?"

간디가 빙그레 웃으며 대답했다.

"그때 말해 주고 싶었지만, 사실 나도 사탕을 매우 좋아했거든요. 내가 단 것을 끊지 않고 아이에게만 먹지 말라고 타이를 수가 있어야지요."

여인은 가슴 한 구석에 뭉클함을 느꼈다. 위대한 영혼 간디는 두 가지를 확실하게 알고 있었던 것이다. 하나는 자신은 실천하지 않으면서 상대방에게만 실천을 요구하는 것은 진정성이 없는 것이요, 또 다른 하나는 사람이 습관을 바꾸는 데는 최소한 21일의 시간이 필요하다는 것을……

II

민속

1. 우리 설과 까치설

우리나라의 풍속으로는 음력 정월 초하룻날이 새해 첫날이다. 새해 첫날을 의미하는 한자어(漢字語)로는 정초(正初), 신원(新元), 원일(元日), 원단(元旦), 세시(歲時), 세수(歲首), 세초(歲初), 연시(年始), 연두(年頭), 연수(年首) 등 많은 명칭이 있고, 우리말로는 설(설날) 또는 명절이라고 한다.

우리는 조상 대부터 지금까지 새해 첫날을 어떤 이유로 '설(설날)'이라고 하였을까? 이에 대하여는 여러 견해가 전해 오고 있는데 그 내용을 요약하면 다음과 같다.

첫째로는 지나간 해는 계속 살아 왔던 해이기에 익숙하지만, 새로 맞이하는 새해는 처음이기에 '낯설다' 하여 '설'이라고 한다는 것이다. 그러나 새해는 낯설다기보다 무언가 꿈과 희망이 있는 기대에 부푼 한 해이므로 이 견해를 긍정적으로 수긍하기는 어렵다고 판단된다.

둘째로는 한 해가 지나감에 따라 나이를 한 살 더 먹게 되고, 나이를 더 먹으면 그만큼 늙기 때문에 늙는 것이 '섦다' 하여 '설'이라

는 것이다. 하지만 인구 분포로 볼 때, 나이를 더 먹어 서러워하는
노인 인구보다 나이 드는 것을 좋아하거나 크게 관심을 갖지 않는
어린이와 청장년(靑壯年)의 인구가 훨씬 많고 또한 젊은이는 새해
에 대한 희망과 꿈이 있으므로 나이 먹는 것을 서러워하지 않는 경
향이 있다. 따라서 일부 노인에게 해당되는 견해를 남녀노소 모든
사람들과 공통으로 관련을 짓는 것은 적절하지 않다고 하겠다. 이
보다는 '묵은 해를 보내고 새해를 맞는다'는 송구영신(送舊迎新)이
많은 사람들에게 회자(膾炙)되고 있는 것으로 보아 '설'이 '섧다'와
는 관련이 있어 보이지 않는다.

  셋째로는 새해 첫날을 일컬어 '근신하며 경거망동(輕擧妄動)하
지 말라'는 뜻으로 '신일(愼日)'이라 하였는데 이 '신일'이 변하여
'설'이 되었다는 것이다. 이 견해는 내용은 참으로 훌륭하나 어원
적인 면에서 그 설명이 이치에 맞지 않는 듯하다.

  그러면 이치에 맞는 '설(설날)'의 어원은 무엇일까? 설의 어원은

'나이[年齡(연령)]'와 그 의미를 같이 한다. 그 근거로 옛 문헌을 살펴보면, 《내훈(內訓)》에 '나이 다섯 살에'를 '나히 다ᄉ 서레[年五歲(연오세), '서레'는 '설에'의 연철 표기임]'로 표기하였고, 《두시언해(杜詩諺解)》에는 '큰 아들은 아홉 살에 낯빛이 맑으니'를 '큰 아ᄃ른 아홉서레 비치 ᄆᆞᆰᄀ니[大兒九齡色淸澈(대아구령색청철)]'로 표기하였다. 위의 용례로 보면 나이를 세는 단위의 '살'이 옛날에는 '설'이었음을 알 수 있는 것이다. 따라서 '설(설날)'은 새해를 맞아 나이 한 살 더 먹는다는 관습에 따라 나이를 뜻하는 '설(살)'에 의해 '설(설날)'이 된 것으로 보는 것이 타당할 것이다. 일부 문헌에서도 '설'은 '새해'와 '나이'의 두 뜻을 다 포함한다고 하여 위의 견해를 뒷받침하고 있다.

다음으로 우리 풍속에서는 설 전날인 섣달 그믐을 까치설이라고 한다. 하지만 더 옛날에는 섣달 그믐을 까치설이라기보다 작은설이라고 하였다. 떡, 전, 고기, 과일 등 차례 음식을 준비하는 섣달 그믐날에도 명절만큼이나 분주하고 먹을 것도 많으니 이 또한 설 같은 풍성한 기분이 들지 않을 수 없었을 것이다. 따라서 정월 초하룻날은 '큰 설(명절)'이라 하고 섣달 그믐날은 '작은 설(명절)'이라고 하였던 것이다.

그러면 섣달 그믐날인 '작은 설'이 어떻게 하여 '까치설'이 되었을까? 여기에도 여러 가지 견해가 전하고 있다.

어느 신문 기사에는 《삼국유사》를 인용한다면서 신라 제21대 소지왕이 위기에 처해 있을 때 까치의 도움으로 죽음을 면하게 되었고, 이에 소지왕이 까치의 은혜에 보답하고자 섣달 그믐인 '작은 설'을 '까치설'로 정하였다고 한다. 그러나 실제로 《삼국유사》의 소지왕 편(거문고 갑을 쏘다)에는 까치가 아니라 까마귀로 기록되어 있어 위의 신문 기사 내용은 섣달 그믐이 까치설이라는 견해에 합당치 않아 보인다.

또 다른 견해로는 옛날에는 설 전날인 섣달 그믐을 '아치설'이라고 불렀는데 오랜 세월이 흐르는 동안 '아치설'이 '까치설'로 변했다는 것이다. 그러니까 옛날에는 작은 설을 '아춘설'이라 하였는데 이것이 '아춘설〉아친설〉아치설〉까치설'의 변화 과정을 거쳐 까치설이 되었을 것이라고 추정한다는 것이다. 그러면서 까치설은 새의 일종인 까치와는 관련이 없다는 견해도 보였다. 그러나 고어(古語)사전을 살펴보면 '작은 설'의 뜻을 지닌 낱말로 '아춘설, 아춤설, 아츤설'은 사전에 등재되어 있으나 아쉽게도 변화 과정에서 설명하고 있는 '아친설'과 '아치설'은 등재되어 있지 않아 이 견해는 좀 더 연구가 필요한 과제라 하겠다.

필자는 위의 견해와는 달리 까치설이 새의 일종인 까치와 관련이 있는 견해로 그 유래를 추정해 보고자 한다.

옛날에는 섣달 그믐날을 '아춘설, 아춤설, 아츤설'이라 부르기도 했지만 세월이 흐르면서 '작은 설'이 사람들의 입에 더 자리를 잡게 되었다. 그러면서 '작은 설, 작은 설' 하던 것이 '작설, 작설' 하다가 한자화(漢字化) 하기를 좋아했던 우리 선조들이 우리 생활 주변에서 흔히 볼 수 있고 게다가 길조(吉鳥)라 여기며 친근감까지 느끼는 까치를 보고 '작설'에 '鵲(까치 작)' 자를 넣어 '작설(鵲-)'이라 하였고 이것이 우리말인 '까치설'로 부르게 된 것이 아닌가 추측해 보는 것이다.

이처럼 한자화된 현상을 다른 곳에서도 찾아볼 수가 있다. 우리 선조들은 '문경새재'의 '새재'가 '사이재'인 '간령(間嶺)'임에도 불구하고 '새고개'라는 '조령(鳥嶺)'으로 불렀고, '놋다리 밟기'의 '놋다리'가 '비단 다리'인 '나교(羅橋)'임에도 불구하고 '구리 다리'라는 '동교(銅橋)'라고 한자화 하였는데, 이러한 사실만 보더라도 '작은 설'이 '작설(鵲−)'로 되었다가 '까치설'로 변화된 것으로 이해할 수 있을 것이다.

우리 조상들은 새 중에 까치를 으뜸으로 여기며 길조(吉鳥) 또는 희작(喜鵲: 까치가 울면 경사가 있다는 속담에 의해 붙인 이름)이라 하였다. 또한 '까치 울음소리를 들으면 반가운 손님이 온다'고 하였고, 석양을

받아 멀리 수평선에 벌겋게 번득거리는 아름다운 노을을 '까치놀'이라 하며, 설빔을 섣달 그믐날에 입으면 '까치설빔'이라고도 하였다. 가을이 되어 감과 같은 과일을 수확하고는 나무 꼭대기에 과일 서너 개를 남겨 두고 이것을 '까치밥'이라 한 것만 보아도 까치는 우리 민족에게 새 중에 으뜸의 대상이 되는 새라 할 만하다.

참새 설날?

옛날 우리 선조들이 '작설(작은 설)'을 한자화 할 때, '작' 자의 한자를 '까치 작(鵲)'이 아니라 '참새 작(雀)'으로 표현했다면 윤극영(尹克榮) 선생님은 '설날' 노래를 어떻게 지었을까? 아마도 '까치 까치 설날은 어저께고요'가 아니라, '참새 참새 설날은 어저께고요'로 만들지 않았을까 생각하며 한번 웃어 본다.

2. 오방색^{五方色}과 오방신^{五方神}

 오방색은 다섯 방향에 맞추어진 다섯 가지 색깔을 뜻하며, 동쪽
은 파랑, 서쪽은 하양, 남쪽은 빨강, 북쪽은 검정 그리고 중앙은 노
랑의 5가지 색이다. 이 오방색은 우리 민속에서 벽사 안녕(僻邪安
寧: 사악한 귀신을 물리치고 안전하고 평안하게 사는 것)을 염원하는 색
으로, 옛날부터 우리 민족의 생활 속에 그 전통이 면면히 이어 오
고 있다.

 학창 시절 수학여행 때 찾아보았던 고궁(古宮)과 꽃이 곱게 피
거나 붉게 단풍이 든 자연과 잘 어울리는 사찰(寺刹)을 보면 건물
마다 오방색으로 아름답게 단청(丹靑)을 하였다. 또한 설을 맞아
아이들이 설빔으로 가슴 설레며 입는 색동저고리, 봄을 맞아 신
(神)에게 풍년을 기원하거나 가을이 되어 추수에 대한 감사를 전해
올리는 농악 놀이에서 농악대들이 입는 옷, 임금이 사냥을 갈 때나
전쟁에 임할 때 임금의 안전을 염원하며 입는 옷, 남녀노소의 무사
무고(無事無故: 아무 탈 없이 평안함)를 바라며 한복에 다는 노리개에
이르기까지 우리의 전통 옷에도 오방색이 쓰였다. 또한 우리가 먹

는 음식인 탕평채와 구절판에도 오방색이 있으며 설날의 시절 음식인 떡국도 오방색으로 만들어진 음식이다.

이처럼 우리 민족은 조상 대대로부터 지금까지 오방색을 통하여 사악한 귀신을 물리치고 또한 안전하고 평안한 생활을 염원하며 삶을 이어 왔다. 그러면 이러한 오방색에는 어떤 의미가 있어 벽사 안녕을 추구하는 민속 신앙이 되었는지 그 유래를 알아 본다.

오방색에 담겨 있는 벽사 안녕의 풍속은 우리나라 뿐만이 아니라 중국과 일본에도 전해 오고 있으며, 일부 아시아권의 국가에서도 민속 신앙(民俗信仰)으로 그 풍속이 전해 오고 있다. 이처럼 여러 나라의 풍속으로 전하는 오방색의 의미는 자연의 순리라고 하는 음양 오행설(陰陽五行說)에 그 뿌리를 두고 있다. 음양 오행설은 주역(周易)의 사상에 근거하여 음양의 이원(二元)이 쇠하였다가 사라지고 다시 성하여 자라나는 우주 만물의 성장 변화를 설명하는 음양설과 양(陽)에 속하는 목(木)·화(火), 음(陰)에 속하는 금(金)·수(水), 중간에 위치한 토(土)의 오행이 서로 번갈아 바뀜으로써 일어나는 만물의 변화를 설명하려는 오행설이 합쳐진 이론이다. 이이론은 중국 고래(古來)의 철리(哲理: 아주 깊고 오묘한 이치)에 따라 오방(五方), 오색(五色), 오행(五行)이 서로 역학적(力學的)인 관계를 이룬 것으로 그 대응 관계는 다음과 같다.

동방(東方)-청색(靑色)-목(木), 남방(南方)-적색(赤色)-화(火),
서방(西方)-백색(白色)-금(金), 북방(北方)-흑색(黑色)-수(水),
중앙(中央)-황색(黃色)-토(土)

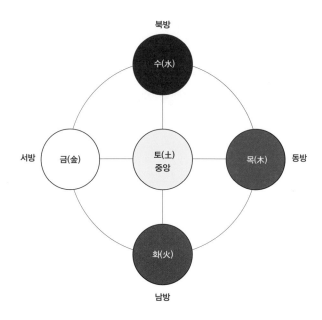

이 대응 관계를 근본으로 하여 옛날 사람들은 벽사 안녕을 위해 오방신을 신화와 전설로 지어냈고, 고분(古墳) 속의 벽화에서는 상징적인 방위신을 그렸으며, 종교나 무속 신앙(巫俗信仰)에서는 오방신 또는 오방신장을 숭배의 대상으로 삼기도 하였는데 그 예들을 열거해 보면 다음과 같이 다양하다.

우선 조선 중기의 실학자 이익(李瀷)이 천지·만물·인사·경서와 사기·시문 등으로 나누어 편찬한 《성호사설(星湖僿說)》에는 오방신의 명칭을 동방신-태호(太昊), 남방신-염제(炎帝), 서방신-소호(少昊), 북방신-전욱(顓頊), 중앙신-황제(黃帝)라고 하였다.

다시 오방신의 명칭을 제왕(帝王)의 이름으로 바꾸어 보면, 태호는 백성들에게 어렵(漁獵: 고기잡는 방법)을 가르쳐 주어 칭송을 받았다는 복희씨[伏羲氏, 포희씨(庖犧氏)라고도 함], 염제는 백성들에게 경작(耕作: 밭을 갈아 농사를 짓는 방법)을 가르쳐 주었다는 신농씨(神農氏, 몸은 사람이고 머리는 소였다고 함), 소호는 태호가 세운 법을 몸소 실천했다는 금천씨(金天氏), 전욱은 고양(高陽)에서 나라를 일으켰다는 고양씨(高陽氏), 황제는 백성들에게 처음으로 역산(曆算: 천문과 수학)·문자(文字)·율려(律呂: 음악)·의약(醫藥) 등을 가르쳤다는 헌원씨(軒轅氏)인데 모두가 중국 전설상의 제왕들이다.

이번에는 한(漢)나라 위상(魏尙)의 말에 따라 오방신과 계절을 연관시켜 보면, 동방의 신 태호는 번개를 타고 법(法)을 잡아 봄을 맡았고, 남방의 신 염제는 교룡(蛟龍)을 타고 저울(저울대)을 잡아 여름을 맡았으며, 서방의 신 소호는 날카로운 것을 타고 자[尺(척)]를 잡아 가을을 맡았고, 북방의 신 전욱은 험한 것을 타고 저울(저울추)을 잡아 겨울을 맡았으며, 중앙의 신 황제는 산과 들을 타고 밧줄을 잡아 대지(大地)를 맡았다고 한다.

다음은 고구려와 백제의 고분 벽화에 남아 있다는 오방신과 상징적 동물과의 관계를 관련지어 본다.

동방의 신은 목(木)의 기운을 가진 청룡(靑龍), 남방의 신은 화(火)의 기운을 가진 주작(朱雀: 붉은 봉황), 서방의 신은 금(金)의 기운을 가진 백호(白虎), 북방의 신은 수(水)의 기운을 가진 현무(玄武: 머리는 뱀이고 몸은 검은 거북), 중앙은 토(土)의 기운을 가진 황룡(黃龍)으로, 이 다섯의 상징적 동물이 다섯 방향을 안전하게 지켜 준다고 하였다.

또한 종교나 무속 신앙에서도 방위신(方位神)이 전해지고 있다. 불교에서는 불법에 귀의한 중생을 수호하는 방위신으로, 동방에는 선악자를 가려 상벌한다는 지국천왕, 남방에는 모든 사람들이 선한 일을 하도록 격려하고 이끈다는 증장천왕, 서방에는 악한 짓을 물리치고 불심(佛心)을 일으킨다는 광목천왕, 북방에는 염라대왕의 명령을 따른다는 다문천왕이 있는데 이 네 신들이 바로 절의 문을 지키는 사천왕(四天王)이다.

그리고 무속 신앙에서는 방위신을 오방장군(五方將軍) 또는 오방신장(五方神將)이라고 하면서 동방에는 봄을 맡은 동쪽의 신이라 하여 청제(靑帝), 남방에는 여름을 맡은 남쪽의 신이라 하여 적

동방의 청제, 남방의 적제, 서방의 백제,
북방의 흑제, 중앙의 황제를 합친 오방신

제(赤帝), 서방에는 가을을 맡은 서쪽의 신이라 하여 백제(白帝), 북방에는 겨울을 맡은 북쪽의 신이라 하여 흑제(黑帝), 중앙에는 중심이 되는 신이라 하여 황제(黃帝)라고 하였다.

　이상과 같이 음양 오행설에 따라 오방(五方)·오색(五色)·오행(五行)을 근본으로 하여 오방신이 만들어지고, 오방신과 관계를 이룬 중국 전설상의 제왕들, 벽화에 나타난 상징적 동물, 사천왕과 오방장군 등은 우리 선조들이 벽사 안녕을 염원하며 방호신(防護神) 또는 수호신(守護神)으로 숭배했던 민속 신앙이며, 이것이 우리 민족의 조상 대대로부터 지금까지 생활 속에 풍속으로 이어져 의·식·주의 각 방면에 남아 전해지고 있다.

　이제 우리는 이처럼 민속적인 의미와 벽사 안녕의 민족 철학까지 겸비하고 있는 오방색과 오방신의 풍속을 미신(迷信)이라 치부하지 말고, 면면히 이어오는 아름다운 풍속으로 그 가치를 계승할 수 있는 현명한 방법을 찾아볼 때가 아닐까 한다.

3. 단오端午와 수릿날

음력으로 5월 5일을 단오(端午)라고 한다. 단오는 설, 한식(寒食), 추석과 더불어 우리나라 4대 명절 중 하나이며, 단오의 시작은 중국 초(楚)나라 때부터라고 한다.

'端午(단오)'에서 '端(단)'은 처음이란 뜻을 가지고 있으며, '午(오)'는 달[月(월)]로는 음력 5월이라는 뜻과 시각으로는 정오(正午)의 뜻도 가지면서 숫자로는 5(五)와 상통하므로 '단오'는 음력 5월 초닷새 즉, 음력으로 5월 5일이라는 뜻이다.

이러한 '단오'를 우리말로는 '수릿날'이라고 하는데, 우리 민속을 소개하는 여러 문헌에서 '단오'가 '수릿날'이라고 하는 이유를 다음과 같이 전하고 있다.

그 하나는 수릿날은 술의일(戌衣日)에서 전해왔다고 하면서 '수리'가 '수레[車(차)]'에서 변한 것이라 한다. 그러나 이것은 《삼국유사(三國遺事)》에서 '단오'를 우리말로 기록한 내용(수레옷)을 한자화(漢字化)한 것으로 보인다. 《삼국유사》를 보면, 〈기이제이(紀異

第二)〉('기이제2'는 신라 제30대 문무왕 이후의 신라와 백제 그리고 가락
국의 기록을 싣고 있는데, 주로 신라를 중심으로 호국 불교의 내용을 많이
다루고 있음)의 '문무왕 법민(文武王法敏)' 편에 다음과 같은 내용이
있다.

〈전략〉 왕은 어느 날 서제(庶弟)인 차득공(車得公)을 불러 말하
였다.

"너를 재상으로 삼을 테니 백관을 고루 다스리고 온 천하[四海
(사해)]를 평화롭게 하라"
고 명하자, 공이 아뢰었다.

"만약 폐하께서 소신을 재상으로 임명하신다면, 신은 은밀히
나라 안을 다니면서 민간의 요역(徭役: 나라에서 젊은 남자에게
일정 기간 부과되는 노동)이 수고로운가 편안한가, 세금이 무거
운가 가벼운가, 관리가 깨끗한가 혼탁한가를 살펴본 후에 벼
슬에 나가고 싶나이다."

그런 후 차득공은 검은 빛깔의 승복을 입고 비파를 들고 거사
(居士)의 차림으로 서울(경주)을 떠나 여러 곳을 거쳐 무진주(전
라도 광주)에 이르렀을 때, 무진주의 관리인 안길(安吉)은 거사를
특별한 사람으로 여겨 극진히 대접하였다.

이튿날 아침 일찍 거사가 떠나면서 말하였다.

"나는 서울 사람입니다. 우리 집은 황룡사(皇龍寺)와 황성사(皇
聖寺) 사이에 있으며, 내 이름은 단오[端午: 당시의 풍속에 단오
를 수레옷(車衣: 차의)이라고 함]라고 합니다. 주인이 만약 서울
에 오게 될 때 우리 집을 찾아 주시면 좋겠습니다."

마침내 차득공은 서울에 돌아와서 재상이 되었다. 〈후략〉

이처럼 신라 시대에는 단오를 수레옷[車衣(차의)]이라 하였는데, '車衣(차의)'는 우리말인 '수레옷'을 이두문자(吏讀文字: 삼국 시대부터 한자의 음과 뜻을 빌려 우리말을 적던 표기법)로 표기한 것이다. 따라서 '戌衣日(술의일)'의 '戌衣(술의)'는 《삼국유사》에서 전하는 '車衣(차의)'와 한자가 다르며, 수레옷(수릿날)과 발음을 유사하게 하기 위해 '술(戌)' 자로 바뀌게 된 것이 아닌가 한다.

두 번째는 풍속에 단옷날은 수리취 또는 쑥을 뜯어 멥쌀가루에 넣고 초록빛이 나도록 반죽을 하여 '수레바퀴 모양[車輪形(차륜형)]'으로 떡을 만들어 먹기 때문에 수릿날이라 한다는 것이다. 그러나 이 또한 《삼국유사》의 '수레옷[車衣(차의)]'에서 '수레'를 가져오고 '바퀴'는 수리떡의 둥근 모양을 생각하고 '바퀴'를 '수레'에 첨가하여 '수레바퀴'라고 한 것일 뿐, 수릿날의 어원과는 거리가 멀다. 왜냐하면 '수레[車(차)]'를 뜻하는 옛말로 '술위(술위)수뤄)수레)'가 따로 존재하기 때문이다.

단오에 먹었던 명절 음식 수리떡

세 번째는 수릿날이 수뢰일(水瀨日)에서 전해 왔다는 설이다. 중국에서는 단옷날에 밥을 지어 그것을 수뢰(水瀨: 물살이 빠르고 센 곳)에 던져 초(楚)나라 굴원[屈原: 중국 초나라의 충신으로 간신들의 모함에 빠져 두 번이나 귀양을 갔다가 끝내 억울함을 글로 남기고 멱라수(汨羅水)에 몸을 던진 사람임]의 넋을 위로하는 풍속이 있었는데, 이 때문에 '수뢰일'이 '수릿날'로 변했다는 것이다. 그러나 이것은 우리의 수릿날과 중국 굴원의 제삿날이 음력 5월 5일로 날짜만 같을 뿐, 우리나라 뿐만 아니라 중국에서도 '수뢰일'이라는 말을 사용하지 않음은 물론 중국의 단오절 이야기에도 '수뢰일'은 나오지 않는다. 단지 굴원의 넋을 기리는 의식에 밥을 수뢰에 던지는 풍속이 전해 오고 있을 뿐이다.

그러면 '수릿날'은 어떤 의미를 가지고 있을까?

우선 수릿날을 음운으로 나누어 보면, '수리+ㅅ(사이시옷)+날'이므로 단오가 우리말로는 '수리'가 된다. 이러한 '수리'가 옛 문헌에 나타나 있는 곳이 많이 있으나 그중 두 가지만 소개해 본다.

조선 시대에 편찬된 우리나라 음악서인 《악학궤범(樂學軌範)》에 전하는 고려 가요 '동동(動動)' 5월령에 '수리'가 전하고 있다.

五月(오월) 五日(오일)애
아으 수릿날 아춤 藥(약)은
즈믄 힐 長存(장존) ᄒᆞ샬
藥(약)이라 받줍노이다.
아으 動動(동동)다리

(5월 5일에 / 아아 단옷날 아침 약은 / 천년을 오래 사실 / 약이기에
바치나이다.)

또 다른 하나는 앞부분에서 언급했던《삼국유사》이다.
'문무왕 법민' 편에 '수레(수리)'를 언급한 부분의 원문을 소개
한다.

吾名端午也[俗爲端午爲車衣]
(오명단오야[속위단오위차의])
내 이름은 단오이다[풍속에 단오를 수레옷(車衣)이라고 한다]

앞부분에서도 언급했듯이 '車衣(차의)'는 '수리'에 대한 이두 표
기이므로 한자를 풀이할 때 '수레옷'일 뿐, 아마도 당시에는 '수
리'에 가까운 말을 사용했을 것으로 추측이 된다. 따라서 이와 같
은 문헌 내용을 살펴볼 때, 이미 고려 시대는 물론 삼국 시대 이전
에도 단오를 일러 우리말로는 '수리'라 했을 것으로 추정되는 것
이다.

또한 아주 오래 전부터 사용된 것으로 보이는 '수리'의 어원을
살펴볼 때, 설날[元旦(원단)]을 뜻하는 '설'과 나이[年齡(연령)]를 뜻
하는 '설(살)' 그리고 햇살의 '살'에서 왔다는 것이 여러 언어학자들
의 의견이며, 이는 태양을 의미하는 것이라고 한다.

결국 '수릿날'은 '태양의 날'이 되는 것이다. 이날은 태양신에게
제(祭)를 올려 농사의 풍요와 농민의 건강을 기원하고, 음식을 나
누고 서로를 위로하면서 하루를 즐기는 명절인 것이다.

'車'를 우리말로 표기할 경우,

동력(動力)이 있는 기구일 경우에는 '차'로 표기하고 무동력(無動力)인 경우에는 '거'로 표기하는 것이 일반적 표기의 관례이다. 그러나 본고에서 '차'로 일관되게 표기한 것은 '차득공(車得公)'의 이름을 '단오(端午)'라 하고 우리말로 '수레옷'이라 하였으므로, 차득공의 이름에 따라 '車衣'를 '차의'로 표기한 것이다.

*車(차): 自動車(자동차), 汽車(기차)

*車(거): 自轉車(자전거), 人力車(인력거)

4. 천간天干이 만들어진 과정과 의미

중국의 주자학[朱子學: 남송(南宋)의 주희(朱熹)가 집대성한 유학설]에는 십간[十干: 甲, 乙, 丙, 丁, 戊, 己, 庚, 辛, 壬, 癸(갑, 을, 병, 정, 무, 기, 경, 신, 임, 계)]을 일러 하늘의 기운을 나타내는 천간(天干)이라고 한다.

천간은 지지[地支: 子, 丑, 寅, 卯, 辰, 巳, 午, 未, 申, 酉, 戌, 亥(자, 축, 인, 묘, 진, 사, 오, 미, 신, 유, 술, 해) 즉 십이지(十二支)]와 조합하여 60갑자(갑자, 을축, 병인…… 신유, 임술, 계해)를 이룰 때 윗단위에 해당한다.

그런데 근래에 천간의 첫 번째인 갑(甲)이 수난 시대를 맞고 있다. 일부 사람들은 갑을 관계에서 을에 대해 갑질을 한다느니 갑 노릇을 한다느니 하면서 갑에 대해 좋지 않은 눈길을 보내고 있다.

사실 갑이라는 글자의 입장에서 보면 억울한 면이 없지 않아 보인다. 하나가 아닌 둘이 모이면 상대적으로 많거나 우수하거나 유리한 쪽을 갑이라 하고 그렇지 않은 쪽을 을이라 하는데 이것은 갑이 원하든 원하지 않든 인류가 사회적 관습으로 정한 규정이라 임의로 어쩌지 못하는 것이다. 다시 말하면 사람들의 심보가 고약한 것이지 갑과 을이란 글자는 천간에서 첫 번째와 두 번째의 순서를 말하는 기초에 불과하다. 그저 둘 이상의 사람이나 사물이 있을 경우 그 하나의 이름을 대신하여 사용하는 말로 한글로는 가와 나, 영어로는 A와 B일 뿐이다. 이렇게 말을 해도 을이 서운하다면 위만 생각하지 말고 아래를 보라. 을 밑에는 병, 정, 무, 기, 경, 신, 임, 계가 있지 않은가. 을은 1인지하 8인지상(一人之下 八人之上)이니라. 천간의 의미로 보면 갑을은 자연의 순서에 관한 문제에 해당하니 이제 상하 관계에서의 갑을에 관한 이야기는 이만 하고, 천간이 어떤 연유로 하여 만들어졌는지 알아 보자.

　지지(地支)도 그러하지만, 천간(天干)은 자연의 이치에 따라 태

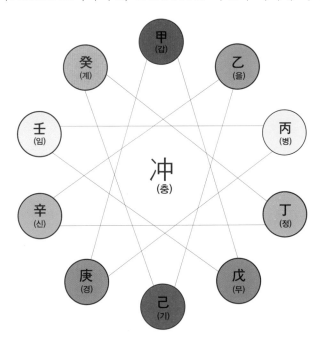

십간이 조합하여 이루어지는 우주의 운행

어나고 자라서 열매를 맺고 죽는 식물의 한살이를 묘사한 것이다. 즉 생명의 원천인 식물의 씨앗이 발아(發芽)하고 성장하여 열매를 맺고, 그 열매가 여문 다음 맹아(萌芽: 식물의 새로 트는 싹)를 간직한 씨앗으로 남는 데까지의 과정을 10단계로 표현한 것이다.

첫째 갑(甲)

천간 중에 첫 번째가 갑(甲)이다. 갑은 상형 문자(象形文字: 물체의 형상을 본떠서 만든 글자)로, 일부 사람들은 거북의 등딱지와 꼬리 모양을 본떠 만든 글자라고 하지만, 원래는 식물의 씨앗이 처음으로 새싹을 틔우는 모습을 묘사한 것이다. 씨앗에서 막 틔운 새싹이 씨앗의 겉껍질을 머리에 인 채 땅 밖으로 머리를 내민 모양을 본뜬 글자이다.

따라서 갑은 식물이 부갑(符甲: 씨앗의 겉껍질)을 터뜨리고 새싹이 돋아나는 것을 의미한다. 그러므로 식물의 씨앗이 발아하기 위해 씨앗의 겉껍질을 머리에 이고 막 돋아나는 상태를 일생의 시작으로 보고 갑(甲)을 천간의 첫머리에 놓은 것이다.

둘째 을(乙)

천간 중에 두 번째는 을(乙)이다. 을도 상형 문자로 갑에서 튼 식물의 싹이 머리에 이었던 겉껍질은 벗어버렸지만, 아직 곧게 돋아나지 못하고 구부러져 있는 모양을 본뜬 글자이다. 다시 말하면 식물이 이제 막 싹이 트기 시작하여 고개를 들 듯 떡잎을 들려는 상태를 의미한다. 즉 식물이 싹을 틔우기는 하였지만, 아직은 줄기를 바로 펴지 못하고 구부러진 상태이다.

이 현상이 발아한 씨앗의 다음 단계의 모습이므로 갑(甲) 다음에 을(乙)이 오게 된 것이다.

셋째 병(丙)

천간 중에 세 번째는 병(丙)이다. 원래는 '炳(밝을 병)'이어야 맞지만, 천간이나 지지에 쓰이는 글자는 유사한 뜻을 가진 한자(漢字) 중에서 획수(劃數)가 적고 간단한 글자로 표현하는 것을 원칙으로 하였기 때문에 '남녘'의 뜻을 갖고 있으면서도 '밝고 환하다'의 뜻을 가진 '丙(병)'을 택하였다.

따라서 식물의 싹이 떡잎을 들어 올리고 줄기를 바로 세운 모습을 밝고 환한 곳에서 볼 수 있듯이 충분히 알아볼 수 있는 상태라 하여 을(乙) 다음에 병(丙)을 놓은 것이다.

넷째 정(丁)

천간 중에 네 번째는 정(丁)이다. 정은 상형 문자로 못[釘(정)]의 모양을 닮기도 하였지만, 丁(정)의 윗부분인 '一'은 식물의 잎과 가지를 의미하고 '亅'은 줄기를 의미한다. 따라서 병(丙)에서 바로 선 식물이 잎과 가지가 뻗고 줄기가 어느 정도 튼튼하게 자란 모습을 형상한 것이다.

다시 말하면 혈기 왕성한 남자를 정장(丁壯)이라고 하는 것처럼 식물이 싹을 틔우고 자라서 이미 줄기가 튼튼해진 상태를 의미한다. 이처럼 줄기가 똑바로 튼튼하게 자랐기 때문에 병(丙) 다음에 정(丁)이 오게 된 것이다.

다섯째 무(戊)

천간 중에 다섯 번째는 무(戊)이다. 무는 '矛(창 모)' 자의 고자(古字)로 창의 뜻도 있지만, 천간에서는 '茂(우거질 무)' 자와 상통하여 식물이 무성(茂盛)하게 우거지는 모습을 뜻하는 것이다.

따라서 무는 식물이 싹이 트고 자라서 성장하여 무성하게 우거진 상태를 의미하는 것이므로 정(丁) 다음에 무(戊)가 놓이게 된 것이다.

여섯째 기(己)

천간 중에 여섯 번째는 기(己)이다. 기는 지사 문자(指事文字: 사물의 추상적인 개념을 생각하여 만든 글자)로, 식물이 씨앗에서 싹을 틔우고 자라 무성하게 성장한 다음 열매를 맺어 줄기가 아래로 처진 상태를 의미하는 것이다.

따라서 기는 성장한 식물이 꽃을 피우고 열매를 맺어 줄기가 늘어진 형상을 생각하여 쓴 글자이며, 또한 식물이 열매를 통하여 자신의 유전적 특성[종자(種子: 씨앗)]을 나타내는 시기이므로 무(戊) 다음에 기(己)가 오게 된 것이다.

일곱째 경(庚)

천간 중에 일곱 번째는 경(庚)이다. 경은 여러 가지 뜻 중에서 '바뀌다'의 뜻으로 쓰였는데, 계절도 바뀌고 식물의 성장 과정도 바뀐다는 의미로 쓰이는 한자이다. 계절로는 식물을 성장시키는 봄과 여름의 따뜻한 양기(陽氣)가 물러가고 식물의 열매를 여물게 하는 가을의 서늘한 음기(陰氣)가 다가오며, 식물의 성장 또한 가을로 접어들면서 비바람의 찬 기운이 그 열매를 영글게 하는 과정이다.

따라서 기(己)에서 맺은 열매가 경(庚)에서 단단하게 여문다 하여 기(己) 다음에 경(庚)이 놓이게 된 것이다.

여덟째 신(辛)

천간 중에 여덟 번째는 신(辛)이다. 신은 '맵다'는 뜻으로 많이들 인식하고 있지만, 천간에서는 '新(새 신)' 자와 상통하여 새로운 것으로 변한다는 뜻을 가지고 있다.

따라서 새로운 것으로 변한다는 말은 식물의 씨앗이 발아하여 성장하고 그 열매가 여문 후에 거두어 들이면 처음의 씨앗과 같은 새로운 씨앗이 된다는 의미이다. 이러한 과정을 생각하여 경(庚) 다음에 신(辛)이 오게 된 것이다.

아홉째 임(壬)

천간 중에 아홉 번째는 임(壬)이다. 임(壬)은 자체 만으로도 '임신하다'는 뜻을 가지고 있지만, '任(아이 밸 임)' 자와 상통하여 열매 속의 씨앗이 맹아(萌芽)를 잉태한 상태를 의미한다.

따라서 식물의 한해살이 과정으로 볼 때, 추수한 씨앗(열매의 씨 또는 알곡) 속에 맹아가 잉태되어 있음을 생각하여 신(辛) 다음에 임(壬)이 놓이게 된 것이다.

열째 계(癸)

천간 중에 마지막은 계(癸)이다. 계는 '헤아리다'의 뜻을 가지고 있어 이미 씨앗 속에 잉태되어 있는 맹아의 갖추어진 형상을 헤아릴 수 있다는 의미의 한자이다.

따라서 계(癸)는 식물이 싹을 틔우고 성장하였다가 열매를 맺고 그 열매가 여문 후에 남겨진 씨앗 속에 새로 태어나기 위한 맹아가 잉태되어 있어 이것이 다음 해를 기다리는 마지막 단계임을 헤아릴 수 있다 하여 천간의 끝자리에 계(癸)를 놓은 것이다.

육십갑자표

갑자	을축	병인	정묘	무진	기사	경오
甲子	乙丑	丙寅	丁卯	戊辰	己巳	庚午
신미	임신	계유	갑술	을해	병자	정축
辛未	壬申	癸酉	甲戌	乙亥	丙子	丁丑
무인	기묘	경진	신사	임오	계미	갑신
戊寅	己卯	庚辰	辛巳	壬午	癸未	甲申
을유	병술	정해	무자	기축	경인	신묘
乙酉	丙戌	丁亥	戊子	己丑	庚寅	辛卯
임진	계사	갑오	을미	병신	정유	무술
壬辰	癸巳	甲午	乙未	丙申	丁酉	戊戌
기해	경자	신축	임인	계묘	갑진	을사
己亥	庚子	辛丑	壬寅	癸卯	甲辰	乙巳
병오	정미	무신	기유	경술	신해	임자
丙午	丁未	戊申	己酉	庚戌	辛亥	壬子
계축	갑인	을묘	병진	정사	무오	기미
癸丑	甲寅	乙卯	丙辰	丁巳	戊午	己未
경신	신유	임술	계해			
庚申	辛酉	壬戌	癸亥			

5. 근친^{覲親}과 눈썹 세는 날

근친(覲親)은 '覲(뵐 근)'과 '親(어버이 친)'의 뜻을 가진 글자의 조합으로, 시집간 딸이 친정에 가서 친정 어버이를 뵙는 일을 일컫는 말이다. 근래에는 고부(姑婦) 간이 모녀 관계처럼 너그럽고 이해의 폭도 넓어져 며느리가 마음만 먹으면 언제든지 친정엘 갈 수 있게 되었지만, 옛날에는 근친이 그리 쉬운 일이 아니어서 친정의 경조사(慶弔事)와 같은 특별한 경우를 제외하면 근친을 할 수 있는 기회가 1년에 고작 한 번 뿐이었다.

따라서 우리 조상들은 시집와서 고생하는 며느리를 위해 1년에 한 번쯤은 근친을 갈 수 있도록 날을 정하여 풍속으로 만들었다. 그날이 바로 음력 정월 대보름날이다. 우리 풍속에 음력 1월 1일인 설날은 큰 명절 또는 남자 명절이라 하고, 음력 1월 15일인 정월 대보름은 작은 명절 또는 여자 명절이라 하였다. 그래서 시집온 며느리는 남자 명절인 설날은 시집에서 설을 쇠고, 여자 명절인 정월 대보름에는 친정에 가서 늦게나마 친정 부모에게 세배를 드리며 근친을 할 수 있었던 것이다.

또한 우리 풍속에는 '잠자면 눈썹 센다'는 말이 전해 오고 있다. 우리 풍속을 소개하는 문헌에는 대부분이 수세(守歲)라 하여 음력 섣달 그믐날 밤에 등불을 밝히고 밤을 새우는 풍습이 있었는데 이에 따라 '섣달 그믐날 잠자면 눈썹이 센다'고 하였다. 그런데 이 수세의 풍습은 중국의 풍속에서 전해 온 것으로 우리도 이 풍속을 따라 수세의 풍습이 있었다고 전하지만, 실제로 중국의 풍습과 우리의 관습이 너무나 큰 차이가 있어 '수세'의 풍속과 '눈썹 센다'와는 관련성이 없어 보인다.

중국의 풍속에는 섣달 그믐날 밤이 되면 저물어 가는 묵은 해를 보내며 집집마다 술과 음식을 장만하여 조상(祖上)에 제사를 올린 후, 친척과 이웃이 모여 즐겁게 준비한 술과 음식을 먹으며 송구영신(送舊迎新)을 하였다. 그리고는 수세의 풍습으로 집집마다 신당과 불상 앞, 방, 대청, 부엌 그리고 변소까지 모두 등불을 밝혀 온 집 안을 환하게 하고는 새벽까지 잠을 자지 않았다고 한다. 이처럼 중국에서는 수세를 한다면서 섣달 그믐날 밤에 술과 음식을 장만하여 사람들이 서로 불러 먹고 마시며 밤을 지새운다고 하였지만, 정작 '섣달 그믐날 밤에 잠자면 눈썹이 센다'는 말은 언급되지 않았다.

이에 비하여 우리나라 풍속에 대한 기록을 보면, 우리나라에서도 섣달 그믐날 밤에 수세라 하여 안방, 마루, 행랑, 다락, 부엌, 변소 그리고 외양간까지 온 집 안에 등불을 밝히고 모두가 새벽까지 밤을 지샜다고 한다. 그러면서 '섣달 그믐날 밤에 잠을 자면 눈썹이 센다'고 하여 어린아이들까지 잠을 자지 않았다고 하는데, 혹

잠을 자는 아이가 있으면 다른 아이가 쌀가루나 분가루를 자는 아이의 눈썹에 발라 놓고 잠자던 아이가 일어나면 눈썹이 세졌다고 놀렸다는 것이다.

그러나 중국의 수세 풍속은 불을 밝히고 여러 사람들이 밤새도록 술과 음식을 먹고 마시며 즐겁게 놀기 때문에 밤을 지새우는 것이 가능한 일이지만, 우리나라의 수세 풍속은 불을 밝히는 것은 가능하나 먹는 것도 없고 하는 일도 없이 그냥 밤을 새운다는 것은 참으로 어려운 일이라 생각된다. 더욱이 섣달 그믐날에는 밤늦게까지 차례를 지내기 위한 제물(祭物)은 준비할지언정 그 음식은 차례를 지내기 전에는 자손들이 먼저 먹을 수 없는 관습에 따라 먹는 것도 없고 하는 일도 없이 무료하게 밤을 지샌다는 말인데 쉽게 수긍이 가지 않는다. 아마도 수세라 하여 밤을 새운다는 말은 중국의 풍속을 그대로 기록한 것으로 보이며, '눈썹이 센다'는 말은 정월 열나흗날의 우리 고유의 풍속인 '정월 열나흗날 잠자면 눈썹 센다'는 것을 인용하여 덧붙인 것이 아닌가 한다.

'정월 열나흗날 잠자면 눈썹 센다'는 말은 친정 부모에 대한 효도와 관련이 있는 풍속으로 보아야 한다. 며느리가 친정에 가서 정월 대보름 명절을 쇠기 위해서는 며느리는 정월 열나흗날 근친을 떠나야 한다. 며느리는 떠나기 전에 시댁 식구들이 이삼 일 간 먹을 음식과 입을 옷가지를 챙겨 놓고도 일찍 떠나는 것이 송구스러워 오후가 되어서야 근친을 떠나게 되는데, 이날은 며느리가 근친을 가는 날이면서 오곡밥을 지어 먹는 풍속도 함께 있는 날이다.

친정에서는 영양가가 많다는 오곡밥을 지어 놓고, 지난 가으내 틈틈이 말려 두었던 오이고지, 호박고지, 가지고지, 무말랭이, 그리고 무청을 널어 말린 시래기 등을 삶아 건져 양념하여 무친 나물을 준비하고 딸이 오기만을 기다린다.

그런데 1년 만에 친정에 온 딸이 친정 어머니가 정성을 다해 차려 준 저녁밥을 먹고 밥상을 물린 후, 따뜻한 아랫목에 누워 깊은 잠에 빠져 든다면 친정 어머니의 심정은 어떠하겠는가.

"시집살이가 얼마나 고되고 힘들면 저러하겠는가"

하며, 친정 어머니는 딸에 대한 쓰리고 애틋한 심정을 토로하며 눈시울을 붉힐 것이다.

이처럼 부모의 마음을 아프게 하는 것은 자식으로서 불효를 저지르는 일이다. 따라서 부모의 마음을 편하게 해 드리기 위해서는 저녁상을 물린 후, 딸은 친정어머니와 베개를 맞대고 누워 마주 보며, 지난 1년 간 시집에서 있었던 일들을 모아 시아버지 · 시어머니의 흉부터 시동생 · 시누이의 얄미운 짓거리까지 미주알고주알 일러 바치고, 기뻤던 일, 괴로웠던 일 등을 이야기하며 울다가 웃다가 보면 새벽을 알리는 닭울음 소리가 들린다. 이렇게 밤을 지새우며 시집에서 있었던 일을 다 털어놓아야 비로소 친정 어머니의 마음이 시원하고 편안해지는데, 이것이 바로 친정 어머니에 대한 효도인 것이다.

이처럼 친정에 온 딸이 잠을 자지 말고 시집살이에 대한 이야기를 하여 친정 부모에게 효도를 하도록 만든 풍속이 바로 '정월 열나흗날 잠자면 눈썹 센다'는 말의 숨겨진 의미이다. 여기서 '눈썹

센다'는 말은 실제로 눈썹이 하얗게 세는 것이 아니라 '늙는다'는 의미이며, 늙어 보이거나 늙는 것을 매우 꺼리는 여성들의 심리를 이용하여 친정 부모에게 효도를 하도록 만든 우리 민족만의 고유 풍속이다.

그러나 옛날 중국에서는 근친에 대하여 매우 엄격한 품위를 요구했던 것으로 보인다. 아마도 중국의 근친은 우리 근친의 풍속과는 많이 달랐던 모양이다.

중국의 유교 경전인 《예기(禮記)》[5경(五經) 중에 하나로 예(禮)에 관하여 해설해 놓은 책]의 '곡례(曲禮) 하(下)' 편에는 근친(覲親)의 '覲(근)'에 대하여 다음과 같이 설명하고 있다.

天子當依而立 諸侯北面見天子 曰覲

(천자당의이립 제후북면현천자 왈근)

천자(황제)는 마땅히 병풍을 뒤로하여 서고 제후가 북면(北面)하여 천자를 알현(謁見)하는 것을 근(覲)이라고 한다.

* 북면(北面): 북쪽을 향한다는 뜻으로, 임금(황제)이 남쪽을 향하여 앉거나 서기 때문에 신하로서 임금을 섬긴다는 마음과 자세로 북쪽을 향한다는 뜻임.
* 알현(謁見): 지체가 높은 사람을 찾아 뵘

이처럼 '覲(근)'에는 제후들이 황제를 알현할 때에 지키는 예의 범절의 격(格)이 담겨 있는 것이다. 따라서 근친(覲親)에도 이만한 격이 있음을 인식해야 하지 않았을까.

또한 '親(친)'은 '친할 친'으로 많이 쓰이고 있지만, '어버이 친'으로도 쓰이고 있다. 특히 《예기》에는 여러 곳에서 '어버이 친'으로 쓰이고 있음을 볼 수 있는데 '곡례 상' 편에서 하나만 예를 든다.

孝子不服闇 不登危 懼辱親也
(효자불복암 부등위 구욕친야)
효자는 어두운 곳에서 일에 종사하지 않으며, 위태로운 곳에 오르지 않는다. 이는 어버이를 욕되게 할 것을 두려워하기 때문이다.

이와 같이 옛날 중국의 근친은 제후들이 황제를 알현하듯 품격이 있어야 한다고 하였지만, 아마도 근래에는 문화의 발달과 사회적 인식의 변화로 그 격이 많이 낮아지거나 거의 없어졌으리라 생각된다. 이에 비해 우리의 근친은 친정 부모에게 효도는 효도대로 하면서 모녀 간의 사랑스럽고 애틋한 정을 밤새워 나눌 수 있는 정겨운 풍속이라 하겠다.

6. 귀신鬼神과 붉은색

　귀신은 생명체인 사람이나 동물 등이 죽은 후에 남는다는 영혼
(靈魂: 넋)을 뜻한다. 과학적으로도 귀신은 인간의 관념(觀念) 속에
존재하는 심령(心靈: 마음속의 영혼)으로서 눈에 보이지 않는 존재
로 인식되고 있다.

　이러한 鬼神(귀신)을 한자의 의미로 풀이해 보면, '鬼(귀)'는 '由+
儿+厶'의 세 부분으로 나뉘어지는데 '由'의 모양은 귀신의 머리를
본뜬 것이고, '儿(어진사람 인)'은 '人(사람 인)'과 같이 사람을 뜻하
며, '厶'는 '勾(세모창 구)'처럼 상대방을 해친다는 뜻을 가지고 있어
이 셋을 합하면 '사람을 해치는 망령(亡靈)', 곧 '귀신'을 뜻하는 한
자 '귀'가 된다. 또한 '神(신)'은 형성 문자(形聲文字: 음을 나타내는 부
분과 뜻을 나타내는 부분이 합하여 만들어진 글자)로 '申(신)'은 음을 나
타내는 부분이 되고, 뜻을 나타내는 '示(시)'는 '二+小'의 두 부분으
로 나뉘어지는데, '二(두 이)'는 고문(古文)에서 '上(위 상)'과 같아
하늘을 의미하고, '小(작을 소)'는 하늘에 있는 '日(일)·月(월)·星
(성)'의 셋을 의미하므로 이를 합하면, 하늘에서 해·달·별이 지상

의 온갖 현상을 바라보고 인간에게 길흉(吉凶)을 알려 주는 신(神)을 뜻하는 것이므로 '示(시)'만으로도 '神(신)'이 되는 것이다.

이와 같은 내용을 좀 더 구체적으로 설명해 주는 문헌이 있어 소개해 본다.

조선 중기의 실학자 이익(李瀷)이 지은 《성호사설(星湖僿說)》이 그것인데, 이 책에는 천지 · 만물 · 인사 · 경사(經史: 경서와 사기) · 시문 등의 내용이 실려 있다. 여기에는 '귀신(鬼神)'에 대하여 다음과 같이 전하고 있다.

천지간에는 기(氣)가 가득 차 있는데 그 기(氣)를 정령(精靈: 죽은 사람의 혼백)이라 하고, 양(陽)의 정령을 혼[魂: 사람의 생장(生長)을 맡은 양기(陽氣)로 정신을 주관한다고 함], 음(陰)의 정령을 백[魄: 사람의 정령을 돕는 음기(陰氣)로 육체를 주관한다고 함]이라 하며 이 혼(魂)과 백(魄)이 합하여 사람의 정신과 육체가 되는 것이다.

따라서 사람이 죽으면 양기(陽氣)가 여러 곳으로 뿔뿔이 흩어지는 것이니 이것은 곧 혼(魂)이 육체로부터 떨어져 나가는 현상이므로 삶이 끝나고 죽음이 되는 것이다. 또한 흩어지는 혼 중에는 흩어질 때 오르기도 하고 혹은 내리기도 하는데 오르는 것은 양이고 내리는 것은 음이며, 오르는 것은 '神(신)'이 되고 내리는 것은 '鬼(귀)'가 된다.

이에 의하면 정령인 기(氣)는 양(陽)과 음(陰)으로 나뉘고, 양은 혼(魂)이요 음은 백(魄)이 되며, 혼 중에서 하늘에 오르는 것은 양으로 신(神)이 되고 내리는 것은 음으로 귀(鬼)가 된다. 결국 신(神)은 양의 정령인 선신(善神)이 되고 귀(鬼)는 음의 정령인 악귀(惡鬼)가 되는 것이다.

그러나 근래에 와서는 귀(鬼)와 신(神)의 뜻을 합하여 귀신이라 하기도 하고, 귀(鬼)만의 뜻을 한정하여 귀신이라 하기도 한다. 따라서 귀신은 그 쓰임에 따라 구분을 할 수 있는데, 사람이 섬기며 기원하는 대상의 귀신은 신(神)의 성격을 띠고, 꺼리며 배척하는 대상의 귀신은 귀(鬼)의 성격을 띤다고 보는 것이 귀신에 대한 일반적인 개념이다.

귀신은 신(神)이든 귀(鬼)이든 모두 인간이 가지지 못한 신출귀몰(神出鬼沒)한 능력을 가지고 있다. 인간은 육체적인 제한이 있어 그 능력의 한계가 있으나 귀신은 그 육체를 떠난 기(氣)이기 때문에 능력의 한계가 없어 신통력(神通力: 무슨 일이든지 해낼 수 있는 영묘하고 불가사의한 힘)을 부릴 수 있는 것이다. 그러면서 귀신도 인간처럼 성정(性情: 성질과 심정)을 가지고 있어 인간에게 도움을 주기도 하고 때로는 해코지를 하기도 한다는 것이다. 또한 귀신은 그 격(格)에 따라 일개인이나 한 가정의 화복(禍福)을 좌우하는가 하면, 한 마을의 길흉(吉凶)을 좌우하기도 하고, 나아가 한 국가의 운명(運命)을 좌우하기도 한다는 것이다.

따라서 옛날부터 사람들은 귀신을 공경하면서도 두려워하여 그 경외감(敬畏感)을 이겨내고자 개인이나 마을 공동체, 국가적인 차원에서 귀신에게 제(祭)를 올리게 되었다. 국가적 차원에서는 예

(濊)의 무천(舞天)이나 부여(夫餘)의 영고(迎鼓)를 비롯하여 옛 삼한(三韓)에서는 귀신을 두려운 존재로 여기고 매년 5월과 10월이 되면 귀신에게 제(祭)를 올리는 행사가 있었으며, 고구려도 10월에 제사를 올렸고 신라나 백제에서도 귀신을 섬기는 제를 올렸다고 전한다.

마을의 공동체에서는 동신(洞神)과 서낭신[성황신(城隍神)]에게 부락의 무병·평온 무사·풍년 등을 빌며 제를 올렸고, 개인이나 가정에서는 조상신(祖上神)을 비롯하여 성주신[성조신(成造神)]·삼신(三神)·조왕신(竈王神)·터주신[지신(地神)] 등을 섬기며 제물(祭物)을 올리고 가족의 건강과 가정의 평안을 기원하며 정성을 다하였다.

그러나 양이 있으면 음이 있듯이 귀신 중에는 사람들이 무서워하고 꺼리며 배척하는 귀신도 있다. 이러한 귀신은 생전(生前)에 원한(怨恨)이 있어 저승에 들어가지 못하고 이승에 남아 악령(惡靈)이 되어 구천(九泉)을 떠돈다는 것이다. 악령은 귀(鬼)의 개념으로, 너무나 원한이 깊어 귀신 중에 가장 무섭다는 손각시(처녀귀신)를 비롯하여 몽달귀신(총각귀신)·영산(참혹하고 억울하게 죽은 귀신)·물귀신·야광귀신 등이 있는데, 우리가 무더운 여름 밤에 즐겨 보는 '전설의 고향'에 '억울하게 죽은 자는 절대 당신 곁을 떠나지 않는다'고 하면서 등장하는 귀신들이 대부분 이에 속한다.

풍속에 많은 사람들이 이러한 귀신을 물리치고자 붉은색을 사용하는데, 이는 귀신이 붉은색을 두려워하기 때문이라고 한다. 그러나 이러한 이야기는 좀 더 깊이 생각해 볼 필요가 있다. 예를 들면, 제사상에 붉은 고춧가루가 들어간 김치를 올리면 조상신이 강림하지 못한다며 하얗게 담근 나박김치를 올리면서 한편으로는 붉은색의 사과·대추·감 그리고 붉은색이 들어 있는 옥춘당이란 사탕까지 올리는데 이렇게 차리면 조상신이 강림할 수 있겠는가. 또한 10월 상달에 가정에서의 성주제[成造祭(성조제)]나 마을에서의 동신제(洞神祭)를 지낼 때, 붉은팥을 넣고 시루떡을 하여 이를 통째로 제사상에 올리면서 가정을 지켜 주는 성주신이나 마을을 지켜 주는 수호신이 가정이나 마을에 강림하기를 바라는 것은 모순이 아닐까. 더욱이 굿집에서는 박수·무당들이 집 안을 온통 붉은색으로 치장을 하고 그들도 붉은색의 옷을 입고 있다. 만일 귀신이 붉은색을 두려워하며 달아나는 존재라면 굿집의 붉은 치장과 박수 무당이 붉은 의복을 입고 굿을 하면 귀신이 그들에게 강림할 수 있겠는가.

또한 동짓날에는 붉은 팥죽을 쑤어 조상신을 모시는 사당(祠堂)에 한 그릇 먼저 올리고 방·대청·곳간·장독대·부엌·용단지 등에 한 그릇씩 떠 놓고는 가신(家神)들에게 복을 빌며, 한편으로는 벽이나 대문에 붉은 팥죽을 뿌려 귀신을 쫓아 버린다고 한다. 정말 그럴까?

신출귀몰하며 무한한 신통력을 갖고 있다는 귀신이 붉은색이 무서워 달아난다는 것은 잘못된 말이다. 이는 중국에서 전해 온 이야기가 우리 풍속에 잘못 전해졌기 때문이다.

옛날 중국에 공공씨(共工氏)라는 사람이 살고 있었다. 그에게는 허약한 아들이 있었는데, 그만 동짓날에 죽어 역귀(疫鬼: 전염병을 일으킨다는 귀신)가 되었다. 이상하게도 이 역귀는 붉은팥을 두려워하였다고 한다. 이 때문에 사람들은 동짓날이 되면 붉은 팥죽을 쑤어 먹고 역귀를 쫓았다고 전한다.

이 이야기가 우리 풍속에 영향을 끼치면서 동짓날에 붉은팥으로 죽을 쑤어 귀신을 쫓았다고 하였으며, 나아가 붉은색이 귀신을 쫓아 버린다는 이야기까지 생기게 된 것으로 추정이 된다.

따라서 신출귀몰하며 무한한 신통력을 발휘하는 귀신이 붉은색이 무서워 달아난다는 말은 어불성설(語不成說)에 지나지 않는다. 붉은색은 귀신이 꺼리거나 무서워하는 색이 아니다. 앞부분에서 언급했듯이 귀신도 사람과 같은 성정을 가지고 있어 사람들이 붉게 물든 노을을 보며 황홀해 하고 가을 산에 붉게 물든 단풍을 보고 아름답게 느끼는 것처럼 귀신도 붉은색을 좋아할 것으로 생각된다. 공공씨의 죽은 아들 이야기가 중국에서 전해 왔지만, 실제로 중국 사람들이 붉은색을 얼마나 좋아하는가. 중국 사람들은 자신들이 운영하는 음식점이나 상점마다 복이 들어오라고 온통 붉은

팥죽과 시루떡

색으로 치장하였고, 심지어 좋은 의미가 담긴 세뱃돈이나 축의금을 줄 때도 꼭 붉은색의 봉투에 돈을 넣어 주는 것이 그들의 풍속이다.

또한 본고의 '오방색과 오방신'에서도 언급했듯이 오방색의 하나인 붉은색은 우리 풍속에서도 귀신으로부터 안녕(安寧)을 기원하는 색으로 사용되었다.

이처럼 붉은색은 옛날부터 사람들이 귀신을 달래어 무사태평(無事太平)과 만사형통(萬事亨通)을 기원하는 동시에 해코지를 하지 않도록 빌고 바라는 색으로 보는 것이 타당한 견해일 것이다.

7. 투호投壺의 예법禮法

　우리는 일반적으로 투호가 화살을 던져 호(壺: 귀가 달린 병 또는 작은 항아리) 속에 많이 넣는 수효로 승부를 가리는 놀이이며, 옛날에는 궁중과 양반가에서 임금을 비롯한 왕실(王室)과 왕족(王族) 그리고 대신(大臣)의 가족과 그 친척들이 즐겼던 놀이라 인식하고 있다. 또한 근래에 와서는 일반인들과 외국인들이 고궁을 찾아 즐기기도 하고, 어린이들은 유치원과 초등학교에서 민속놀이 시간에 수업의 일환으로 행하며, 최근에는 마을마다 노인정에서 노인들이 정신 건강과 육체 건강 프로그램으로 각광을 받고 있는 민속놀이이다.

　따라서 지금의 투호놀이는 앞마당이나 실내의 넓은 곳에서 호를 앞에 놓고 편을 갈라 그 속에 색색의 무늬로 물들어 있는 살[矢(시)]을 던져, 그 살이 호 속에 얼마나 많이 들어갔느냐를 따져 승부를 가리는 놀이이다. 어린이들이 살을 던져 호 안에 들어가면 손뼉을 치고 기뻐하며 상을 받기도 하고, 호에 살을 넣지 못하면 '다음에는 꼭 넣으라'는 격려를 받기도 한다. 어른들은 이기면 헌배

(獻杯)라 하여 상으로 주는 술을 받아 마시고, 지는 경우에는 벌배
(罰杯)라 하여 벌로 주는 술을 마시기도 하며 하루를 즐긴다.

  그러나 투호는 다른 민속놀이와는 달리 예의범절(禮儀凡節)
을 매우 잘 지켜야 하며, 상대방을 배려해야 하는 놀이로 보아야
한다. 왜냐하면 중국에서 시작된 이 투호놀이는 활쏘기와 같이 덕
(德)을 함양하고 마음을 다스리는 데 활용되었던 놀이이며, 특히
방문한 빈객(賓客)을 접대하는 놀이로 활용되었기 때문이다. 또한
중국 유교 경전으로 오경(五經: 시경·서경·주역·예기·춘추) 중에
하나인《예기(禮記)》[중국 전한(前漢)의 대성(戴聖)이 정리 편찬한 것
으로, 예(禮)에 관한 해설과 이론을 서술함]에 여러 가지 놀이 중 오직
투호만이 그 방법과 과정이 자세하게 기록된 것만 보아도 투호가
얼마나 예의를 강조하는 놀이인지를 짐작할 수 있을 것이다.

  다음은《예기》에 기록된 투호의 방법과 과정을 소개하여 그 의
미를 알아보고자 한다.

  투호(投壺)는 주인이 손님에게 주연(酒
宴)을 베풀고 함께 술을 마신 뒤, 손님을
즐겁게 하기 위해 예를 지키며 호에 화
살을 던져 넣는 놀이이다. 여기에 기록된
투호는 대부(大夫: 높은 벼슬을 뜻함)나 사
(使: 고위 관리)에 대한 예법인데 천자(天
子: 황제)·제후(諸侯)에게도 역시 이 예법
이 있었다. 화살[矢(시)]은 호에 던져 넣
는 것으로, 나무로 만들되 껍질을 벗기지

않으며, 깃털이나 화살촉 따위는 없다. 그리고 방안·대청·뜰 등행하는 장소에 따라 그 화살의 길이가 다르다. 즉 방안에서는 화살의 길이가 2자(60cm 정도), 대청에서는 2자 8치(85cm 정도), 뜰에서는 3자 6치(110cm 정도)의 것을 사용한다. 투호의 예를 주관하는 사람으로 사사(司射)가 있고, 투호를 행하였을 때 계산하는 막대기인 산(算)을 담는 그릇으로 중(中)이 있다. 중(中)의 모양은 여러 가지인데 사슴·외뿔들소(물소와 그 모양이 비슷하며, 몸빛은 푸르고 뿔은 하나이며, 가죽은 두껍고 질겨 갑옷을 만들고, 뿔은 술잔을 만듦)·호랑이·나귀 등을 본떠 나무로 만들고 그 등에 구멍을 파서 산(算)을 담기에 편리하도록 되어 있다. 본시 투호의 예는 향사(鄕射: 삼짇날과 단오절에 시골 한량들이 모여 편을 갈라 활 쏘는 재주를 겨루는 것)의 예보다 가볍기 때문에 빈고사(賓固辭: 손님이 주인의 청을 사양함)를 할 수 있다. 그러나 향사는 활을 쏘는 것이므로 주인이 만일 쏘기를 청하면 손님은 사양하지 못한다.

투호놀이는 주인과 손님이 몇 번 술을 나누어 마신 다음 신을 벗고 대청으로 올라가 동·서로 자리를 잡은 후, 주인은 화살을 들고 사사는 중(中)을 받들고, 또 다른 사람은 호(壺)를 준비하고는 주인이 손님에게 투호놀이를 청하면 이것으로 투호가 시작된다.
　주인이 손님에게 청하기를,
　"저에게 굽은 화살(사실은 곧은 화살인데 겸손을 뜻하여 한 말임)과 입이 삐뚤어진 호(역시 입이 동그란 병인데 겸손을 뜻하여 한 말임)가 있어 이로써 손님을 즐겁게 해 드리고 싶습니다"
고 놀이를 청하면, 손님이 대답하기를,

조선 시대의 투호놀이 그림 / 혜원 신윤복의 '임하투호'

"저는 맛있는 술과 좋은 안주를 대접 받았습니다. 그런데 더하
여 투호까지 해 주신다니 감히 사양하겠습니다"
고 한다. 그러면 주인이 또 말하기를,
    "굽은 화살과 입이 삐뚤어진 호이니 사양할 만한 것이 못 됩
    니다"
하고 재차 청하면 손님이 대답하기를,
    "저는 이미 대접을 받았는데도 거듭 투호의 즐거움을 말씀하
    시니 감히 사양하겠습니다"
고 한다,
    그러면 주인이 또 말하기를,
    "굽은 화살과 입이 삐뚤어진 호이니 사양할 만한 것이 못 되어
    감히 청하겠습니다"
고 재삼 권하면 그제서야 손님이 말하기를,

"제가 재삼 사양을 했으나 이를 허락해 주지 않으시니 감히 삼가 명을 따르겠습니다"

하고, 서쪽 계단에 올라 북면(北面)하고 선다.

그런 후 재배하고 화살을 받으려 하면, 주인은 절을 받게 되면 오히려 황송하다는 태도로 재배의 예를 사양하겠다고 말한다. 그리고 동쪽 계단에 서서 북면하고 배례하여 화살을 보내는 예를 보이면, 손님도 절을 받는 것이 황송하다는 태도를 보이고 재배의 예를 사양하겠다고 말한다.

이제 주인이 절을 하고 화살을 손님에게 보낸 뒤, 주인은 보조자로부터 화살을 받고는 나아가 양 기둥 사이의 위치에 서서 투호의 장소를 확인하고, 다시 동쪽 계단으로 돌아와 서쪽의 손님에게 목례를 하면 이제서야 손님과 주인이 투호의 자리에 임하는 것이다.

이처럼 《예기》의 내용을 보면, 성격이 급한 사람은 감히 투호놀이를 못 할 것 같지만 그래도 이것이 투호의 기본적인 예법이다. 따라서 투호놀이를 할 때에 화살을 많이 넣으려고 허리를 굽히고 팔을 앞으로 쭉 뻗고 던지는 태도는 예법에 어긋나는 행위이다. 무엇보다 정해진 자리에 서서 허리를 바르게 세우고 양 어깨를 균형 있게 편 다음, 화살은 손에서 호까지 포물선을 그리며 호 위에 곧게 떨어지도록 던지는 것이 투호의 기본 예절이다.

우리는 투호가 외형적으로는 화살을 많이 넣어 승부에서 이기는 놀이로 인식하고 있지만, 내면적으로는 호에 액(厄: 나쁜 운수)을 담아 버리는 놀이이기 때문에 많이 넣거나 적게 넣거나 크게 문제가 되지 않는다. 우선 화살은 12개씩 주어지는데 이는 12개월을 뜻한다. 외형적으로는 화살 1개당 10점씩 계산하여 많이 넣으면 이기지만, 내면적으로는 화살이 많이 들어갈수록 액이 낀 달이 많다는 의미가 되기도 한다. 따라서 12개를 모두 던진 후 몇 개가 호에 들어가든지 관계없이 화살을 북쪽을 향하여 쏟아 버리면 그해의 액운을 모두 떨어 버린다고 여기기 때문에 그해에는 풍년이 들고 만사형통(萬事亨通)을 한다는 것이다. 이러한 이유로 투호를 할 때에는 호를 꼭 북쪽(북망산이 있는 방향)에 두어야 하고 투호하는 사람들도 동·서로 북쪽을 향해 서서 바른 자세로 던져야 하는 것이다. 조선 시대의 투호놀이 그림을 보면, 호를 중심으로 빙 둘러서서 화살을 던지는데 이것은 《예기》에서 말하는 투호 예법(동·서로 북면하고 선 후, 호를 북쪽에 두는 것)에 어긋나는 그림이다.

하지만 이러한 투호놀이가 긴 세월이 흐르면서 번거로운 격식은 사라지고 우리 민족의 정서에 어울리도록 많은 변화를 가져왔다. 어른들은 어른들대로 어린이는 어린이대로 그들에게 어울리는 흥미롭고 간편한 민속놀이로 정착되고 있는 것이다. 꼭 손님을 대접하는 놀이가 아니더라도 가족이나 친구들과 어울려 즐기면 되고, 집 뜰이나 대청마루가 아니더라도 고궁을 찾아 투호놀이를 즐기면서 투호의 유래와 그 의미는 잊지 않았으면 좋겠다.

역사

1. 고구려^{高句麗} · 백제^{百濟} · 신라^{新羅}의 명칭

고구려의 시조는 동명성왕(東明聖王)으로 성은 고(高)씨요, 이름은 주몽(朱蒙)이다. 《삼국사기》에 의하면, 주몽은 천제(天帝)의 아들인 해모수(解慕漱)와 하백(河伯)의 딸인 유화(柳花) 사이에서 알로 태어난 난생 설화(卵生說話)의 한 인물이다. 주몽은 금와(金蛙)가 왕위를 이은 부여(夫餘)에서 자랐는데 그의 골격과 풍채가 영특하고 기이하며 나이 일곱 살에 제 손으로 활과 화살을 만들어 활을 쏘았다 하면 백발백중이었다. 부여 속담에 활 잘 쏘는 것을 '주몽(朱蒙)'이라 해서 이름을 주몽이라 지었다고 한다.

주몽은 시기심에 가득찬 금와왕의 일곱 아들로부터 생명의 위험을 느끼고 평소 가까이 지내던 오이·마리·협보와 함께 부여를 떠나 엄사수(淹㴲水)를 건넜다. 주몽이 모둔곡(毛屯谷)에 이르러서는 재사·무골·묵거와 같은 협력자를 얻고 그들과 함께 졸본천(卒本川)에 이르렀다. 주몽은 비류수(沸流水)가에 자리를 잡고 나라 이름을 '고구려'라 하였다. 이때 주몽의 나이 스물두 살이요, 기원전 37년이다. [《한국사대사전》에는 부여족의 주몽이 일족(一族: 겨레붙이)

고구려 고분 벽화 '수렵도'

을 이끌고 남하하여 주변의 여러 부족을 통일하고 졸본부여(卒本夫餘)에
서 고구려를 세웠다고 함]

　이처럼 대부분의 역사서에는 고구려의 건국에 대하여 기원전
37년 주몽이 나라를 세웠다고 하지만, 고구려란 명칭은 그 이전에
도 있었다 한다. 그러니까 기원전 108년 중국 한(漢)나라가 위만
조선(衛滿朝鮮: 고조선의 마지막 국가)을 멸하고는 이 지역에 한사군
(漢四郡)을 설치하였는데 그중 하나인 현도군(玄菟郡: 현도군은 기원
전 107년에 설치됨)에 '고구려현'이 있었던 것을 보아 고구려라는 명
칭은 주몽 이전에도 있었던 것으로 추측된다. 그러나 '고구려'라는
국호는 주몽이 새 나라를 건국하면서 나라 이름으로 확고하게 자
리 잡은 것으로 보아야 할 것이다.

　그러면 '고구려'라는 명칭에는 어떤 뜻이 담겨 있을까?

　옛날이나 지금이나 어느 한 지역에 대한 명칭은 여럿이었다. 현재 우리말에 '고개'에 대한 다른 명칭으로 '령·재·티(틔)' 등이 있듯이, 고구려에서는 '돌로 쌓아 만든 성(城)'을 '구루(쿠루)·굴(窟)·홀(忽)'이라 하였으며, 특히 옛날 동이(東夷)의 아홉 겨레를 칭하여 '구려'라 하였고, '성(城)을 잘 쌓는 사람'이란 뜻도 있었다고 한다. 이에 대한 증거로 일부이기는 하나 고구려 제20대 장수왕은 안성 지방에 죽주산성(竹州山城)과 망이산성(望夷山城)을 돌로 축조하였으며, 안성(安城)을 내혜홀(奈兮忽), 양성(陽城)을 사복홀(沙伏忽)이라 하였고, 인천(仁川)을 미추홀(彌鄒忽)이라 불렀다는 것이다.

이에 따라 '고구려'의 '고'는 '높다·크다'의 뜻을 의미하고, '구려'를 '돌로 쌓은 성' 또는 '돌로 성을 잘 쌓는 사람'과 관련이 있는 글자로 본다면, '고구려'는 '크고 높은 성(城)'을 의미하면서 그 속에 담긴 뜻은 '세상 가운데 가장 높이 세운 나라'라는 의미를 지녔다고 본다.

백제의 시조는 온조왕(溫祚王)이다. 삼국 시대에 서남쪽에 위치한 나라이나 아직도 건국 과정이 자세하지 않은 편이다. 《한국사대사전》에 의하면, 고구려의 시조 주몽의 아들인 온조[일설에는 생부가 해부루의 서손 우태(優台)라고 함]가 그의 추종자를 거느리고 하남위례성(慰禮城: 한강 유역)에 정착하여 개국하였고, 처음에는 국호를 십제(十濟)라 하였다가 규모가 커지자 백제(伯濟)라고 개칭했다한다. 그러나 오늘날 우리가 말하는 백제(百濟)는 마한(馬韓) 50여부족 국가 중 하나인 백제(伯濟)를 기반으로, 고구려에서 남하한 것으로 여겨지는 유이민(流移民) 세력을 규합하여 고대 국가 체제를 이룩할 수 있었다는 것이 정설로 되어 있다.

백제의 국호는 네 번의 변천사를 가지고 있다.

처음에는 '십제(十濟)'였다. 시조인 온조왕이 10명의 신하와 함께 위례성에 나라의 터전을 마련한 데서 유래한다. 미추홀에 자리를 잡은 비류(沸流)로부터 독립하여 새로운 나라를 건설하는 데 결정적으로 기여한 사람이 바로 10명의 신하였다. '십제'는 10명의 신하에 대한 보은(報恩)의 의미가 담겨 있는 국호라 하겠다.

둘째는 '伯(맏 백)' 자를 쓴 '백제(伯濟)'이다. 여기서 '백(伯)'은 우두머리를 의미하며 곧 온조 자신을 가리키는 말이다. 개국 초기에는 10명의 신하들의 도움이 컸지만, 이제는 마한의 50여 부족 국가 중에서 가장 세력이 있는 국가로 성장하여 왕다운 왕이 되었음을 암시하는 국호이다.

셋째는 '百(일백 백)' 자를 쓴 '백제(百濟)'이다. 이 국호는 구태(仇台)와 관련이 있다고 하는데, 구태는 주몽의 후손이라 하기도 하고 우태의 후손이라 하기도 한다. 하여튼 구태는 어질고 신의가 있어 한(漢)나라의 요동 태수 공손탁(公孫度)의 딸을 아내로 맞고 대방(帶方)의 옛 땅에 나라를 세워 강국이 되었다. 후에 이 대방 세력이 한반도 서남부 지방으로 건너와 영토를 넓혔는데, 이를 일컬어 '백가제해[百家濟海: 백 개의 가호(家戶: 집집)가 바다를 건너 왔다]'라고 하여 '백제(百濟)'라는 국호가 생겼다는 것이다.

넷째는 '남부여(南夫餘)'이다. 백제의 제26대 성왕(聖王)이 재위 16년(538) 봄에 도읍을 웅진(熊津: 지금의 충남 공주)에서 사비성(泗沘城: 지금의 충남 부여)으로 옮기고 나라 이름을 남부여(南扶餘)라 하였다. 이는 옛 부여의 계승을 천명하는 것이며, 사비성 지역에서 옛날부터 터전을 이루며 살아오던 사람들의 정치적 지지를 기반으로 하여 강대했던 옛 부여 제국을 부활하고자 하는 굳건한 의지가 담겨 있는 국호이다.

그러나 가장 오래도록 쓰인 국호는 '百濟(백제)'이다. '百(백)'은 숫자로는 100으로 '크다·많다'는 뜻을 의미하고 '濟(제)'는 '바다를 건너다'는 뜻으로 '물'을 의미한다. 따라서 '백제'는 '큰 물'이다. 결국 '대(大) 해상 국가'를 상징하는 국호라 하겠다.

신라 시조의 성은 박(朴)씨요, 이름은 혁거세(赫居世: '밝게 세상을 다스린다'는 뜻임)이다. 《삼국사기》에 의하면, 기원전 57년에 왕위에 오르고 왕호를 거서간(居西干)이라 하였다. 이때 나이 열세 살이었으며 나라 이름은 서라벌(徐那伐)이었다. [《삼국유사》에는 서라벌(徐羅伐)로 되어 있음]

이보다 앞서 고조선(古朝鮮)의 유민들이 산과 들에 나누어 살면서 여섯 마을[후에 진한(辰韓) 6부가 됨]을 이루었다. 이들 여섯 촌장 중 한 사람인 고허촌장 소벌공(蘇伐公)이 양산(楊山) 기슭을 바라보니 나정(蘿井) 옆 숲 사이에서 말이 꿇어 앉아 울고 있었다. 서둘러 다가가서 보니 말은 보이지 않고 큰 알만 있었다. 알을 깨뜨리자 그 속에서 어린아이가 나오므로 이를 거두어 길렀다. 그의 나이 열 살이 넘자 뛰어나게 성숙하였고 6부 사람들은 그의 출생이 신기하고 괴이하여 높이 떠받들던 중 이때에 이르러 그를 임금으로 세웠다. 혁거세는 61년간 선정(善政)을 베풀다가 서기 4년 봄 3월에 아들 남해(南解)에게 왕위를 물려주고 세상을 떠났다. 남해왕 역시 선정을 베풀고 떠나면서 아들 유리(儒理)와 사위 탈해(脫解)

에게,

"내가 죽은 뒤, 너희들 '박(朴)'과 '석(昔)' 두 성씨 가운데 나이
많은 사람이 왕위를 잇게 하라"

고 유언을 남겼다. 당시 신라 풍속에 나이가 많은 사람이 성스럽고
지혜가 많다고 하였다. 그래서 두 사람이 시험하여 떡을 깨물어 보
니 유리의 잇금(치아)이 많아 신라 제3대 임금이 되었고, 이어서 석
탈해가 신라 제4대 임금이 되었다. 그후 신라 제13대 미추왕[味鄒
王: 김알지(金閼智)의 7대손임]이 왕위에 오르면서 신라 왕족에 김씨
성이 등장하였고, 이후부터 '박·석·김'의 세 가문에서 번갈아 왕
위를 이어가게 된 것이다.

한편 신라의 국호가 확실하게 정해진 것은 제22대 지증왕(智證
王) 때이다. 지증왕 4년(503) 10월에 여러 신하들이 왕에게 아뢰기
를,

"우리 시조께서 나라를 창건하신 이래로 나라 이름을 아직 정
하지 못하고 '사라(斯羅)' 혹은 '사로(斯盧)'라 일컫고 혹은 신라
(新羅)라고도 일컬었나이다. 신들의 생각에는 '新(새 신)' 자는
'좋은 사업이 날로 새로워진다'는 뜻이요, '羅(벌릴 라)' 자는 '사
방을 망라한다'는 뜻이오니, 이를 국호로 삼는 것이 옳을 듯하나
이다. 또한 예로부터 나라를 다스리는 사람은 모두 '帝(제)'나 '王
(왕)'으로 일컬었거니와 우리 시조께서 나라를 세워 지금에 이르
기까지 방언(方言: 거서간·이사금·마립간)으로 왕호를 일컬었을
뿐, 아직도 존귀한 칭호를 사용하지 못하고 있나이다. 이제 여러
신하들의 뜻을 모아 삼가 '신라(新羅) 국왕(國王)'이라는 칭호를
올리나이다"

라고 하니, 왕이 이를 허락하고 그대로 따랐다 한다.

이상과 같이 고구려 국호의 의미는 '크고 높은 성(城)'으로 '세상 가운데 가장 높이 세운 나라'이고, 백제 국호는 '큰 물'로서 '대(大) 해상 국가'를 의미하며, 신라는 '왕의 덕업(德業)이 날로 새로워져서 널리 사방을 받아들인다'는 뜻을 담은 국호이다.

'주몽(朱蒙)'에 관한 사극을 볼 때, '다물군(多勿軍)' 이 많이 등장하는데 '다물'이란 어떤 뜻을 가지고 있을까?

'다물'이 원래는 '다믈'로, '옛 땅을 회복한다'는 뜻을 가진 우리 말이다. 옛 조선 유민들이 한(漢)나라에 빼앗긴 영토를 되찾고자 하는 데서 '다믈〉다물'이란 말을 썼던 것이다.

한편 한자로 풀이를 해보면, '多勿(다물)'의 '多(다)'는 '많다'는 뜻이고, '勿(물)'은 '고대(古代)에 사대부(士大夫)가 백성을 불러 모을 때 세웠던 기(旗)를 본 떠 만든 글자'이므로, 이 둘을 합하면 '깃발 아래 많은 백성이 모이다'의 뜻이 된다. 따라서 '한(漢)나라에 빼앗겼던 옛 영토를 되찾고자 모여든 백성'이 다물군이다.

2. 거서간居西干, 어라하於羅瑕, 막리지莫離支의 호칭

삼국 시대에는 왕(王)이라는 명칭 이외에 왕에 대한 호칭이 다양했다. 그 호칭은 모두가 방언(方言)으로 신라가 왕에 대한 호칭이 가장 많은 편이며 그 다음이 백제와 고구려이다.

신라에는 왕에 대한 호칭으로 거서간(居西干) · 차차웅(次次雄) · 이사금(尼師今) · 마립간(麻立干)이 전한다.

거서간은 신라의 시조 혁거세왕(赫居世王)의 위호(位號: 벼슬이름)이다. 《삼국유사》에 의하면, 혁거세왕이 태어났다는 자주색 알은 서술성모(西述聖母)가 낳은 것이라고 한다. 서술성모는 선도성모(仙桃聖母)라고도 하며 중국 황실의 공주로서 선도산에 자리를 잡고 산다는 신모(神母)이다. 중국 사람들은 서술성모가 혁거세왕과 같은 어진 사람을 낳아 나라를 세우게 되었다고 다투어 찬양했다. 또한 알영(閼英) 부인이 상서로운 기운을 받아 계룡(鷄龍)의 왼쪽 옆구리에서 태어날 때도 서술성모가 나타났었다는 것이다.

혁거세왕이 처음으로 입을 열었을 때 스스로, "알지 거서간이 한 번 일어났다"고 하였으므로 그 말에 따라 혁거세왕을 '거서간'이라 하였고, 이때부터 이 말이 왕의 존칭으로 쓰이게 되었다고 한다.

거서간의 어원을 살펴보면, '거서(居西)'의 어근은 '것'이며, '것' 은 '귀(鬼)'보다 먼저 쓰였던 '신(神)'을 뜻하는 옛말이다. 그리고 '간(干)'은 몽고·원(元)나라·돌궐·요(遼)나라 등에서 군주의 칭호 로 쓰이던 '가한(可汗)'의 '한(汗)'과 같은 뜻으로 '왕(王)'을 의미하 는 것이다. '칭기즈 칸[成吉思汗(성길사한)]'의 '칸[汗(한)]'도 '간(干)' 과 같이 왕의 뜻으로 사용된 말이라고 한다. 따라서 '거서간'은 '신 (神)만큼 무한한 능력을 가진 왕'이란 의미를 지닌 왕호(王號)라 하 겠다.

차차웅은 남해왕(南解王)의 위호이다. 《삼국유사》에는 차차웅은 자충(慈充: 자애로움이 충만한 사람)과 같은 말로 스승 혹은 존장(尊 長: 존경하고 받들어야 할 나이 많은 웃어른)에 대한 칭호라 하였다. 이 에 대하여 신라 성덕왕(聖德王) 때의 귀족이며 학자이고 명문장가 였던 김대문(金大問)은 다음과 같이 말했다.

"차차웅은 무당을 뜻하는 방언[方言: 향언(鄕言)]이다. 세상 사 람들은 무당이 귀신을 섬기고 제사를 주관하기 때문에 두려워하 고 공경한다. 그리하여 무당과 같은 존장자를 자충이라 일컫는 것이다."

또한 고대 사람들은 신(神)과 무(巫: 무당)를 동격으로 인식하 였다. 따라서 차차웅은 자충과 같은 말이며, 스승·존장·무당과 같 은 공경 대상을 함께 포함하고 있는 왕의 칭호이다.

이사금은 유리왕(儒理王)을 포함한 신라 열여섯 왕의 위호이다. 《삼국사기》와 《삼국유사》에 의하면, 남해왕이 승하(昇遐)하였을 때 유리가 마땅히 왕위에 오르는 것이 관례이나 대보(大輔: 재상)인 탈해가 본디 덕망이 높다고 하여 왕위를 그에게 사양하였다. 이에 탈해가 말하기를,

"왕의 자리란 보통 사람이 감당할 수 있는 자리가 아닙니다. 듣건대 성스럽고 지혜가 있는 사람은 이[齒牙(치아)]가 많다고 합니다"

라고 하였다. 그래서 시험으로 떡을 깨물어 보니 유리의 잇금[齒理 (치리): 잇자국]이 많았다. 그리하여 신하들이 그를 받들어 왕위에 올리고 왕호(王號)를 이사금이라 하였다 한다. 한편 '잇금'이 '임금' 으로 되었다는 것이 민간어원설이라고는 하나, 《고어사전》과 《어원사전》에 의하면, '잇금(이사금)'은 '닛금, 닏금, 님금'과 관련이 있으며, 이 언어들이 변화 과정을 거쳐 지금의 '임금'으로 쓰이게 되었다는 것이 일반적인 견해이다.

마립간은 내물왕(奈勿王)을 포함한 네 왕의 위호이다. 내물왕의 왕호가 《삼국사기》에는 '이사금'으로 기록되어 있고, 《삼국유사》에는 '마립간'으로 표기되어 있으나, 내물왕 때부터 '마립간'이란 왕호를 사용했다는 견해가 많은 편이다.

마립간에 대하여 《삼국유사》에는 다음과 같이 김대문의 말이 전한다.

"마립이란 궐(橛: 서열을 나타내는 말뚝)을 말하는 방언이다. 궐표(橛標: 말뚝의 표지)는 자리에 따라 두는데, 왕궐(王橛: 왕을 뜻

하는 말뚝)이 주(主)가 되고 신궐(臣橛: 신하를 나타내는 말뚝)은 그 아래에 나열되어 있으므로 이렇게 이름을 붙인 것이다."

《삼국사기》에 의하면, '마립간'은 수석장(首席長: 제일 높은 사람) 또는 군장(君長: 우두머리)에 대한 존칭어인 상감(上監: 임금을 높여 부르는 말)에 해당하는 왕호로 짐작된다 하였다.

'마립간'을 어원적으로 볼 때 '마리간' 또는 '말간'으로 발음하였으리라 추측한다. 옛 문헌에는 '마리 두(頭)', '므르 종(宗)'이 있는데, '頭(머리 두)'는 우두머리를 뜻하고, '宗(종묘 종)'은 '신[示(시: 신을 뜻함)]'이 있는 '집[宀(면: 집을 뜻함)]'이라 하여 사당이나 종묘를 뜻하므로 가장 높음을 의미한다. 따라서 '마립(마리, 말)'은 '頭(두: 우두머리)'와 '宗(종: 으뜸)'을 뜻하며, '간(干)'은 왕을 의미한다고 볼 수 있어 '마립간'은 '가장 높은 왕'인 것이다.

백제는 왕에 대한 호칭으로 '어라하(於羅瑕)'와 '건길지(鞬吉支)'가 전하고 있는데, 이에 대하여 중국의 《주서(周書)》 '백제전(百濟傳)'에는 다음과 같은 글이 전한다.

王姓夫餘氏 號於羅瑕 (왕성부여씨 호어라하)
왕의 성은 부여씨이고 이름은 어라하인데
民號爲鞬吉支 夏言竝王也 (민호위건길지 하언병왕야)
백성들은 건길지라 부른다 이것은 중국 말로 왕이다
妻號於陸 夏言妃也 (처호어륙 하언비야)
부인은 어륙이라 부르는데 중국 말로는 왕비이다

고대에는 사람의 뜻을 지닌 말이 부족의 이름이나 나라의 이름까지 되면서 지도자(존장자)의 이름이 되었던 것으로 본다면 '어라하'와 '어륙'의 어근인 '얼'도 사람을 의미하며, 더하여 '얼'은 '엄니(어금니: 큰 이)'와 '얼운(어른: 성인)'의 '엄'과 '얼'처럼 '크다'는 뜻을 가지고 있으므로, '큰 사람' 곧 왕이나 왕비의 칭호로 쓰였음을 알 수 있겠다. 또한 '어라하'의 '하(瑕)'는 고대 부여(夫餘) 지방의 사대관직(四大官職)인 마가(馬加)·우가(牛加)·저가(猪加)·구가(狗加)에 쓰였던 '가(加)'와 같은 계통이며, 신라 임금을 뜻하던 '거서간'의 '간(干)'과도 같아 역시 최고 지도자인 왕을 뜻하는 것이다.

백성들이 불렀던 '건길지'의 '건(鞬)'은 그 발음이 대인(大人)을 뜻하는 '큰'과 임금을 뜻하는 '군(君)'과 상통하며, 왕을 뜻하는 '거서간'의 '간(干)'과도 뜻이 같다. 또한 '길지'의 '길(吉)'은 '긴[長(장)]'과 같아 역시 크다는 뜻이고, '지(支)'는 고구려의 '막리지'의 '지(支)'처럼 사람을 의미한다. 따라서 '건길지'는 '크고 큰 사람'이니 결국 임금인 것이다.

고구려는 왕에 대한 호칭으로 '개차(皆次)'가 전한다고 하는데, 신라나 백제처럼 왕의 호칭으로 직접 쓰였던 흔적을 문헌상으로 찾아보기가 어려웠다. 다만 《삼국사기》'지리지'에, '왕기현(王妓縣)'이란 곳의 지명을 '개차정(皆次丁)'으로 불렀다 하여 '개차(皆次)'가 왕을 뜻한 것이 아닌가 추측하고, 또한 고구려의 '개백현(皆伯縣)'이란 곳의 지명을 신라에서는 '왕봉현(王逢縣)'으로 바꾸어 불렀다 하여 고구려에서는 '개(皆)' 자가 왕을 뜻하는 말일 가능성이 있다는 견해가 존재할 뿐이다. 따라서 고구려에 관해서는 우리

귀에 익은 '막리지'에 대한 어원을 살펴보고자 한다.

발해(渤海)의 시조 '대조영(大祚榮)'이란 사극에는 연개소문이 대막리지(大莫離支), 양만춘이 막리지(莫離支)로 등장한다. 《구당서(舊唐書)》의 '고구려전(高句麗傳)'에는, 고구려의 '막리지'는 중국의 병부상서(兵部上書: 군의 책임자)와 중서령(中書令: 정승 반열)의 직을 겸한 것이라고 하였다. 즉 병권과 정권을 한 손에 쥔 벼슬이다. 막리지가 이러하니 대막리지는 임금 다음으로 최고 책임자가 되는 벼슬이라 하겠다.

이에 대해 어원을 살펴보면, '막리지'는 당시의 '마리지' 또는 '말지'의 음사(音寫: 소리나는대로 씀)로 보며, 신라 왕의 칭호 중에 하나인 '마립간'을 '마리간' 또는 '말간'의 음사로 볼 때, '막리(莫離)'는 '마립(麻立)'처럼 우두머리의 뜻을 가진 '말[宗(종: 으뜸), 上(상: 위), 頭(두: 머리)]'을 한자화 한 것으로 보는 것이다. 그리고 '간(干)'은 왕의 뜻을 지니지만, '지(支)'는 사람의 뜻을 지닌 말이다. 그러므로 어원적으로 볼 때, '막리지'는 우두머리를 뜻하는 종인(宗人)·상인(上人)·두인(頭人)의 뜻을 가진 벼슬 이름이라 하겠다.

3. 짐^朕과 과인^{寡人}

우리가 드라마나 영화를 통하여 역사극을 볼 때면 '짐'과 '과인'이 수없이 등장하는 것을 보게 된다. 짐(朕)은 '나'를 뜻하는 1인칭 대명사로, 원래는 신분의 귀천 없이 모든 사람들이 자신을 일컫는 자칭(自稱)이었다. 그 실례로, 중국 사서(四書: 유교의 경전인 논어·맹자·대학·중용) 중 하나인 《맹자(孟子)》의 '만장장구 상(萬章章句 上)'에는 다음과 같은 문구가 있다.

二嫂 使治朕棲 (이수 사치짐서)
두 형수로 하여금 나의 시중을 들게 하리라

위의 내용은 순(舜) 임금이 요(堯) 임금으로부터 왕위를 물려 받기 이전의 이야기로, 그 내용을 요약하면 다음과 같다.

〈전략〉 순은 어려서 어머니를 여의고, 고수(瞽瞍: 장님)인 아버지는 후처를 얻어 상(象)이란 이복동생을 낳았다. 당시 요 임금은 순이 착하고 효성이 지극함을 알고 순으로 하여금 자신의 두 딸 아황(娥皇)과 여영(女英)을 아내로 삼게 하였다. 이를 시샘하던 계모와 이복동생은 순을 없애려고 여러 가지 궁리를 하고 있었다. 그러던 어느 날 순의 부모는 순으로 하여금 창고를 수리하라 하고 순이 지붕 위에 올라가자 사다리를 치워 버린 다음,

《맹자》 만장장구 (상)

계모는 눈 먼 고수로 하여금 창고에 불을 지르게 하였다. 지붕 위에 있던 순은 불이 난 것을 알고 두 아내가 하나씩 만들어 준 커다란 삿갓을 타고 무사히 땅으로 내려올 수 있었다. 이번에는 순에게 우물을 파라고 하였다. 순이 우물 안으로 들어가자 위에서 돌과 흙을 쏟아 부어 우물을 메워 버렸다. 그러나 이때도 순은 두 아내가 가르쳐 준대로 미리 몸을 피할 수 있도록 옆으로 굴을 파고 무사히 땅 위로 올라왔다. 이러한 상황을 모르고 순이 죽은 줄로 착각한 이복동생 상은,

　“순을 죽인 것은 모두 내 공이로다. 소와 양은 모두 부모의 것이오, 창고에 있는 곡식도 부모의 것이다. 그러나 방패와 창은 물론 거문고도 내 것이오, 활도 내 것이다. 그리고 두 형수는 나의 시중을 들게 하리라”

하고, 순의 궁중으로 들어갔다. 그러나 순은 평상 위에 앉아 거문고를 타고 있었다.〈후략〉

이처럼 짐(朕)은 남녀노소 누구나 자칭으로 쓸 수 있었던 말이다. 그러던 것이 진(秦)나라의 시황제(始皇帝) 때부터 황제만의 자칭으로 쓰이게 되었는데, 진나라에서 '시황제'와 '짐'의 명칭이 쓰이게 된 계기가 《사기(史記)》[중국 한(漢)나라의 사마천(司馬遷)이 적은 역사책]에 전하고 있어 소개한다.

진나라가 중국 역사상 최초로 천하통일을 이룩한 후, 승상(丞相)을 비롯한 신하들이 아뢰기를,

"옛날 오제(五帝: 고대 중국의 다섯 성군으로, 소호·전욱·제곡·요·순을 말함) 때는 사방 천리 밖은 너무 멀어 통제하기가 어려웠나이다. 그러나 지금은 폐하께서 정의로운 군대를 일으키시어 잔적들을 물리치고 천하를 평정하시면서 법령을 하나로 통일

중국 역사상 최초로 천하통일을 이룩한 진시황

하시니 이는 상고 이래로 없던 일이며 오제도 따르지 못한 일이옵니다. 신(臣) 등이 삼가 박사들과 논의를 하였는 바, '옛날 천황(天皇)이 있고, 지황(地皇)이 있고, 태황(泰皇)이 있었는데 이 중에 태황이 가장 귀하다'고 했나이다. 신 등은 죽음을 두려워하지 않고 감히 존호(尊號)를 올리오니, 왕은 '태황(泰皇)'으로, 명(命)은 '제(制: 천자의 말)'로, 영(令)은 '조(詔: 천자의 명령)'로 하시옵고, 천자가 스스로를 칭할 때는 '짐(朕)'이라 하시옵소서"
하였다.

진왕은 이 말을 듣고 이르기를,

"'태황'에서 '태' 자를 떼고 '황' 자를 취하며, 상고의 '오제'에서 '제'를 취하여 '황제(皇帝)'라 하고, 나머지는 그대들이 논의한 바대로 하라"
고 했다.

이때부터 '황제'란 칭호가 처음으로 쓰이기 시작하였다. 따라서 '황제'에 '始(처음 시)' 자를 넣어 '始皇帝(시황제)' 또는 '秦始皇(진시황)'이라 칭하게 된 것이며, 황제만이 자칭으로 '朕(나 짐)' 자를 쓰게 된 것이다.

다음으로 과인(寡人)은 어떤 의미를 가지고 있을까?

과인 역시 '나'를 뜻하는 1인칭 대명사로, 임금이 자기 자신을 일컫는 겸칭(謙稱)이다. '寡(적을 과)' 자를 쓰게 된 것은 스스로 '덕이 적은 사람'이라 하여 겸손의 자세로 임금이 자신을 낮추어 일컫게 된 말이다. 그 실례로, 《맹자》의 '양혜왕장구 상(梁惠王章句 上)'에는 다음과 같은 문구가 있어 소개한다.

梁惠王曰 寡人之於國也 盡心
焉耳矣

(양혜왕왈 과인지어국야 진심언
이의)

양 혜왕이 말하기를, 과인은
나라를 다스리는 데 온 마음을
다 쏟고 있다.

《맹자》 양혜왕장구 (상)

이 이야기는 양혜왕이 맹자
에게 묻고 맹자가 대답하는 내
용으로, 자세히 설명하면 다음과 같다.

양혜왕이 맹자에게 이르기를,

"과인은 나라를 다스리는 데 온 마음을 다 쏟고 있소. 하내(河
內) 지방에 흉년이 들면 그 곳의 백성을 하동(河東) 지방으로 옮
기고, 하동 지방의 곡식은 하내 지방으로 옮기오. 또한 하동 지
방에 흉년이 들어도 역시 그렇게 하오. 그런데 이웃 나라의 정치
를 보면, 과인 만큼 마음을 쓰는 임금이 없는데 그 나라의 백성
이 더 줄지도 않고 과인의 백성이 더 늘지도 않으니 이는 무슨
까닭이오?"

하니, 맹자가 답하기를,

"왕께서 전쟁을 좋아하시니 전쟁에 비유하여 설명을 하겠나
이다. 북을 둥둥 치면서 백병전(白兵戰)이 벌어졌을 때 병사들이
갑옷을 내던지고 병기를 질질 끌면서 달아나는데 어떤 자는 백

보를 달아나서 멈추고 어떤 자는 오십 보를 달아나서 멈추었나이다. 이때 오십 보를 달아난 자가 백 보를 달아난 자를 보고 비웃는다면 어떠하겠나이까?"

하였다. 그러자 양혜왕이 맹자에게 이르기를,

"그것은 안 될 말이오. 다만 백 보가 아닐 뿐 도망간 것은 마찬가지오"

하니 맹자가 다시 답하기를,

"왕께서 이와 같은 이치를 아신다면 이웃 나라보다 백성이 많기를 바라지 마시옵소서."〈후략〉

이와 같이 양혜왕은 진시황이 천하통일(BC 221)을 이루기 150여 년 전 위(魏)나라의 왕이었는데, 그 당시에도 임금은 자신을 가리켜 과인이라 하였다.

결론적으로 진시황의 천하통일 이전이나 이후에도 제후국이나 주변의 작은 나라 임금들은 자신을 일러 '과인'이라 하였고, 진시황 이후 역대 황제들만이 '짐'이라 하였다. 하지만 우리나라의 역사를 살펴볼 때, 우리나라의 임금 중에도 중국에 버금가거나 맞먹는 국력을 가진 국가의 임금일 경우에는 신하들이 임금을 '황제'라 칭하였고, 황제도 스스로를 '짐'이라 하였던 시대가 없었던 것은 아니다.

4. 용안龍顔과 알현謁見

　'龍顔(용안)'을 한자대로 풀이를 하면 '용의 얼굴'이 되지만, 일반적으로는 '황제나 왕의 얼굴'을 일컫는 말이다. 황제(왕)의 얼굴이 용안이라고 불리게 된 것은 중국 한(漢)나라 초대 황제인 유방(劉邦)으로부터 유래한다. 옛날부터 영웅호걸에게는 탄생부터 설화나 전설이 남달랐는데 유방 또한 그러했다. 바로 유방이 용(龍)의 씨를 받아 태어났다는 것이다. 이야기는 중국 진(秦)나라 시대로 거슬러 올라간다.

　유방은 진시황이 왕위에 오르던 해(기원전 247)에, 물 흐름이 좋고 초목이 풍성한 패현(沛縣) 풍읍(豊邑)의 중양리(中陽里)라는 촌락에서 부친인 태공(太公)과 모친인 유오(劉媼) 사이에서 셋째 아들로 태어났다. 유방의 집안은 극히 평범한 농가여서 일반 서민들처럼 아들들에게 이름을 지어주지 않고, 그저 맏아들은 백(伯: 맏이)이라 했고, 둘째 아들은 중(仲: 둘째)이라 했으며, 셋째 아들은 그냥 방(邦: 일반적으로 '형'이라고 부르는 방언)이라 하여 유방(劉邦)

이 되었다. 유방은 자라면서 남못지 않은 존재가 되었을 때도 '방(형)'이란 이름을 바꾸지 않고 그대로 사용하였는데 결국 그것이 이름으로 굳어 버렸다.

유씨 집안이 사는 중양리에는 노(盧)씨 성을 가진 집안도 함께 살고 있었다. 유씨 집안과 노씨 집안은 부친끼리 친하여 매우 가깝게 지내는 사이인데, 공교롭게도 유방이 태어나던 날 노씨 집안에서도 관(綰)이라는 사내아이가 태어났다. 넉넉치 못한 중양리 사람들이지만 두 아이의 출생은 마을 전체의 화제 거리로 모두들 기뻐했으며 축제 분위기 속에 음식과 술을 양가로 가지고 가서 먹고 마시며 즐겼다. 두 아이는 자라면서 함께 어울렸고 유방은 이름처럼 형노릇을 하고 노관은 아우처럼 시키는 대로 심부름을 하면서 점점 유방의 뜻에 따라 행동하게 되었다, 그렇게 한 덕분에 유방이 한(漢)나라를 세우자, 노관은 장안후(長安侯)가 되었고 후에는 연왕(燕王)으로까지 봉함을 받기도 하였다.

유방이 태어난 중양리는 한가한 마을인 만큼 사소한 일도 안 좋은 소문으로 번지는 일이 많았다. 유방의 출생을 놓고도 마을 사람들끼리 수군거리는 일이 생겨났다. 마을 사람들은 모이면,
　"아무래도 유씨 집안의 막내아들은 그 아비의 씨가 아닌 모양이야"
하며 귀에 솔깃한 농담을 큰 소리로 주고 받곤 하였다.
　이 소문의 출처는 유방이 태어나기 이전으로 돌아간다. 어느 날 유방의 모친인 유오가 산 밑 호숫가에 있는 밭으로 일을 하러 나

갔다. 한참 일을 하다가 호수 언덕의 나무 그늘에서 스르르 잠이 들었는데 꿈 속에 신령이 나타났다. 그때만 해도 사람들은 숲이며 호수며 온 천지에 신령이 있다고 믿는 터였다. 갑자기 하늘이 어두워지며 천둥과 번개가 치는데도 유오는 잠에서 깨어날 줄 몰랐다. 날씨가 이처럼 험악한데 아내가 돌아오질 않자 태공은 아내를 찾아나섰다. 호수 언덕에 거의 다다랐을 때 태공은 소스라치게 놀랐다. 누워 있는 아내의 몸 위에서 커다란 교룡(蛟龍: 용이 되려다 못 된 이무기)이 꿈틀대고 있는 것이었다. 이 상황을 중국《사기(史記)》에는 다음과 같이 기록하고 있다.

即 蛟龍其上見(즉 교룡기상견)
즉 교룡이 그 위에 있는 것을 보았다

태공은 얼어붙은 듯 꼼짝 못하고 서서 지켜만 볼 뿐이었다. 얼마 후 교룡은 아내의 몸 위에서 떨어지더니 구름 속으로 사라지고 아내는 잠에서 깨어났다. 그 후 열 달이 지나자 유오는 몸을 풀고 유방을 낳았다. 아들을 본 태공은 교룡을 보았던 일에 입이 근질거려 참을 수가 없었다. 그리하여 태공은,
"우리 집 막내 아이는 용의 아들이다"
고 하면서 동네방네 큰 소리로 떠들고 다녔다. 그러면서도 태공이 마음속으로는 그리 편치는 않았던 모양이다. 유방을 대하는 태도가 그의 형들과는 달라서 얼굴 한 구석에는 그늘진 데가 있어 보였다. 마을 사람들은 이 말을 듣고 쑥덕거렸지만 정작 아내인 유오만은 그 일에 대해 함구하고 있었다.

유방은 자라면서 자신의 출생에 대한 괴이한 이야기가 싫지 않았고 오히려 용의 아들이라는 것에 은근히 자부심을 가지고 있었다. 그러면서 자신은 큰 인물이 될 것이기 때문에 보통 사람들과는 행동거지가 달라야 한다고 다짐하였다.

유방은 나이가 들면서 농사에는 관심이 없었다. 부친이나 형들이 농사일에 정신 없이 바빠도 패현으로만 나돌았다. 패현에는 상인들이 북적거렸고 그들을 상대로 하는 도박장과 술집도 많았다. 더욱이 유방이 어울리기를 좋아하는 도적의 패거리들도 있었다. 유방이 나타나기만 하면 패거리들은 쌍수를 들고 환영하였고, 유방은 그들과 어울려 신명나게 놀았으니 건달이나 불량배와 다를 바가 없었다. 사정이 이러니 가족은 물론 유방이 태어난 중양리 마을에서 그의 평판이 좋을 리가 없었다. 하지만 집과 마을을 벗어나면 세상은 온통 유방의 것이었다. 유방은 패거리의 우두머리 행세를 하였고 또한 패거리들은 모두가 그를 우두머리로 여겼다. 유방이 패거리들에게,
"나는 용의 아들이다"
라고 하면서 허풍을 떨면 그들은 그것을 진실로 받아들이고, 만일 누군가가 거짓말이라고 하면 그는 패거리들에 의해 쫓겨나곤 하였다. 그런데 유방의 얼굴을 언뜻 보면 용의 얼굴 같기도 하였다. 그래서 노관을 비롯한 패거리들이,
"유방의 얼굴은 용의 얼굴이다"
라고 외치며 돌아다녔고, 그들은 그것을 진심으로 믿고 따랐다.
사실 유방의 용모는 남다르긴 했다. 눈썹의 뼈가 툭 튀어나와 굵

천자(天子)가 된다는 용의 관상을 타고난 유방

고 길게 곡선을 그렸고, 코를 받치고 있는 주변의 살집이 풍성했으며, 큰 콧날은 한층 높이 솟아 시원스럽게 잘 뻗어 있고, 수염 또한 남달랐다. 용의 수염은 메기 수염을 닮았다고 하는데, 유방의 수염은 메기보다 훨씬 길고 쇠꼬리처럼 억세며 말의 힘줄처럼 탄력이 있어 누가 보더라도 참으로 멋진 수염이었다. 만일 사람들이 용의 얼굴을 보았다면 모두들 이런 얼굴이었을 것이라고 생각했을 것이다.

결론적으로 말하면, 패현에서 도적 패거리의 우두머리 노릇이나

하던 유방의 얼굴이 용안이었다. 유방이 전생에 나라를 몇 번이나 구했는지는 모르겠지만, 뜻하지 않은 행운의 연속으로 끝내는 중국 한(漢)나라의 초대 황제가 되었기에, 이로 인하여 먼 후세에 이르기까지 황제나 왕의 얼굴을 일컬어 '용안'이라고 하였던 것이다.

한편 누군가가 지체가 높고 귀한 사람을 찾아 뵙는 일을 알현(謁見)이라고 한다. 알현은 주로 신하나 왕족들이 황제나 왕을 찾아뵐 때 쓰는 말로, 매우 전통적인 형식과 절차가 있어 사전 신고를 하지 않고는 알현이 이루어지지 않으며, 신고를 했더라도 황제나 왕의 윤허(允許)가 있어야 한다. 혹여 신분이 낮은 인물이 알현을 하게 될 때는 역모의 고변 등 매우 중대한 사안일 경우에 한하여 이루어질 뿐이다.

중국 청(淸)나라 때는 알현 과정에 삼궤구고두례(三跪九叩頭禮: 황제나 대신을 만났을 때 머리를 조아리며 절하는 예법으로, '삼배구고두례'라고도 함)라는 절차가 있어 외국 사신들은 청나라 황제를 알현할 때마다 서로 다른 예법으로 인하여 많은 갈등이 있었다고 한다.

'알현'이란 말의 사용이 언제부터인지는 정확히 헤아리긴 어려우나《후한서(後漢書)》에, '알현 광무[謁見光武: 광무제(光武帝)를 알현하다]'라는 문구가 있는 것으로 보아 중국에서는 광무제 이전부터 쓰이기는 하였으나 광무제 때부터 제대로 사용하게 된 것이 아닌가 하는 추측이 된다. 사실 광무제 유수(劉秀)가 한(漢)나라를 다시 부흥시키기 이전에는 많은 혼란이 있었다. 한나라 신하였던 왕망(王莽)이 제15대 황제인 평제(平帝)를 독살시키고 제위(帝位)를 빼앗아 신(新)나라를 세웠는데, 광무제가 왕망을 제거하고 다시 한

나라를 복원한 것이다.

광무제는 후한(後漢)의 초대 황제이며, 한(漢)나라로 말하면 제 16대 황제가 된다. 또한 전한(前漢)의 초대 황제인 고조(高祖: 유방)의 9세손이다. 광무제는 한(漢) 왕조를 다시 부활시켰을 뿐만 아니라 왕망의 가혹한 정치를 바로 잡고 백성을 구휼하여 민생을 안정시키니, 그의 치세를 일컬어 광무 중흥(光武中興)이라 하였다. 또한 광무제는 너그러움을 바탕으로 '하늘과 땅 사이에 사람이 가장 귀하다'는 신념으로 천하를 다스리니, 그와 같은 성군(聖君)이라면 가히 '알현'이란 말을 쓸 만도 하다.

'삼궤구고두례'의 절차

"궤(跪: 무릎 꿇을 궤)"라고 명령을 하면, 무릎을 꿇는다.

"일고두(一叩頭)", "재고두(再叩頭)", "삼고두(三叩頭)"를 외칠 때마다 각각 양손을 바닥에 대고 이마가 바닥에 닿을 듯 머리를 조아린다.

"기(起: 일어날 기)"라는 명령에 따라 일어서는데, 이와 같은 행동을 세 차례 반복하는 것이다. 결국 아홉 번 절을 하는 절차이다.

5. 화룡점정畵龍點睛과 화사첨족畵蛇添足

화룡점정은 중국의《역대 명화기(歷代名畵記)》[중국 당나라 시대에 장언원(張彦遠)이 편찬한 회화사서(繪畵史書)로, 회화에 관한 자료·지식·논의와 태고 이래의 화가 371명의 전기(傳記)가 수록되어 있음]에 나오는 말이다. 이 밖에도 화룡점정 이야기는《한족 필기소설(漢族筆記小說)》'감주집(紺珠集)'의 '수형기(水衡記)'에도 수록되어 있다.

그 내용은 양(梁)나라 때의 화가 장승요(張僧繇)가 용(龍)을 그린 뒤 마지막으로 눈동자를 그려 넣었더니 그 용이 홀연히 구름을 타고 하늘로 날아 올라갔다는 고사(故事)에서 유래한 말로, 무슨 일을 함에 있어 가장 중요한 핵심 사안 하나를 더 넣어 완성시킴을 뜻하는데, 그 유래를 자세히 이야기하면 다음과 같다.

중국 남북조 시대에 양나라의 화가로, 우군장군과 오흥 지방의 태수까지 지낸 장승요가 있었다. 그는 고개지(顧愷之), 육탐미(陸探微)와 더불어 육조(六朝)의 3대 화가로 불리었으며, 산수화와 불화(佛畵)는 물론 용과 인물을 잘 그리는 것으로 유명했다.

어느 날 장승요는 금릉(金陵: 지금의 남경)에 있는 안락사(安樂寺)라는 절의 주승(主僧)으로부터 법당 벽에 용을 그려 달라는 부탁을 받았다. 주승의 꿈에 부처님이 나타나서는 '바람처럼 날랜 용을 구해 달라'고 했다는 것이다. 장승요는 주승의 간곡한 부탁을 승락하고 오랜 동안 정성을 다하여 용 네 마리를 그렸다. 용이 승천하는 모습으로 머리·몸통·비늘·발톱까지 살아 있는 것처럼 꿈틀거려 보는 이들이 탄복하지 않을 수가 없었다. 그런데 아무리 살펴보아도 완성되었다는 그림에 용의 눈동자가 보이지 않았다. 모인 사람들이 술렁거리기 시작하더니,

"용의 그림에 왜 눈동자를 그리지 않았습니까?"

하고 묻는 것이었다. 장승요는

"눈동자를 그려 넣으면 용이 하늘로 날아갈 것입니다"

고 대답하였다. 그러나 사람들은 장승요의 말을 믿을 수 없다면서

눈동자를 그려 달라고 재촉하였다. 장승요는 그들의 요청을 뿌리치지 못하고 다시 붓을 들어 용 한 마리의 눈에 눈동자를 그려 넣었다. 그러자 하늘에서는 번개가 치고 천둥소리가 울려 퍼지더니 법당 벽이 무너지면서 그림 속에서 용이 튀어나와 바람을 타고 하늘로 올라가 버렸다. 혼비백산하여 물러났던 사람들이 정신을 차리고 다시 와 보니, 눈동자를 그리지 않은 용들만 남아 있었다고 한다.

이로 인하여 사람들은 중요한 일의 마지막을 마무리하는 것을 일컬어 화룡점정이라고 하였다는 것이다.

이번에는 화룡점정과 상대적인 의미의 화사첨족(畫蛇添足)에 대한 이야기이다. 화사첨족은 뱀을 그리는데 실물에 없는 발을 그려 넣어 원래의 모양과 다르게 되었다는 뜻으로, 쓸데없는 짓을 덧붙여 하다가 도리어 낭패를 당함을 비유한 말이다.

이 이야기의 유래는《사기》의 '초세가(楚世家)'와《전국책(戰國策)》그리고《제책(齊策)》에 다음과 같이 전하고 있다.

초(楚)나라 회왕(懷王) 때, 영윤(令尹: 재상)인 소양(昭陽)이 위(魏)나라를 정복하고 다시 제(齊)나라를 침범하려 할 때, 제나라에서는 사신으로 와 있던 진(秦)나라의 진진(陳軫)에게 도움을 청하여 급히 소양에게 보냈고, 진진은 소양을 만나 제나라 침략을 막기 위해 화사첨족을 비유하며 다음과 같이 말했다.

"초나라의 어떤 사람이 제사를 지내고 수고한 하인들에게 술을 내주었습니다. 하인들은 술을 마시기 위해 모여들었는데 모두가 먹기에는 술이 부족했습니다. 그래서 하인들은 내기를 하여 이긴 사람이 혼자 술을 다 마시길 약속하고는 땅바닥에 뱀을 그리기로 하였습니다. 한 사람이 제일 먼저 뱀을 다 그려 놓고 술잔을 들었을 때 다른 사람들은 아직도 뱀을 그리고 있었습니다. 제일 먼저 뱀을 그린 사람은 한 손으로는 술잔을 잡고 다른 한 손으로는 그림을 더해 뱀의 발까지 그려 놓고는, '봐라, 나는 발까지 그렸다'고 뽐내며 술을 마시려 하였습니다. 그러자 다른 사람이 뱀 그림을 끝내고 술잔을 빼앗으며 하는 말이,

'뱀은 원래 발이 없는데 자네는 발까지 그렸으니 그것은 뱀이 아니다'라며 빼앗은 술을 다 마셨습니다"

고 하고는 진진은 다시 소양에게 말하였다.

"영윤께서는 이미 위나라를 정복하여 빛나는 전공을 세우셨습니다. 그런데도 이미 나라의 최고 벼슬에 계시는 영윤께서 제나라를 친들 무엇을 더 얻으시겠습니까? 혹여 그 와중에 실수라도 하게 된다면 뱀에게 발을 더 그려 넣는 것과 마찬가지가 될 것입니다"

고 하였다. 소양은 진진의 말이 옳다고 여기고는 군사를 거두어 돌아갔고, 제나라는 큰 위기를 모면하게 되었다는 고사이다.

그런데 필자는 어린 나이에 화사첨족과 같은 상황을 경험한 적이 있다. 국민학교(현 초등학교) 3학년 때의 일이다. 미술 시간에 있었던 일인데, 그때는 학급 아이들이 그림을 그리거나 만들기를 하면 그 작품 중에 잘된 것을 뽑아 교실 뒷면 게시판에 붙이거나 진

열대에 놓고 여러 아이들이 볼 수 있게 하였다. 내 작품은 그래도 거의 빠지지 않게 게시판에 붙었는데, 그날도 열심히 하였지만 웬일인지 뽑히지 않았다. 그날 미술 시간의 주제는 단풍잎을 모아 도화지 위에 잘 구성하여 붙이는 것이었다. 빨간 단풍나무 잎은 기본이고 노란 은행나무 잎, 붉게 물든 벚나무 잎, 느티나무 잎 등등 곱게 물든 단풍잎으로 아름답게 구성을 끝내 갈 때, 평소 엉뚱한 데가 있는 내 짝꿍이 사철나무 잎을 주면서 자기도 붙였다며 나보고도 붙이라 하였다. 나는 그때만 해도 여러 종류를 많이 붙이면 좋은 줄 알고 신이 나서 초록빛이 유난히 짙은 그 사철나무 잎을 오른쪽 빈 공간에 떨어지지 않도록 잘 붙여 선생님에게 제출하였다. 그리고는 내 작품이 게시판에 붙으리라 기대하며 하루를 길게 보냈다. 다음날 아침 가벼운 발걸음으로 등교하였는데, 게시판에는 내 작품이 붙어 있지 않았다. 나는 눈을 크게 뜨고 게시판에 붙어 있는 다른 아이들의 작품을 하나하나 살펴보며 어제 꾸몄던 내 작품과 비교해 보았다. 게시판에 붙어 있는 다른 아이들의 작품에는 초록 잎이 하나도 없는 것이었다. '아뿔사, 내 짝꿍이 준 초록빛이 유난히 짙은 그 사철나무 잎이 문제였구나!' 당시의 어린 나이에 화사첨족이라는 말은 알지 못했지만, 그 일 이후부터 나는 화사첨족과 같은 실수를 하지 않으려고 마음 먹었던 일이 60여 년이 지난 지금도 잊혀지지 않는다.

사람들이 화룡점정의 고사를 말하면서

장승요가 금릉 안락사 법당 벽에 그린 용을 두 마리라 하기도 하고 네 마리라 하기도 하는데, 네 마리를 그린 것이 맞다. 다음은 그 고사 원문의 일부이다.

張僧繇於金陵安樂寺, 畫四龍於壁, 不點睛.〈후략〉
(장승요어금릉안락사 화사용어벽 부점정)
장승요는 금릉에 있는 안락사의 벽에 네 마리의 용을 그렸는데 눈동자를 그려 넣지 않았다.

6. 함흥차사咸興差使와 평안 감사平安監司

　함흥(咸興)은 함경 남도 중남부에 위치한 조선 왕조의 발상지이며, 태조(太祖) 이성계(李成桂)가 나서 자란 유서 깊은 고도(古都)이다. 또한 차사(差使)는 중요한 업무를 수행하도록 임시로 파견하는 관리로, '함흥차사'의 '차사'는 외형적으로는 문안사(問安使)이나 내적으로는 함흥에 머물러 있는 태조 이성계를 궁궐로 돌아오도록 회유(懷柔)하는 임무를 띤 관리를 뜻한다. 따라서 함흥차사는 태조 이성계가 선위(禪位: 왕위를 다른 임금에게 물려 줌)를 하고 함흥에 있을 때 태종(太宗) 이방원(李芳遠)이 차사를 보내도 전혀 소식이 없었다는 고사에서 만들어진 성어(成語)이며, 심부름을 가서 돌아오지 않거나 아무 소식이 없음을 비유하는 말이다.

　함흥차사의 유래는《연려실기술(燃藜室記述)》[조선 정조 때 이긍익(李肯翊)이 지은 역사책으로, 조선 태조 때부터 숙종 때까지의 중요한 역사적 사건들을 각종 야사(野史: 민간에서 사사로이 기록한 역사)에서 자료를 수집하고 분류하여 사견(私見) 없이 공정하게 엮었다는 것이 그 특징임]과 조선 후기에 만들어졌다는 야담집(野談集)인《축수편(逐

《연려실기술》

睡篇)》(재미가 있어 잠을 쫓는 책이란 뜻임)에 전하고 있다.

또한 함흥차사의 이야기는 야사나 야담으로 전하고 있어 화자(話者)에 따라 이야기하는 내용이 조금씩 다르지만, 태조와 태종을 중심으로 한 줄거리는 그 근본을 벗어나지 않고 있다. 다음은 함흥차사에 관하여 전하는 이야기인데, 《한국사대사전(韓國史大事典)》의 내용에 따라 박순(朴淳)보다 성석린(成石璘)의 이야기를 먼저 기술하고자 한다.

1398년 태조 이성계가 병석에 눕게 되자, 이방원은 제1차 왕자의 난을 일으켜 태조가 가장 총애하는 세자 방석(芳碩)과 왕자 방번(芳蕃)의 목숨을 거두었고, 둘째 형인 방과(芳果)를 세자가 되게 하였다. 이에 상심한 태조는 정치를 멀리하여 방과[정종(定宗)]에게 왕위를 물려 주고 상왕(上王)이 되어 고향인 함흥으로 떠났다. 정종이 왕위에 오르매 정종의 아우인 이방원은 세제(世弟)가 되었고, 다시 1400년(정종2) 제2차 왕자의 난[방간(芳幹)의 난]을 수습한 이방원은 왕위에 올라 조선의 제3대 임금인 태종(太宗)이 되었다. 태종은 즉위하자 성석린을 태조에게 차사로 보내어 잠시 궁궐로 돌아왔으나, 태상왕이 된 이성계는 형제 간에 있었던 골육상쟁(骨肉相爭: 가까운 혈족끼리의 싸움)의 번민과 태종 이방원에 대한 증오를 이기지 못하고 1402년(태종 2) 다시 함흥으로 떠났다. 이때부터 태종이 태조에게 문안사를 보내면 그때마다 차사의 목숨을 거두었으므로, 한번 떠난 차사는 다시 돌아오지 못했다고 하는데, 이로 인하여 '함흥차사'라는 성어가 생겨난 것이다.

차사의 한 사람이었던 성석린은 1389년 이성계와 모의하여 고려의 우왕과 창왕을 몰아내고 공양왕(恭讓王)을 옹립하였으며, 조선 초기에는 영의정까지 지냈던 인물이다. 태조의 옛 친구였던 성석린은 태종에게 스스로 청하여 함흥에 머무르고 있는 태조를 궁궐로 돌아오게 할 것을 다짐하고 떠났다. 그는 과객 차림으로 말을 타고 떠난 뒤 여러 날이 지난 후에 함흥에 다다랐다. 그는 태조가 머무는 행재소(行在所) 근처에서 불을 피우고 하루를 묵을 것처럼 밥 짓는 시늉까지 했다. 병사로부터 이 소식을 접한 태조는 환관을 시켜 연유를 알아보라 했다. 성석린은 환관에게,

"나는 성석린이다. 업무 수행차 지나가다가 날이 저물어 이곳에서 유숙하려 한다"

고 하였다. 이 소식을 전해 들은 태조는 매우 기뻐하며 성석린을 맞이하였다. 성석린은 태조를 알현하고 지나간 이야기를 나누다가 조심스럽게 인륜의 도리에 대하여 말씀을 드리니 태조는 안색을 바꾸며,

조선 태조 이성계

　"그대도 왕명을 받고 나를 회유하러 온 것이오?"
하였다. 성석린은 얼른 무릎을 꿇고 머리를 조아리며,
　"신이 만약 그런 연유로 태상왕을 알현하였다면, 신의 자손이
　분명코 눈이 멀어 소경이 될 것이옵니다"
고 하니, 태조는 성석린의 말을 믿어 의심치 않고 마음을 바꾸어
궁궐로 돌아오게 된 것이다. 그러나 '말이 씨가 된다'고 성석린에
게는 두 아들이 있었는데 훗날 두 아들은 모두 장님이 되었다고
한다.

　박순도 차사 중 한 사람이며 판중추부사(判中樞府事)까지 지낸
명신(名臣)이다. 태종은 태조에게 보냈던 문안사들이 돌아오는 이
가 없게 되자 고민에 빠졌고 신하들은 서로 눈치만 보고 있었다.

이때 태조의 옛 친구였던 판중추부사 박순이 나서며 차사로 떠날 것을 자청하였다. 그는 하인도 거느리지 않고 다만 새끼가 딸린 어미 말을 타고 함흥 땅을 밟았다. 그는 태조가 머무르고 있는 근처에 이르러서는 새끼 말을 나무에 매어 놓고 어미 말만 타고 가려 하니 어미 말은 뒤를 돌아보며 울고 새끼 말은 어미에게 오려고 우는 것이었다. 이 애절한 울음소리를 들은 태조는 환관을 시켜 그 사정을 알아보게 하였는데 바로 판중추부사를 지낸 박순이 타고 온 말의 울음소리였다. 태조는 박순을 반갑게 맞이하며 말이 애절하게 우는 연유를 물었다. 박순은 태조에게,

"새끼 말이 길 가는 데 걸리적거려 매어 났더니 새끼 말과 어미 말이 서로 떨어지지 않으려고 울었사옵니다. 비록 짐승이라도 지친(至親: 부모 자식 사이 또는 형제 사이)의 정(情)은 있나 보옵니다"

고 하였다. 이 말을 들은 태조는 마음 한 구석이 저려 왔다.

옛정이 그립던 태조는 오랜만에 만난 박순을 그냥 돌려 보내기가 아쉬워 함흥에 머물러 있게 하였다. 하루는 태조가 박순과 더불어 장기를 두고 있을 때였다. 처마 끝에서 어미 쥐가 새끼 쥐와 함께 떨어져 죽을 지경인데도 어미 쥐는 새끼 쥐를 끌어안고 도망치려 하였다. 이 모습을 태조와 함께 보게 된 박순은 바로 이때다 싶어 태조 앞에 엎드려 울면서 아뢰었다.

"태상왕 전하! 말 같은 짐승도 어미와 새끼가 떨어지면 서로 그리워하며 울고, 미물인 쥐도 상처를 입었음에도 새끼를 버리지 않고 끌어안았나이다. 태상왕 전하! 날이면 날마다 이곳 함흥 땅을 우러르며 애통해 하시는 금상을 왜 염두에 두지 않으시나

이까. 태상왕 전하께서 언제까지나 이러실 수 없음을 죽음을 무
릅쓰고 아뢰오니 헤아려 주시옵소서"
하였다.

태조는 박순의 간청과 의형제였던 이지란 장군의 비보(悲報)를
접하고는 박순에게 돌아갈 것을 약속하였다. 박순은 감동을 이기
지 못하여 수없이 절을 하고 함흥을 떠났다. 그러나 태조는 태종에
게 반기를 든 안변 부사 조사의(趙思義)가 이끄는 반란군의 주청을
거절하지 못하고 박순의 목숨을 거두라면서,

"박순이 용흥강(龍興江)을 이미 건넜으면 그대로 가게 두고, 아
직 강을 건너지 못하였으면 그의 목을 가져오라"
고 하였다. 태조는 박순이 충분히 용흥강을 건넜으리라 믿고 그렇
게 명하였던 것이다. 그러나 박순은 돌아오던 길에 병을 얻어 지체
하다가 미처 용흥강을 건너지 못하고 반란군에 목숨을 잃었다.

그 후 태조는 여러 차례의 간청에도 돌아오지 않다가 무학대사
(無學大師)의 청(請)을 받아들여 궁궐로 돌아왔다고 전한다.

한편 우리 속담에, '평안 감사도 저 싫으면 그만이다'라는 말이
있다. 아무리 좋은 일이라도 제 마음에 들지 않으면 강제로 시킬
수 없다는 말이다. 감사(監司)는 조선 시대 종2품 벼슬에 해당하며
관찰사(觀察使)라고도 하는데 지금의 도지사(道知事)에 해당한다.
그런데 많은 사람들이 '평안 감사'가 옳은 데도 '평양 감사'라고들
한다. 하기야 필자가 가지고 있는 '속담집' 세 권 중 두 권에 '평양
감사'로 잘못되어 있고, 심지어 근래에 출간된 국어사전에도 그 예
문에 '평양 감사'로 표기가 잘못되어 있으니 그러할 만도 하다.

옛날 우리나라는 '조선 8도'라 하여 전국을 경기도(京畿道)·충청도(忠淸道)·경상도(慶尙道)·전라도(全羅道)·강원도(江原道)·황해도(黃海道)·평안도(平安道)·함경도(咸鏡道)의 8개 행정구역으로 나누었다. 이 중에 평안도가 위정자(爲政者)들이 가장 선호하는 지역이었기 때문에 그와 같은 속담이 생겨났다는 것이다. 다음은 평안도가 당시의 정치인들에게 가장 인기가 있었던 이유 몇 가지를 나열해 본다.

첫째는 임금이 있는 도성에서 적당히 떨어져 있어 중앙의 간섭을 많이 받지 않아 마음이 편하며, 도성에 있는 가족과의 연락에도 큰 어려움이 없다.

둘째는 조세를 중앙 정부에 보내지 않아 감사의 권한으로 경제적 자치권을 행사할 수 있다.(평안도는 조세를 중앙에 보내지 않는 대신에 중국에서 오는 사신을 접대하는 비용과 특히 국경을 경비하는 군사비로 지출하게 하였음)

셋째는 중국과의 교역으로 부(富)를 축적할 수 있고 진귀한 물건을 도성보다 먼저 접할 수 있다.

넷째는 미모가 남다른 평양 기생을 부릴 수 있는 권한이 있다는 점이다.

그러나 위정자들이 그렇게 선호한다는 평안 감사도 싫다는 사람들이 있다. 우리나라에서는 조선 태조의 맏아들인 이방우(李芳雨: 진안대군)가 그런 인물인데, 그는 아버지의 역성혁명(易姓革命)을 따랐으면 조선 제2대 임금이 될 수 있었으나 고려에 충성하기로 다짐하고 해주에서 은거하던 중 세상을 떠났다. 또한 조선 태종의 맏아들인 이제(李禔: 양녕대군) 역시 세자에 책봉되어 조선 제4대 임금이 될 수 있었음에도 엄격한 궁중의 법도에 싫증을 느끼고 유랑과 풍류를 좋아하여 왕위를 아우인 세종에게 물려주는 처지가 되었다.

외국의 경우로는 1936년 영국의 국왕 에드워드 8세가 왕위에 올랐지만, 심프슨(SimPson)이라는 미국 출신의 이혼 여성과 사랑에 빠져 '이혼 경력이 있는 사람과는 결혼을 할 수 없다'는 왕실의 법도를 어기고 결혼을 하였다. 이로 인하여 왕위에 오른 지 11개월 만에 남동생인 조지 6세에게 왕위를 물려주고 윈저 공으로 프랑스에서 생애를 보냈다 한다.

이처럼 아무리 좋은 일이라도 자기가 하기 싫으면 어쩔 수 없는 것이 사람의 일인가 보다.

'함흥차사'에서

차사로 떠난 '박순(朴淳)'이 새끼 딸린 짐승을 데리고 간 사건에 대하여, 드라마 '龍(용)의 눈물'에서는 송아지 딸린 암소를 끌고 간 것으로 되어 있으나, 본고에서는 《이야기 한국사》의 내용에 따라 망아지 딸린 어미 말을 타고 간 것으로 기술하였음을 밝힌다.

7. 잉어와 등용문^{登龍門}

잉어[鯉魚(리어)]는 잉엇과의 물고기로, 몸길이는 일정하지 않으나 1m 내외에 이르는 것도 있으며, 몸에는 비늘이 있고 입가 양옆에는 짧은 수염이 달려 있다. 잉어의 어원은 한자 '鯉魚(리어)'에서 찾을 수 있는데, '리어'가 '리어〉링어〉닝어〉잉어'의 변화 과정을 거쳐 지금의 '잉어'가 된 것으로 보고 있다. 이러한 잉어는 다른 물고기에 비해 전해 오는 이야기가 참으로 많은 편이다. 잉어는 인간과 매우 친화적(親和的)인 물고기로, '꿈과 희망을 안겨 준다'고 하여 많은 사람들의 입에 회자(膾炙)되고 있다.

먼저 잉어의 꿈 이야기를 몇 개 간추려 보면 다음과 같다.

잉어를 잡아 연못에 넣는 꿈은 사업이 성공하거나 다니는 직장에서 승진을 하게 되는 꿈이고, 잉어가 하늘을 나는 꿈은 승진 또는 영전을 하여 명예를 널리 떨칠 꿈이며, 잉어가 품에 안기는 꿈은 훌륭한 자녀를 잉태하게 될 태몽을 의미한다. 또한 집 안 연못에서 잉어가 노니는 꿈은 가정이 평안하며 남편은 출세를 하고 아내는 귀한 자녀를 얻게 될 꿈이며, 잉어를 방생(放生)하는 꿈은 가족들의 근심 걱정이 사라지고 많은 사람들로부터 존경을 받게 될 꿈이라고 한다. 많은 이들이 황금 돼지만큼이나 꾸어 보고 싶은 것이 잉어 꿈이다.

한편 중국에서는 옛날부터 잉어를 귀한 생선으로 여겨 왔다. 우리나라에서도 그러하지만 특히 산모의 몸보신에는 더할 나위 없이 좋은 먹거리로 잉어를 큰 것 두어 마리 가져다 큰 솥에 넣고 푹고아 산모에게 먹이는 것이 예나 지금이나 산모를 사랑하고 아끼는 관습으로 전해 오고 있다.

옛날 중국의 《사기(史記)》 중 '공자세가(孔子世家)'에 의하면, 공자가 득남(得男)을 하였을 때 이 소식을 접한 노(魯)나라 임금이 축하의 선물로 공자에게 잉어를 보냈다고 한다. 공자는 그 고마움을 잊지 않으려고 아들의 이름에 '鯉(잉어 리)' 자를 넣어 '공리(孔鯉)'라고 하였다 한다.

또한 중국에서 최고의 잉어는 황하(黃河)에서 자라는 잉어라고 한다. 중국 최고의 시집(詩集)이며 오경(五經) 중에 하나인 《시경(詩經)》에도 잉어가 등장하는데, 《시경》 중 '제1편 국풍(國風)'의 '12 진풍(陳風)'에는 다음과 같은 문구가 있다.

豈其食魚 必河之鯉 豈其取妻 必宋之子
(기기식어 필하지리 기기취처 필송지자)
어찌 고기를 먹는 데에 반드시 황하의 잉어이어야 하고
어찌 아내를 맞이하는 데에 반드시 송나라의 처자이어야 하는가.

위의 글은 황하의 잉어가 매우 유명했다는 이야기를 시로 표현한 것이며, 아마도 당시 송나라 여인들의 자태가 매우 아름다웠던 모양이다.

잉어는 문자도(文字圖)로도 많이 그려지고 있는데, 유유자적(悠悠自適)하고 한가로운 분위기의 잉어 그림은 길상적(吉祥的)인 의미를 담고 있어 다복(多福)과 다산(多産)의 복된 삶을 의미하기도 하지만, 잉어가 효(孝)의 근본을 의미하는 문자도로 그려지는 경우가 더 많은 편이다.

공자가 제자인 증자(曾子)에게 효도에 대하여 한 말을 기록한 《효경(孝經)》에는 다음과 같이 '효(孝)'에 대해 요약한 부분이 있어 소개한다.

夫孝, 始於事親, 中於事君, 終於立身.
(부효 시어사친 중어사군 종어입신)
무릇 효라는 것은, 어버이를 섬김이 시작이고, 군왕을 섬김이 그 중간이며, 제 몸을 세우는 것이 마침이니라.

이 문장은 곧 입신양명(立身揚名: 출세하여 세상에 이름을 드날리며 이로써 어버이를 드러내어 드리는 효도)이 효도의 마지막임을 말하고 있다.

이러한 '효'와 '잉어'의 관계는 입신출세(立身出世)를 뜻하는 '등용문(登龍門)'으로 귀결된다. 옛날 사람들은 학문을 닦는 선비들이 과거에 급제하여 높은 벼슬에 오르는 것을 잉어가 용문(龍門)에 오르는 것에 비유하였는데, 잉어는 학문을 닦는 선비이고 용문에 오르는 것은 과거 시험에 합격하는 것이라 하였다.

용문은 중국 황하(黃河) 중류의 섬서성(陝西省)과 산서성(山西省)의 사이에 있는 협곡의 이름이다. 이곳에 흐르는 물은 몹시 세차고 빠른 여울이므로 아무리 황하의 잉어라도 이곳을 거슬러 오를 수는 없다는데, 일단 이곳을 오르기만 하면 그 잉어는 용(龍)이 된다고 하였다.

이와 관련하여 황하의 치수(治水) 사업을 성공했다는 고대 중국 하(夏)나라 우(禹) 임금의 전설이 있어 소개해 본다.

황하를 힘겹게 거슬러 올라 용문 앞에 다다른 잉어들이 서로 다투어 용문에 오르려 하였지만 높고 높은 용문을 오를 수가 없었다. 이때 크고 수려(秀麗)하게 생긴 잉어 한 마리가 자신의 등을 내주며 이를 발판으로 하여 용문에 오르라 하였다. 한 잉어가 용기를 내어 그 잉어의 등을 밟고 뛰어올라 용문에 다다르자 나머지 잉어들도 그렇게 하여 용문에 오

잉어가 그려져 있는 효(孝) 문자도(文字圖)

르게 되었다. 등을 내주었던 크고 수려한 잉어는 마지막으로 소용돌이치는 물결을 타고 날아올라 용문에 이르게 되었다. 이를 본 우(禹) 임금은 다른 잉어들에게 등을 내준 잉어를 불러 머리 위에 붉은색을 칠하니 이 잉어는 금새 황금 잉어로 변하였고, 우 임금에게 발탁된 황금 잉어는 이때부터 용문을 지키는 수문장(守門將)이 되었다고 전한다.

이 이야기를 하다 보니, 우리나라 조선 시대에 낙점(落點: 관리를 임명할 때 이조나 병조에서 후보자 셋을 임금에게 올리면 임금은 그 중에 마땅한 사람을 정하여 그 사람의 이름 위에 붉은색으로 점을 찍어 관리를 임명하던 일) 제도가 있었는데, 이 제도가 우왕의 잉어 낙점에서 유래한 것이 아닌가 하는 생각을 혹시나 하여 한번 해 보았다.

그러나 '등용문'의 이야기는 중국《후한서(後漢書)》의 '이응전(李膺傳)'을 빼놓을 수가 없다.

이응(李膺)은 후한(後漢)의 제11대 황제인 환제(桓帝) 때의 청백리(淸白吏)였다. 이응이 하남윤(河南尹: 하남 지방의 책임 관리)에 있을 때 환관(宦官: 내시)들의 미움을 받아 투옥되었다. 그러나 그 후에 사면을 받고 다시 사예교위(司隸校尉: 황제의 친족을 포함한 조정 대신들을 감찰하는 관리)가 된 이응은 권력에 아첨하지 않고 엄정하게 법을 집행하여 간악한 환관 세력에 맞서게 되었고 그의 명성은 나날이 높아 갔다. 관직에 뜻은 둔 선비들은 그를 존경하고 흠모하여 '관리의 본보기는 이응이다'라고 입을 모으며, 그와 대면하는 것을 선비로서 일생일대의 영광으로 여겼다. 이로 인하여 당시의 선비들은 그와의 인연을 매우 자랑스럽게 여겼고 그와 인연을 맺는 것을 일러 등용문이라 하였다.

이와 같은 내용의 글귀가 '이응전'에 다음과 같이 전하고 있다.

士有被其容接者 名爲登龍門

(사유피기용접자 명위등용문)

선비 중에 그(이응)의 용접(가까이 사귐)을 받은 사람

그것(사람)을 일컬어 등용문이라 한다.

그리고 등용문에 올라 승천하는 잉어의 모습이 궁금하면, 우리 주변의 사찰(寺刹)에 가서 목어(木魚)를 찾아보면 된다. 사찰의 목어 형상이 바로 잉어가 용이 되어 승천하는 모습으로, 머리는 용이고 몸은 잉어이다.

포항 오어사 목어(吾魚寺 木魚)

8. 동곳에 얽힌 일화^{逸話}

옛날에는 남자가 성년에 이르면 관례(冠禮)라 하여 상투를 틀고 갓을 쓰게 하였는데 이때 상투를 튼 머리카락이 풀어지지 않게 하기 위해 동곳을 꽂았고, 여자가 약혼을 하면 계례(笄禮)라 하여 처녀 시절에 길게 땋아 늘어뜨렸던 머리를 올려 쪽을 찌면서 비녀를 꽂았다.

비녀는 쪽 찐 머리가 풀어지지 않게 하는 기능이 있으면서도 여인들의 치장을 위한 장신구(裝身具)로 발전하여 재료나 종류가 다양한 반면에, 동곳은 갓 속에 감추어져 있고 실용성에 머물러 있어 임금과 세자가 꽂는 동곳을 제외하면 그 재료나 모양새가 대동소이(大同小異)했다. 비녀는 장신구의 역할이 커 그 형상이 매우 화려하며 재료도 금·은·동·옥 등 다양했다. 비녀는 신분에 따라 달랐는데 왕비의 경우에는 용이나 봉황의 형상으로 만든 용잠(龍簪)과 봉잠(鳳簪)에 떨잠까지 쓰였고, 신분이 높은 왕족과 양반가에서는 금잠·은잠·옥잠·진주잠·비취잠 등을 사용한 반면, 서민들은 주로 나무를 깎아 만든 비녀를 사용하였다.

동곳 또한 비녀의 기능처럼 상투를 튼 후에 머리가 풀어지지 않도록 하는 물건으로 재료는 신분에 따라 다르기는 하였지만, 그 모양새는 비녀처럼 다양하지 않고 대개는 대가리 모양이 반구형이고 끝은 뾰족하며 굽은 것과 굽지 않은 것, 그리고 말뚝 모양으로 만든 것도 있었다. 그러나 임금과 세자는 익선관(翼善冠: 왕이나 세자가 집무를 볼 때 쓰던 관)을 쓰지 않을 때는 쇠붙이로 20cm 이상 되도록 만들어진 긴 동곳을 꽂았는데, 신하나 일반인은 감히 이렇게 긴 동곳을 꽂지 못하였다.

비녀

'동곳'이란 말이 사전에는 한자 표기가 없어 우리말 같지만, '동곳'의 '동'은 한자로 '銅(구리 동)' 자이고 '곳'은 '串(곶 곶: 바다로 좁고 길게 뻗어 있는 육지. 예를 들면 호미곶,

동곳

장산곶의 곶이다)' 자가 변한 것으로 한자에서 온 말이다. 우리가 맛있게 먹는 '꽃게'도 원래는 등딱지 모양이 마름모꼴에 양쪽이 뾰족하고 길게 뻗었다 하여 '곶게[串蟹(곶해)]'였는데, 훈민정음 창제 때의 '곳' 자는 '뾰족한 물건'을 뜻하기도 하였지만 '꽃'의 뜻도 가지고 있어 '곳'이 '꽃'으로 변한 것처럼 자연스럽게 '곶게'도 '꽃게'로 변한 것이다. 아마도 꽃게를 삶아 익히면 황갈색이었던 등딱지가 빨갛게 꽃 빛으로 변하는 것 또한 '곶게'가 '꽃게'로 바뀌는 데 일조를 했을 것이다.

이처럼 동곳에 관련된 이야기가 많지만 그 중 두 가지를 선별하여 전하고자 한다.

　첫째는 정조가 목숨을 잃을 뻔한 상황에서 동곳으로 목숨을 구한 이야기이다. 때는 1762년(영조 38), 사도세자(思悼世子)가 정순왕후(貞純王后: 영조의 계비)와 화완옹주(和緩翁主)를 중심으로 뭉친 노론(老論) 세력으로부터 억울한 무고(誣告: 없는 일을 거짓으로 꾸며 고발함)를 받아 세자에서 폐위를 당하고 서인(庶人)으로 뒤주 속에 갇혀 굶어 죽는 일이 발생하였다. 이 일로 인하여 조정은 두 파로 나뉘어졌는데, 세자를 동정하는 남인(南人) 계통의 시파(時派)와 세자를 더욱 공격하여 자신들이 꾸민 허위 상소를 합리화시키려는 노론 계통의 벽파(僻派)가 생겨나게 되었다. 사도세자가 죽고 정조가 세손이 되면서 노론의 벽파 세력은 세손인 정조가 왕위에 오르면 세자에 대한 무고가 들통나고 그 죄로 자신들의 목숨이 위태롭게 될 것을 염려하여 정조의 목숨을 거두려고 기회만 있으면 그를 시해하려 하였다.

　정조의 목숨을 거두려는 일에는 화완옹주의 양자(養子)인 정후겸(鄭厚謙)이 앞장을 섰다. 한번은 정조가 동궁(東宮)에서 잠을 자고 있을 때 자객을 동원하여 정조의 목숨을 빼앗으려 하였지만, 정조는 미리 눈치를 채고 베개를 이불 속에 넣고 사람이 자는 것처럼 위장을 하여 자객을 속인 후, 휘장 뒤에서 나타나 자객을 물리쳤다. 참으로 다행인 것은 정조는 활 솜씨도 백발백중이지만 무술 또한 그 누구에게도 뒤지지 않았다.

　또 한번은 정순왕후의 오라버니인 김귀주(金龜柱)가 직접 나섰다. 연중 행사로 궁궐에서는 임금을 비롯한 왕실(王室)과 신하들이 모여 연회를 베풀면서 나라의 무사 안녕(無事安寧)과 태평성대

(太平聖代)를 기원하는 의미로 연회석 앞에서 폭죽을 터뜨리는데, 김귀주는 정조 앞에 놓인 폭죽 함에 폭약을 넣어 정조를 살해하려 하였다. 그러나 이 또한 정조를 호위하던 익위사(翊衛司: 왕세자를 곁에서 모시고 호위하는 임무를 맡아보던 관아) 관원의 기지로 정조의 살해 음모는 수포로 돌아갔다.

이제는 마지막이라는 심정으로 정후겸이 다시 나섰다. 권세가나 거상(巨商)이 아니면 만져 볼 수 없는 거금(巨金)을 주기로 하고 그동안 한 번도 져 본 적이 없다는 살수(殺手: 자객)를 고용하였다. 살수는 궁궐 단청 작업을 하는 일꾼으로 위장하여 궁궐 안으로 잠입하였고, 왕위에 오른 정조가 머물고 있는 대전까지 무난하게 침입하여 정조와 맞서게 되었다. 칼로 겨루기를 몇 차례 하던 중 정조가 칼을 놓치고 넘어졌다. 살수는 칼을 곧추세우고 정조를 향하여 서서히 다가오는 찰라에 정조는 재빠르게 머리에 꽂았던 동곳을 빼어 살수의 심장을 향해 던졌다. 살수는 가슴을 쥐면서 그 자리에 쓰러졌고 단 한 번도 진 적이 없다던 살수는 끝내 숨을 거두고 말았다. 무기도 아니고 익위사 관원도 아닌 동곳이 정조를 살렸다. 동곳이 아니었더라면 우리는 역사상 정조의 성군(聖君) 정치를 못 볼 뻔 했을 것이다.

다음은 중국 전국 시대의 일이라고 한다. 이 내용은 전하는 이들의 의도에 따라 그 내용이 조금씩 다르기도 하지만, 필자는 전쟁과 관련하여 이 이야기를 전개하고자 한다.

전쟁터에 나온 병사들의 막사에서 언제부터인지는 알 수 없지만 병사들의 물품이 수시로 없어지는 일이 일어났다. 병사들은 서로를 의심하며 은근히 눈치를 살폈으나 그래도 물건은 매일같이 없어졌다. 그러나 '꼬리가 길면 밟힌다'고 막사 내에서 함께 생활하는 한 병사가 다른 병사의 물건을 훔쳤던 것이다. 막사 내 병사들은 그 병사를 몰아세우며 마침내는 장군에게 끌고가 자초지종을 고하였다. 이 말을 들은 장군은 다시는 그런 일이 없도록 그 병사를 크게 꾸짖고는 다른 병사들에게,

"적과의 싸움에서는 한 명의 아군 병사도 매우 소중하다. 서로 이해하고 적과의 싸움에 한마음으로 대비하라"

고 하였다. 막사의 병사들은 그 병사와 함께 막사로 돌아오며 장군의 말에 따르기로 하였다.

며칠이 지나자 적군이 대군을 이끌고 와 30리 밖에 진을 쳤다. 아군과 적군은 대치 상태에서 서로의 적을 물리치기 위한 작전 계획에 몰두하고 있었다. 그러던 중 막사 안에서 물건을 훔쳤던 그 병사가 어둠을 틈타 적장의 막사에 잠입하여 적장의 동곳을 훔쳐 가지고 돌아와 장군에게 바쳤다. 장군은 미소를 지으며 그 병사의 등을 가볍게 두드리고는 적장에게, '우리 병사 중에 손버릇이 좋지 않은 병사가 그대의 동곳을 훔쳐와 정중히 돌려 드립니다'라는 내용의 서신과 함께 동곳을 돌려 보냈다. 다음날 밤에 그 병사는 또 적장의 동곳을 훔쳐와 장군에게 바쳤다. 장군은 적장에게 처음에 써 보냈던 내용의 서신과 함께 적장의 동곳을 다시 돌려 주었다. 며칠이 지나자 그 병사는 또 적장의 동곳을 훔쳐와 장군에게 바쳤다. 장군은 지난 번에 썼던 글에 '앞으로는 동곳을 더욱 잘 보관 하시기 바랍니다'라는 내용의 글을 더하여 동곳과 함께 적장에게 보냈다.

다음날 일어나 적의 동태를 살펴보니 적의 진지가 텅 비어 있었다. 밤사이 목이 달아날까 위협을 느낀 적장이 자신의 병사들을 이끌고 줄행랑을 쳤던 것이다. 손자병법(孫子兵法)에, '싸우지 않고 적을 물리치는 것이 최고의 병법'이라 하였던 것처럼 손버릇이 좋지 않았던 병사가 적장의 동곳을 세 번 훔쳐 옴으로써 적군으로 하여금 스스로 물러나게 하였던 것이다.

하여튼 도벽의 재주를 칭찬할 일은 아니지만, 때에 따라서는 이처럼 큰 일에 기여하는 경우도 있는가 보다. 세상의 모든 일에는 양면성(兩面性)이 있다. 매사에 옳고 그름을 가려 바른 길로 행함이 인간의 도리가 아닐까.

동곳은 남자의 자존심

'동곳을 빼다'라는 말이 있다.

'동곳'은 남자의 신체 중 가장 꼭대기에 위치하는데, 이 동곳을 빼면 상투가 풀어지고 머리가 흘러내려 몰골이 영락없는 죄인이다.

따라서 '동곳을 빼다'라는 말은 비유적으로 '잘못을 인정하고 상대방에게 굴복하다'라는 의미를 지닌 말이다.

9. 읍참마속泣斬馬謖과 제갈공명諸葛孔明의 눈물

  '읍참마속'은 《삼국지(三國志)》에 나오는 말로, 중국 촉(蜀)나라 제갈공명이 군령(軍令)을 어기고 가정(街亭) 전투에서 참패한 마속을 참형에 처하고 울었다는 고사(故事)에서 유래한 것인데, 큰 목적을 위해 자기가 아끼는 사람을 버리는 것을 비유하는 말이다. 그러나 제갈공명의 눈물에는 마속의 참형보다 더 큰 의미가 담겨 있다. 그 의미를 알아보기 위해 관련된 《삼국지》의 내용을 전개해 본다.

  때는 장무(章武: 한중왕에 오른 유비의 연호) 2년 여름, 촉의 황제 유비(劉備)가 공명의 전략을 따르지 않았다가 오(吳)나라 육손(陸遜)에게 크게 패하고 백제성으로 돌아왔다. 백제성의 영안궁에 머물던 황제는 의형제였던 관우(關羽), 장비(張飛) 두 아우를 잃은 것과 육손과의 전쟁에서 크게 패한 것에 상심한 나머지 병을 얻어 자리에 눕게 되었다. 그러던 어느 날 꿈에 두 아우인 관우와 장비가 나타나기에 부둥켜 안고 통곡하다가 잠에서 깨었다. 황제는 이제 살 날이 얼마 남지 않았음을 알고 신하를 시켜 공명에게 유명(遺命: 임금이나 부모가 죽을 때에 남긴 명령이나 당부)을 받으라 했다. 공명은 태자 유선(劉禪)에게 성도(省都)를 지키게 하고 두 왕자와 함께 급히 달려와 황제를 알현하였다.

황제는 공명을 가까이 불러 승상의 도움으로 나라를 일으키게 되었음을 시작으로 육손에 패한 것은 승상의 말을 따르지 않아 그리된 것이며, 어리고 나약한 태자와 왕자들을 잘 부탁한다는 말을 하면서 좌우를 살피더니, 마량의 아우 마속이 공명 옆에 있음을 발견하고는 그에게 물러가 있으라고 명을 내렸다. 마속이 물러나자 황제는 공명을 가까이 불렀다.

"승상께서는 마속의 재질을 어떻게 보고 있소?"

"마속은 당대의 뛰어난 영재라 생각하옵니다."

"그렇지 않소. 짐이 보기에는 말과 행동이 다른 인물이니 크게 쓸 만한 인물이 못 되오. 승상께서는 깊이 살펴 보시오"

하였다.

공명에게 분부를 내린 황제는 여러 신하들을 불러들인 후, 유조(遺詔: 임금의 유언)를 써서 공명에게 전하고는 다음과 같이 말하였다.

"짐이 알기로는 '사람이 죽음에 임하면 그 말이 선하다'고 하였소. 짐은 경들과 함께 역적 조조(曹操)를 멸하고 한황실을 일으키려 했소. 그러나 불행하게도 이제 경들의 곁을 떠나게 되었소. 그리고 승상께는 짐이 되는 줄 알면서도 태자 선(禪)을 부탁하니, 모든 일에 가르침을 주기 바라오"

하였다. 그리고 다시 두 왕자에게 승상을 부친처럼 모시라는 말과 문무백관에게는 촉의 앞날을 부탁한다며 마침내 숨을 거두었다. 그때 황제의 나이 63세, 장무 3년 4월이었다. 공명은 모든 문무백관을 거느리고 성도로 돌아와 태자 유선을 제2대 황제로 모시고 연호를 건흥(建興)으로 고친 다음, 선제(先帝)의 유지(遺志)를 받들어 천하통일의 업(業)을 추진하기 시작했다. 〈중략〉

건흥 3년, 남만(南蠻)의 맹획(孟獲)이 10만 병사를 거느리고 촉의 경계를 침범하니, 공명은 친히 남만 정벌에 나섰다. 먼저 맹획과 결탁한 지방 태수 옹개·주포·고정의 3군을 이간책을 써서 평정하였다. 이 소식을 접한 황제 유선이 마속을 시켜 승전을 축하하며 술과 비단을 하사품으로 보내왔다. 공명은 마속이 남만족에 대해 잘 알고 있다는 소문을 듣고 마속에게 남만 정벌의 묘안을 물었다. 마속이 대답했다.

"남만은 미개하여 힘으로 이기면 다음날 반기를 듭니다. 따라서 적의 마음을 움직여 스스로 복종하게 해야 합니다. 승상께서는 그들의 마음만 얻으시면 될 것입니다"

라고 하였다. 공명은 마속의 말에 공감을 하고 즉시 마속을 참군에 임명하여 대군을 이끌게 했다.

한편 맹획은 이번에는 금환삼결·동도나·아쾌남의 세 장수로 하여금 먼저 나가 촉군을 무찌르라 했다. 이에 촉에서는 왕평·마충·장의·장익 등 네 장군이 군사를 이끌고 나가 그들과 맞섰고, 조자룡과 위연 장군은 적진 깊숙이 들어가 남만병들의 진지를 크게 어지럽혔다. 싸움은 촉군의 승리로 끝났다. 패전 소식을 들은 맹획은 직접 남만병을 이끌고 나섰으나, 공명의 계책에 말려 사로

잡히는 꼴이 되었다. 공명은 마속이 말한 것처럼 맹획의 마음을 복종시킬 전법으로 음식을 대접하고 맹획을 풀어 주었다. 두 번째는 맹획이 그의 부하들에 의해 사로잡혀 왔다. 공명은 촉군의 병기와 군량미를 보여 주면서 투항할 것을 권고하고 살려 보냈다. 세 번째는 맹획이 동생 맹우(孟優)로 하여금 예물을 바치게 하는 위장법을 썼다가 사로잡혔고, 네 번째는 촉군이 파놓은 함정에 빠져 잡혔으며, 다섯 번째는 독천(毒泉)이 있는 곳으로 촉군을 유인하다가 동족인 양봉에게 잡혀 공명에게 끌려 갔고, 여섯 번째는 투항을 위장하여 공명을 해치려다가 또 사로잡혔다. 일곱 번째는 공명의 화공(火攻)에 많은 남만병을 잃고 사로잡힌 후, 끝내 눈물을 흘리며 다시는 반기를 들지 않겠다고 맹세하였다. 이로써 공명은 남만을 평정시키고 성도로 돌아왔다.

그 후, 위(魏)의 황제 조비(曹丕)가 죽고 조예(曹睿)가 왕위를 물려 받았다. 공명은 이를 틈타 위를 토벌하기로 하고 황제 유선에게 출사표(出師表: 출병할 때에 그 뜻을 적어서 임금에게 올리는 글)를 올렸다. 이때가 건흥 5년 봄 3월이었다. 성도를 떠난 공명은 전략을 세워 남안성을 비롯한 여러 성(城)을 취하고, 조조의 부마인 하후무를 사로잡았으며, 문무를 겸비한 강유 장군까지 얻었고, 천수·상규·기성을 빼앗은 후 군마를 정비하여 장안(長安)의 길목인 기산으로 향했다. 위나라로 보면 이때가 조예의 태화 원년(太和元年)이었다. 〈중략〉

조진과 서강의 병사들이 촉군에 패했다는 소식에 놀란 조예는 다시 조회를 열어 대책을 논하였다. 태부 종요가 나서며 모반의 의혹으로 조정에서 쫓겨났던 사마의(司馬懿)를 추천하였고, 조예는 그를 평서도독(平西都督)으로 임명하여 장안으로 불러들였다. 이 소식을 접한 공명은 크게 당황하였다. 조예가 두려운 것이 아니라 사마의가 두려운 인물이기 때문이었다. 사마의는 조예의 조서(詔書: 임금의 명령을 적은 문서)를 받고 출전을 위해 군마를 정비하였다. 이때 신성(新城) 태수인 맹달이 공명을 도와 협공을 하겠다고 하였으나 공명의 조언을 듣지 않고 함부로 행동하다가 사마의에 귀속한 상용 태수 신탐에게 목이 달아나고 말았다. 사마의는 20만의 군마와 여러 장수들을 거느리고 가정(街亭)을 향해 진군하였다.

공명은 사마의가 가정을 취하려는 것을 예측하고 가정으로 가는 길목을 지킬 적임자를 선발하려 할 때 마속이 자원해 나섰다. 공명은 마속을 임명하며, 가정은 전략상 매우 중요한 요충지라는 점과 가정을 빼앗기면 촉은 크게 궁지에 몰린다는 점 그리고 사마의는 절대로 소홀히 다룰 인물이 아니라는 점을 각인시켰다. 이에 마속은 가정을 잃을 경우 목숨을 바치겠다는 각서를 공명에게 올렸고, 공명은 필히 도로변에 진지를 세워 사마의가 통과하지 못하게 막으라고 지시했다. 마속은 부장 왕평과 정병 2만 5천을 거느리고 출전하였다. 공명은 그래도 마음이 놓이지 않아 고상에게 군사 1만을 주어 가정 우측에서 마속을 도우라 했고, 다시 위연에게 군사를 주어 가정 뒤에서 한중의 길목을 지키라 했으며, 조자룡과 등지를 불러 적진을 교란시키라 하고, 스스로 강유와 함께 사곡으로 향했다.

가정에 도착한 마속은 길 옆에 진지를 세우고 사마의를 막으라는 공명의 명령을 어기고 산 위에 진지를 구축하였다. 왕평이 산 위의 진지는 적군이 수로(水路)를 끊으면 모두가 죽게 된다고 말하였지만, 마속은 적을 살피기 좋다는 평계로 자신만만하게 산 위에 진을 쳤고, 왕평은 하는 수 없이 5천의 군마만 거느리고 산을 내려와 10여 리 밖에 진지를 세웠다. 촉장 마속이 산 위에 진을 쳤다는 말에 사마의는 회심의 미소를 지으며 장합에게 군사를 주어 가정의 배후를 치게 하였고 자신은 나머지 군마를 거느리고 나와 마속이 주둔해 있는 산을 완전히 포위하면서 촉군이 먹어야 할 물줄기를 끊어 버렸다. 물이 없어 고통을 받던 마속의 군사들은 전의를 잃고 많은 병사들이 밤에 몰래 위군에 투항하였다. 마속은 간신히 도망을 쳤고 마속을 도우려던 위연·왕평·고상의 군사도 사마의의 계략에 빠져 싸움 한번 제대로 하지 못하고 오히려 쫓기는 신세가 되고 말았다.

마속의 재능을 믿고 중요한 가정 전투를 맡긴 공명이었으나, 마속이 제 재능을 과신하고 공을 탐내어 가정산 위에 진을 친 것이 위(魏)를 정벌하려는 공명의 전략을 완전히 망쳐 버린 것이다. 공명은 열유성까지 빼앗겼다는 소식에 위를 정벌하려던 뜻을 접고 한중으로 후퇴할 수밖에 없었다. 공명은 여러 장수들을 불러 촉군이 안전하게 후퇴할 수 있도록 요소마다 군사를 매복케 하여 위군이 추격하는 것을 막고 무사히 한중으로 돌아왔다.

한중에 돌아온 공명은 군법 회의를 열고 군령을 어긴 마속의 목을 베라 명하였다. 유능한 장군을 죽여서는 안 된다는 주변의 만류에도 공명은 뜻을 굽히지 않았고, 무사들은 마속의 목을 베어 뜰 아래 바쳤다. 목이 잘린 마속의 머리를 본 공명은 그 자리에 주저 앉아 대성통곡을 하였다. 공명의 눈물이 그치질 않자, 이를 바라보고 있던 장완이 여쭈었다.

"승상께서는 군법에 따라 죄를 물어 마속의 목을 베었는데 어찌 그리 통곡을 하십니까?"

"내가 우는 것은 마속 때문이 아니다. 지난날 백제성에서 선제께서 돌아가시기 전에, 나에게 '마속은 언행이 같지 않으니 크게 쓸 인물이 아니다'라고 하신 말씀이 생각나서 우는 것이다. 일을 겪고 보니, 내가 어리석었음을 통감하고 선제께서 그토록 영명한 선견지명이 있었던 것에 죄송함을 못 이겨 이렇게 통곡하는 것이다"
고 하였다.

결국 공명의 눈물은 아끼던 마속의 죽음보다도 선제의 충고를 따르지 않아 대업(大業)을 이루지 못한 죄송함과 스스로를 자책하며 성찰하는 그런 눈물이었던 것이다.

IV

식물과 지명

1. 이팝나무는 입쌀밥나무

 근래에는 이팝나무가 곳곳에 가로수로 심겨져 있고 아파트 단지 내에서도 조경수로 각광을 받고 있어 흔히 볼 수 있는 나무가 되었지만, 옛날에는 절의 뒤뜰이나 마을의 큰 마당에 오래 묵은 이팝나무가 한두 그루만이 서 있었다고 한다. 봄이 되어 나무에 하얀 꽃이 만발하면 흰쌀밥으로 온통 나무를 뒤덮은 것처럼 보여 이팝나무(이밥나무)라고 불렀다는 것이다. 많은 사람들은 이 이팝나무로 그해 농사의 풍흉(豊凶)을 점치기도 하였다는데 꽃이 흐드러지게 피면 풍년이 들고 그렇지 못하면 흉년이 든다고 하여 이 이팝나무를 신성한 나무로 섬기기도 하였다 한다.

 이팝나무에 관련된 이야기는 여러 가지가 있는데 그 중에 세 가지만 전하고자 한다.
 첫 번째 이야기는 고려 말년에 왕의 권위는 땅에 떨어지고 권신(權臣)들의 탐욕과 횡포가 극에 달하여 나라가 혼란스러울 때, 요동(遼東) 정벌에 나갔던 이성계(李成桂)는 위화도(威化島)에서 회군

하여 정권(政權)에서 가장 중요한 인사권과 군사권을 거머쥐었다. 그런 후에 그는 삼군도총제사(三軍都摠制使)가 된 후 대사헌(大司憲) 조준(趙浚)과 함께 전제 개혁(田制改革: 토지에 관한 제도를 바꿈)을 단행하여 권신들의 토지를 국유화(國有化: 개인의 것을 나라의 것으로 만듦)하였다. 그런 후에 토지의 등급을 9단계로 재편성하여 관원(官員)부터 일반 백성에 이르기까지 그에 합당한 토지를 분배하였다. 토지 분배가 이루어지기 이전에는 권신들의 토지에 대한 독점 횡포는 악독하고 잔인하여 나라에서 300결(結: 1결이 쌀 20말임)을 받을 자격이 있는 재상도 땅을 얻지 못할 정도였으며, 한 농가에서 조세(租稅: 세금)를 권신 7~8명에게 일일이 바치는 경우도 허다하여 백성들의 삶은 이루 말할 수 없을 정도로 피폐해 있었다. 오죽하면 백성들은 사전(私田: 개인이 소유하고 있는 토지)에 대한 조세가 너무나 버거워 다른 권세가에게 꾸어서 낼 수밖에 없을 정도였다. 그 빚이 얼마나 많은지 아내를 팔고 자식을 팔아도 그 빚을 갚을 수가 없으며, 부모가 굶주리고 추위에 떨어도 봉양할 수가 없어 그저 땅을 치고 하늘을 우러러 하소연을 할 수밖에 없는 처지였다.

　이러한 때에 전제 개혁으로 토지를 분배 받고 조세는 십일제(什一制: 소득 중 10분의 1을 내는 제도)이므로 가족들의 입에 풀칠은 물론 이제 하얀 쌀밥까지 먹을 수 있게 되었다. 이로 인해 백성들은 전제 개혁을 실행한 이성계를 높이 칭송하였고 또한 이 쌀밥을 일러 '이성계가 내려 준 밥'이란 뜻으로 '이밥'이라 하였다. 이런 일이 있어 이팝나무를 이밥처럼 꽃을 피우는 이밥나무라 하다가 이팝나무라고 부르게 되었다고 한다.

둘째로는 어느 가난한 선비의 이야기이다.

선비는 늙은 홀어머니의 병시중을 드느라 초시(初試: 과거에서 맨 처음에 치르는 시험) 한번 제대로 치르지 못한 효자였다. 하루는 집안 사정을 잘 모르는 노모(老母)가 쌀밥이 먹고 싶다고 보채었다. 선비는 노모의 쌀밥 타령이 끝나기가 무섭게 부엌으로 들어갔다. 쌀독은 이미 바닥이 드러난 상태였다. 쌀독을 닥닥 긁어 노모에게 드릴 쌀밥 한 그릇은 간신히 마련하였지만 정작 자신이 먹을 밥은 없었다. 선비는 자신의 밥이 없는 것을 노모가 알게 되면 크게 걱정할 것을 염려하여 뒤뜰에 서 있는 나무의 흰꽃을 따다가 자신의 밥그릇에 수북이 담았다. 밥상을 받아든 노모는 아들의 밥그릇에 담긴 것이 흰꽃인지도 모르고,

"오랜만에 먹는 쌀밥이 참으로 맛이 있구나"

하시면서 아주 흡족해 하였다 한다.

이 이야기가 여러 사람들의 입에서 입으로 전해지더니 마침내 임금의 귀에도 전해졌다. 가난한 선비의 지극한 효성에 감동한 임금은 효자 선비에게 큰 상을 내리게 되었고, 이후 사람들은 가난한 선비가 먹었던 흰꽃을 이밥이라고 하면서 이 나무를 가리켜 이밥나무라고 불렀다 한다.

세 번째 이야기는 우리 민속에 관한 문헌에서 자주 볼 수 있는 내용으로, 이팝나무는 24절기의 하나인 입하(立夏: 양력으로 5월 6일 경이며, 이때부터 여름이 시작된다는 시기) 절기에 꽃을 피우는 나무라 하여 입하목(立夏木: 입하나무)이라 하였는데 이것이 이팝나무가 되었다는 것이다.

이팝나무

　위의 세 가지 이야기를 논(論)하여 볼 때, 첫 번째에 나오는 '이밥'의 '이'는 이성계의 성씨(姓氏)인 '이(李)'와 아무런 연관이 없다. '이밥'은 '입쌀밥'을 줄여서 부르는 명칭일 뿐이며, 고려 말기 입에 풀칠도 하기 힘든 시기에 역성혁명으로 이성계가 왕위에 오르고 전제 개혁으로 토지를 나누어 주고 조세 부담을 줄여 백성들이 쌀밥을 먹을 정도가 되었다는 이야기가 와전되어 '이밥'을 일러 '이성계가 내려 준 밥'이란 말이 생긴 것이다.

　두 번째 이야기에서 흰쌀밥처럼 생긴 흰꽃을 피우는 나무라 하여 '이밥나무'라고 한 것은 흰꽃과 이밥나무의 꽃과는 관련이 있으나 선비의 등장은 이밥나무를 설명하기 위해 동화처럼 설정한 인물일 뿐이다.

　세 번째 이야기로 입하 절기에 꽃을 피우는 나무라 하여 이팝나무가 되었다는 것은 설명은 그럴 듯하나 실제로는 그런 뜻으로 이팝나무가 된 것은 아니다. 사실 입하 절기에 꽃을 피우는 나무가 이팝나무 하나뿐이던가. 5월의 여왕이라는 장미도 있고, 모란만큼이나 아름다운 작약, 섬 마을에 피고 지는 해당화, 마을마다 담장 모퉁이에서 붉게 피는 찔레꽃, 학교나 공공 기관에서 담장용으로 심는 쥐똥나무의 흰꽃, 동구 밖 과수원 길의 아카시아꽃 등등 많은 나무들이 입하 절기에 꽃을 피운다. 그렇다면 이맘때 꽃을 피우는 나무는 모두 입하목(이팝나무)이라고 해야 하지 않겠는가. 따라서 이팝나무를 입하 절기와 관련하여 지어진 이름이라고 하는 것은 타당성이 희박하다 하겠다. 그리고 입하목이라는 '입하나무'에 대하여 음운 분석(音韻分析)을 해 보아도 '이팝나무'가 되지 않는다. '입하나무'가 '이파나무'는 될지언정 '이팝나무'가 되지 못한다. [입하나무 ① → 이파나무(①'ㅂ'과 'ㅎ'이 만나 'ㅍ'이 되는 격음화 현상)] 그러면 '이팝나무'는 어떻게 하여 이름이 만들어진 것일까?

우리가 평소에 지어 먹는 쌀밥의 쌀을 '멥쌀'이라 하고, '입쌀'은 '멥쌀'을 잡곡과 구분하여 이르는 명칭이므로 '입쌀'과 '멥쌀'은 같은 명칭이다. 또한 '이밥'은 '입쌀로 지은 밥'이므로 '이밥'은 '입쌀밥'을 줄여서 부르는 명칭이다. 따라서 '이팝나무'의 원말은 '입쌀밥나무'이다. '이팝나무'의 명칭을 이해하기 위해 음운 분석을 해 보면, 입쌀밥나무① → 입밥나무② → 이빱나무③ → 이팝나무(① '쌀'이라는 음절 탈락 현상, ②'ㅂ'과 'ㅂ'이 만나 'ㅃ'이 되는 경음화 현상, ③'ㅃ'이 'ㅍ'으로 변하는 격음화 현상)의 음운 변화 과정을 거쳐 '입쌀밥나무'가 '이팝나무'로 변한 것이다.

2. 상사화相思花와 일편단심一片丹心 민들레

상사화는 글자가 의미하는 대로 '서로를 생각하며 그리워하는 꽃'이다. 이 꽃의 이름을 '상사화'라 하는 것은 이 식물의 속성 때문이란다. 상사화는 수선화과의 여러해살이풀로, 꽃줄기의 높이는 60cm 정도이고, 땅 속의 비늘줄기(알뿌리)는 지름이 4~5cm 되는 둥근 달걀 모양이며, 껍질은 짙은 갈색에 수염뿌리가 나 있고, 잎은 비늘줄기 끝부분에서 나는데 길이는 20~30cm, 너비는 1.5cm~2.5cm로 가늘고 길다. 여름철에 연붉은 자줏빛 깔대기 모양의 꽃이 우산살처럼 산형꽃차례로 피고, 화피(花被)라고도 하는 꽃잎과 꽃받침은 여섯 갈래이다. 봄이 되면 새싹이 돋아 무럭무럭 자라다가 초여름이 되면 무성했던 잎은 말라 사그라지고 그 자리에서 길고 굵은 꽃줄기가 솟아 올라 연붉은 자줏빛 꽃을 피운다. 그러다가 꽃이 지고 해가 바뀌면 다시 잎이 돋아나고 돋아난 잎이 무성하게 자랐다가 말라 사그라들면 또 꽃줄기가 솟아 올라 꽃을 피우고…….

마치 만날 수 없는 운명의 연인들이 숨바꼭질하듯, 잎과 꽃이 서로 해후(邂逅)하지 못하고 그저 그리움만 쌓인다 하여 '상사화'라는 이름을 갖게 되었다는 것이다. 상사화의 속성이 이러하여 꽃말은 '이루어질 수 없는 사랑'이란다.

사람도 상사화와 같은 처지에 놓일 때가 있다. 주로 이성 간에 서로 생각하고 그리워하면서도 사랑을 이루지 못하는 경우이다. 이런 상태가 심각해지면 백약(百藥)이 무효(無效)하다는 상사병(相思病)을 앓는다. 다른 말로는 '화풍병(花風病)'이라고도 하는데, 대개는 남녀 모두에게 상사병이란 말을 쓰지만 여자에게는 국어사전에 등재되어 있지 않은 '실녀병(室女病)'이란 말을 쓰기도 한다.

상사화를 '꽃무릇'이라고도 한다. 무릇은 백합과의 여러해살이풀을 뜻하는데 달리 이야기하면, 달리아의 덩이뿌리나 백합의 비늘줄기와 같은 알뿌리가 있는 식물이다. 옛날에는 꽃무릇도 가난한 백성들의 구황 식물(救荒植物)로 이용되었다고 한다. 꽃무릇의 알뿌리에 들어 있는 녹말을 걸러내어 죽을 쑤어 먹곤 하였는데, 알뿌리를 찧어 물에 담그고 녹말을 침전시키는 과정에서 오래도록 물을 여러 번 갈아 알뿌리의 독소를 제거해야 한단다. 그런데 이를 기다리지 못하고 바로 죽을 끓여 먹고는 배탈이나 곤욕을 치렀다고 한다. 이를 두고 '자발없는(참을성이 없고 경솔함) 귀신은 무릇 죽도 못 얻어먹는다'고 하였지만, 사실은 '자발없는 귀신은 무랍(굿을 하거나 물릴 때 귀신을 위하여 물에 말아 문간에 내어 두는 한술밥)도 못 얻어먹는다'는 속담이 꽃무릇에 빗대어 와전된 것으로 보여진다.

상사화

　상사화가 사랑에 연관된 꽃이라 그런지 유래 또한 다양하게 많이 전하고 있다. 그 중에 한 가지만 소개해 본다.

　옛날 어느 마을에 금실 좋은 부부가 살고 있었다. 부부는 하루하루가 즐겁고 행복했지만, 몇 해가 지나도록 자녀 소식이 없었다. 그들은 생각 끝에 부처님께 불공을 드리기로 하였고 그 덕에 예쁜 딸을 얻게 되었다. 부부는 딸을 금이야 옥이야 하며 귀하게 키웠고 딸은 부모의 극진한 사랑을 받으며 자라서 예쁘고 효성이 지극한 처녀가 되었다. 사람들은 예쁘고 부모를 잘 섬기는 처녀를 마을의 자랑으로 여기고 입에 침이 마르도록 칭찬을 아끼지 않았다. 그러나 호사다마(好事多魔)라고 멀쩡하던 아버지가 병이 들어 자리에 눕더니 얼마 지나지 않아 그만 세상을 뜨고 말았다. 처녀의 슬픔은 이루 말로는 표현할 수 없을 만큼 컸으나, 부친에 대한 효심으로 극락왕생(極樂往生)을 기원하며 100일 동안 탑돌이를 하기로 마음먹었다. 처녀는 자신의 출생과 인연이 깊은 절을 찾아 탑돌이를 시작하였다. 한편 절에는 불도(佛道)를 닦으며 큰 스님의 몸시중을 드는 젊은 중이 있었는데, 어느 날 갑자기 머리를 곱게 딴 아름다운 낭자가 탑돌이 하는 것을 보고는 연모의 정을 느끼며 가슴이 요동치는 것을 간신히 참았다. 다음날에도 그다음날에도 낭자의 탑돌이는 계속되었고 젊은 중의 낭자 훔쳐보기도 멈추지 않았다. 하얀 달빛 아래 탑돌이 하는 낭자의 모습은 어떤 선녀보다도 더 어여쁘게 보였다. 어느덧 시간이 흘러 100일이 되었다. 낭자는 마지막 탑돌이를 끝낸 후, 큰 스님에게 하직 인사를 하고 절을 떠났다. 그러나 그동안 낭자를 훔쳐보며 연모의 정을 달랬던 젊은 중은 어찌해야 할 바를 몰라했다. 이제 다시는 볼 수 없겠다는 마음에 눈을 떠도 낭자의 모습이 아른거렸고 눈을 감으면 낭자의 아름다운 모습이 더욱 선명하게 다가왔다. 젊은 중은 식음을 전폐한 채 낭자만을 연모하다가 시름시름 앓더니 그만 세상을 등지고 말았다. 큰 스님은 젊은 중을 불쌍히 여겨 양지 바른 언덕에 묻어 주었다. 이듬해 봄이 되자 그 무덤가에 처음 보는 풀이 자라더니 여름이 되자 풀은 사라지고 그 자리에서 긴 꽃줄기가 솟아올라 연붉은 선홍색의 아름다운 꽃을 피우는 것이 아니겠는가. 사람들은 이 꽃이 낭자를 연모하다가 세상을 떠난 젊은 중의 넋이 꽃으로 피어난 것이라고 하면서 이 꽃을 일러 '상사화'라 불렀다고 한다.

민들레는 산과 들은 물론 길가나 집 뜰에서도 흔히 볼 수 있는 야생초이다. 사립문 둘레에도 흔하게 있다 하여 이름을 '문둘레'라고 하다가 '민들레'가 되었다는 말도 있다. 민들레는 국화과의 여러해살이풀로, 원줄기가 없고 잎이 뭉쳐 나며 '앉은뱅이'라는 별명처럼 옆으로 퍼진다. 잎의 생김새는 무잎처럼 깊게 갈라지고 가장 자리에는 톱니가 있다. 이른 봄이 되면 토종 민들레는 하얀 꽃을 피우고 서양민들레는 노란 꽃을 피운다. 씨는 수과(瘦果: 해바라기의 씨처럼 익어도 터지지 않고 한 개의 씨를 가지며 전체가 씨처럼 보이는 것)로 흰 깃털이 있어 바람에 날려 멀리 퍼진다. 민들레는 야생초라는 이름에 걸맞게 생명력이 매우 강하다. 민들레 꽃씨는 100리를 날아가서도 뿌리를 내리고 꽃을 피우는데, 만일 싹을 틔울 환경이 되지 않으면 싹을 틔울 수 있는 환경이 될 때까지 기다렸다가 싹을 틔우며, 싹을 틔우면 어떠한 일이 있더라도 반드시 꽃을 피우고 꽃씨를 만들어 바람에 날린단다. 그리고 겨울이 되면 잎은 사그라들지만 뿌리는 살아 있어 다음 해 봄을 맞아 또 싹을 틔운다.

이러한 속성을 가진 민들레를 일러 '일편단심 민들레'라고 한다. 항간에서 부르는 유행가 가사에도 '일편단심 민들레'가 나오는데 왜 '일편단심 민들레'가 되었을까? 그 이유로는 두 가지가 전하고 있다.

첫째는 민들레의 뿌리가 냉이 뿌리처럼 곧고 길게 뻗었기 때문이라고 한다. 민들레의 옆으로 뻗은 실뿌리는 있으나마나 할 정도로 빈약하지만 중심 뿌리 하나는 굵고 곧게 뻗는다. 한편에서는 이를 두고 '땅에 박힌 못과 같다'고 하여 '지정(地丁)'이라고도 하는데, 이 뿌리의 모습이 주변의 유혹에 흔들리지 않고 오직 한 가지 일에만 올곧게 몰두하는 것과 같다 하여 '일편단심'이라는 수식어가 붙었다고 한다.

둘째로는 우리나라 토종 민들레가 순수 혈통을 유지하려는 속성을 갖고 있기 때문이라고 한다. 민들레의 분포를 보면, 90%가 노란 꽃을 피우는 서양민들레이고 10%가 흰 꽃을 피우는 토종 민들레이다. 그러나 10%밖에 안 되는 토종 민들레는 수분(受粉: 가루받이)을 할 때, 어떠한 일이 있더라도 꼭 동종(同種)의 토종 민들레와 수분을 하고 다른 종류의 민들레와는 절대로 수분을 하지 않는다고 한다. 바로 이와 같은 속성 때문에 '일편단심'이라는 수식어가 붙게 되었다는 것이다.

민들레를 포공영(蒲公英)이라고도 한다. 항간에 떠도는 이야기로는, 옛날 한 여인이 삶을 비관한 나머지 강물에 몸을 던졌는데 마침 근처에서 고기를 잡던 포씨 부녀가 급히 배를 저어 와 여인을 구해 집으로 데려 왔다. 여인은 포씨 부녀에게 자초지종(自初至終)을 털어놨다. 그 여인은 자신의 가슴에 큰 종기가 났는데 백약(百藥)을 써도 낫지 않고 그저 눈물로 세월을 보내다가 결국 삶을 포기하고 강물에 몸을 던진 것이라고 하였다. 이 말을 듣고 포씨 부녀는 지난 여름에 캐어 말려 두었던 흰 민들레로 가루를 내어 먹이고 종기에 발라 주었더니 씻은 듯이 나았다. 그 후, 이 사실이 여러 사

민들레

람들의 입에 오르내리게 되었고 사람들은 흰 민들레를 일러 '포공영'이라고 하였다 한다.

그러나 이것은 '포공영'을 말하기 위해 포씨 부녀를 등장시켜 꾸민 이야기일 게다. 예로부터 한의학에서는 이미 흰 민들레의 전초(全草: 뿌리·잎·줄기·꽃 모두를 가진 풀 포기)를 캐어 말린 것을 포공영 또는 '포공초(蒲公草)'라고 하였다.

'사랑, 행복, 감사, 불사신'과 같은 꽃말을 가진 민들레도 애틋한 사연의 유래가 전하고 있다.

옛날 민들레라는 이름의 처녀가 살고 있었다. 혼기(婚期)가 되어 결혼을 하였는데 얼마 되지 않아 사랑하는 낭군이 징집되어 전쟁터로 나가게 되었다. 민들레는 전쟁터로 나간 낭군을 3년이 넘도록 애타게 기다리다가 그만 낭군이 전사했다는 비보(悲報)를 받고 말았다. 민들레는 청천벽력(靑天霹靂)과 같은 소식을 듣고 시름에 젖어 혼이 나간 사람처럼 지내다가 끝내는 슬픔을 이기지 못하고 저 세상 사람이 되고 말았다. 민들레가 죽자, 그녀가 낭군을 기다리며 오가던 길가에 하얀 꽃이 피기 시작했는데 마을 사람들은 이를 두고 그녀의 넋이 꽃으로 피었다고 하면서 이 꽃의 이름을 '민들레'라고 불렀다 한다.

3. 그네가 왜 추천(鞦韆)일까?

    1980년대에 필자는 A고등학교에서 교편을 잡고 있으면서 학생들에게 미당(未堂) 서정주(徐廷柱)의 '추천사(鞦韆詞)'라는 시를 가르쳤던 기억이 있다. 사실 그때의 수업은 시를 사랑하는 독자의 입장에서 시의 내용을 감상하거나 시가 의미하는 요소들을 찾아 서로 의견을 나누며 음미하는 성격의 수업은 아니었다. 수업의 목표는 오직 학생들로 하여금 대학입학 학력고사(현재 대학입학 수학능력시험)에서 좋은 성적을 얻도록 가르치는 것이 최우선이었다. 당시 나는 수업 시간에 이 시를 설명하면서. "'추천사'는 시인이 춘향전을 시의 중심 사상으로 삼고 춘향이를 화자(話者)로 하여 시를 전개하였으며, 전체적으로는 춘향이가 이상향을 그리는 시이다. 그리고 1연은 춘향이가 현실을 극복하려는 초월의 의지가 표현된 것이고, 2연은 현실에 대한 미련과 극복의 의지이며, 3연은 이상향에 대한 열망이고, 4연은 인간의 운명적인 한계를 인식하게 된 것이며, 5연은 간절히 바라는 현실 극복의 의지가 표현된 것"이라면서, 정작 '추천사'를 쓴 시인도 아닌 주제에 시인보다 더 많이 아는 것처럼 시어(詩語) 하나하나에 밑줄을 쳐가며 그 의미를 입 안이 쓸 정도로 설명했던 씁쓸한 기억이 남아 있다.

그러면서도 한편으로는 혼자 생각에, 그네를 왜 어려운 한자를 써서 추천(鞦韆)이라고 했는지 궁금하여 찾아보기는 했으나 그네 추(鞦), 그네 천(韆)이라고 옥편(玉篇)에 나와 있는 것 외에 더 자세한 것은 찾지 못했다. 그러던 중 언제부턴가 취미 활동으로 휴일이면 시골 동네를 찾아다니며 지명 유래(地名由來)와 민속 유래(民俗由來)를 조사하고 여러 관련 문헌을 탐구하다가 그네를 추천이라고 하게 된 이유를 알게 되었다.

옛날에는 그네가 장수(長壽)를 뜻하는 놀이 중 하나였다고 한다. 그래서 그네를 '千(일천 천)' 자(字)와 '秋(가을 추)' 자를 써서 '千秋(천추)'라고 하였다는 것이다. 이는 '천 번의 가을'이란 뜻으로 '천 년의 긴 수명' 곧 장수를 의미하는 말이다. 세월이 흐르며 그네를 '천추(千秋)'라고 하던 것이 음절 도치(音節倒置: 앞 음절과 뒤 음절의 위치가 뒤바뀜) 현상이 일어나 '추천(秋千)'으로 불리게 되었는데 아마도 '천추'보다는 '추천'이 훨씬 발음하기가 용이했던 모양이다. 그러다가 '추천(秋千)'에서 '千(일천 천)'을 버리고 '天(하늘 천)'을 취하여 '秋天(추천)'이 되었는데 이는 그네를 뛰는 곳이 공중 즉 하늘에서 하는 놀이이므로 '天(하늘 천)'을 취한 것으로 보여진다.

따라서 '그네'를 '추천'이라 한 것은 긴 수명을 염원하는 놀이인 '千秋(천추)'에서 시작하여 음절 도치 현상으로 '秋千(추천)'이 되었다가 한자(漢字)만 바뀌는 '秋天(추천)'이 되어 '그네'는 '추천'이란 어휘로 자리를 잡게 된 것이다.

나는 이후에도 그네를 추천이라고 하였지만 추천의 한자가 '秋天(추천)'에서 '鞦韆(추천)'으로 바뀌게 되었는데 왜 그렇게 되었는지 알아보고자 했다.

'秋天(추천)'은 장수의 뜻을 내포하고 있는 '千秋(천추)'에서 변한 것으로 '장수하는 놀이'란 의미를 가진 추상적인 어휘인데 반하여

혜원 신윤복의 '그네 타는 여인들'

'鞦韆(추천)'은 그네를 의미하는 객관적이고 구체적인 내용을 근거로 만들어진 한자(漢字)이다. 한자를 주관하는 학자들은 어휘를 문자로 표현할 때 추상적인 개념에 근거하기보다는 사실적이거나 객관적인 내용을 바탕으로 문자를 만들거나 선택했을 것으로 추정하는 것이다. 그러면 '鞦韆(추천)'에는 어떤 내용이 담겨 있을까?

'鞦(그네 추)'와 '韆(그네 천)' 자는 모두 형성 문자(形聲文字: 한자 육서 중 하나로, 뜻 부분과 음 부분이 합하여 새 글자를 만든 문자)이다. 자세히 설명하면 '鞦(추)'는 '革(가죽 혁)'이 뜻 부분이고 '秋(가을 추)'는 음 부분이며, '韆(천)'은 '革(가죽 혁)'이 뜻 부분이고 '遷(옮길 천)'이 음 부분이 되는 것이다. 이처럼 '鞦韆(추천)'에는 모두 '革(가죽 혁)'이 뜻 부분으로 쓰이었다. 따라서 그네는 '가죽'과 관련이 있

는 것으로 보아야 한다. 그리고 옛글에 그네에 대한 설명으로, '揪著皮繩而遷移(추착피승이천이: 가죽끈을 모아 잡고 이동한다)'고 하였는데 이 글에 의하면 옛날의 그넷줄은 분명 가죽끈이었음을 알 수 있겠다.

그러면 가죽의 뜻을 지닌 부수(部首)로는 皮(가죽 피), 革(가죽 혁), 韋(다룸가죽 위)가 있는데 이 중에 그네를 뜻하는 추천(鞦韆)에 왜 '革(가죽 혁)'이 부수로 쓰였을까?

한자를 풀이한 자전(字典)에 의하면, '皮(피)'는 짐승의 몸에서 손으로 가죽을 벗겨내는 모양을 본떠 만든 글자로 털이 붙어 있는 상태의 가죽을 의미하고, '革(혁)'은 두 손으로 짐승의 털을 뽑는 모양을 본떠 만든 글자로 털이 붙어 있지 않은 상태의 가죽을 의미하며, '韋(위)'는 물건을 만들 수 있도록 무두질하여 가공된 가죽을 의미한다. 따라서 옛날 초기의 그넷줄은 털이 붙어 있는 상태의 가죽[皮(피)]끈이었을 것으로 추측된다. 왜냐하면 앞에서도 언급했지만 그네를 의미하는 말로 '揪著皮繩而遷移(추착피승이천이)'에 가죽을 뜻하는 말로 '皮(피)'가 쓰였기 때문이다. 그 후에 만들어진 그넷줄은 가죽을 다루는 솜씨가 발달하여 털이 없는 가죽끈을 사용했을 것으로 생각된다. 따라서 그 당시에 한자를 주관하는 학자들이 그네를 뜻하는 글자로 '革(혁)'이 부수로 쓰인 '鞦韆(추천)'이란 한자를 취한 것이 아닌가 추정해 보는 것이다.

중국 문헌에는 이를 뒷받침하는 이야기가 전하고 있다. 중국 수

(隋)나라 때 역대(歷代)의 명화(名畵)를 모아 그리고 그 그림과 관련된 사실을 기록한 《고금예술도(古今藝術圖)》에 이르기를, '북방의 오랑캐들이 한식날에 그네뛰기를 하며 가볍게 뛰어오르는 연습을 한다'고 했고, 후에 '중국 여인들이 그것을 따라 했다'는 것이다. 《고금예술도》에서 말하는 '북방 오랑캐'는 산융족(山戎族)으로 보여진다. 왜냐하면 옛날 중국 사람들은 중화 사상(中華思想: 중국 민족이 주위 민족을 야만시하고 자기 나라가 세계의 중앙에 위치한 가장 문명이 발달한 나라라는 생각)이 강하여 자신들 외에는 모두 오랑캐로 표현하였다. 또한 '鞦(그네 추)'에 관련하여 자전(字典)의 설명에는 '그네는 본디 북방 산융족(山戎族: 북방 오랑캐)의 놀이로서 가볍게 매달리는 것을 익히는 것이다'라고 하였기 때문이다.

따라서 위의 내용을 종합하면, 그네는 산융족과 같은 북방 민족들이 가죽끈을 매달아 공중에서 즐기는 놀이에서 시작하여 중국은 물론 우리나라에까지 전파된 것으로 보인다. 나아가 그네가 산융족이 '가볍게 매달리는 것을 익히는 놀이'라고 한 것을 볼 때, 아마도 유목민에 속한 산융족의 어린아이들이 말을 타기 전에 그네뛰기를 익히게 하여 말타기 연습을 하도록 한 것이 아닌가 추측되며, 이것이 그네의 효시(嚆矢)였을 것으로 짐작이 된다.

그러므로 그네를 '鞦韆(추천)'이라 한 것은, 장수(長壽)를 뜻하는 '천추(千秋)'에서 시작한 후 음절 도치로 '추천(秋千)'이 되었고, 다시 한자만 바뀌는 '추천(秋天)'이 되었다가 다시 '산융족이 가죽끈을 매고 놀았다'는 역사적 사실을 근거로 하여 '革(가죽 혁)'이 부수로 쓰이는 '추천(鞦韆)'이 된 것으로 보는 것이다.

추천사(鞦韆詞)

서정주(徐廷柱)

향단(香丹)아, 그넷줄을 밀어라.
머언 바다로
배를 내어 밀듯이,
향단아.

이 다소곳이 흔들리는 수양버들나무와
베갯모에 놓이듯한 풀꽃더미로부터,
자잘한 나비 새끼 꾀꼬리들로부터,
아주 내어 밀듯이, 향단아.

산호(珊瑚)도 섬도 없는 저 하늘로
나를 밀어 올려다오.
채색(彩色)한 구름같이 나를 밀어 올려 다오.
이 울렁이는 가슴을 밀어 올려 다오.

서(西)으로 가는 달같이는
나는 아무래도 갈 수가 없다.

바람이 파도(波濤)를 밀어 올리듯이
그렇게 나를 밀어 올려 다오.
향단아.

4. 놋다리(밟기)가 동교銅橋일까?

　놋다리밟기는 경상 북도 안동과 의성 지방을 중심으로 전해 오
는 풍속이다. 음력 정월 보름날 달 밝은 밤에 동네 부녀자들이 한
복을 곱게 차려 입고 넓은 장소에 모여 노래를 부르고 춤을 추며
흥겹게 논다. 그러는 동안 많은 부녀자들이 모여들면 모두가 한 줄
로 늘어서서 허리를 구부린 다음, 물고기를 꿰어 놓은 형상으로 뒷
사람이 앞사람의 허리를 두 팔로 껴안고 또 그 뒷사람이 앞사람의
허리를 껴안아 서로를 이어 주면 놋다리가 만들어지는 것이다. 그
런 다음 몸집이 작은 소녀를 공주로 뽑아 놋다리 위에 올라서서 걸
어가게 하는데 양쪽에 한 사람씩 붙어서서 공주가 떨어지지 않도
록 손을 잡고 놋다리밟기 노래를 부르며 밤늦도록 즐기는 민속놀
이이다. (일부 지방에서는 '놋다리밟기'를 '기와밟기'라고도 한다)

　놋다리밟기의 노래 형식은 4언(四言)씩 두 마디로 공주가 선창
(先唱)을 하면 놋다리를 만들고 있는 부녀자들 역시 4언씩 두 마디
로 응답을 한다. 노래 내용은 고장마다 달라 많은 노래가 전하고
있는데 그 중 몇 마디만 발췌하여 소개한다.

안동민속축제 놋다리밟기

<선창>	<응답>

이다리가 무슨다리 / 청계산에 놋다리[동교(銅橋)]지

이기와가 뉘기와로 / 나랏님의 옥기왈세

기어데서 손이왔노 / 경상도로 손이왔네

무슨옷을 입고왔노 / 백마사주 입고왔네

무슨동곳 꽂고왔노 / 산호동곳 꽂고왔네

물이깊어 어이왔노 / 인다리를 밟고왔네 등등

놋다리밟기의 유래는 고려 제31대 공민왕(恭民王)과 왕비(王妃)인 노국 공주(魯國公主: 중국 원나라의 노국 대장 공주)와 깊은 관련이 있다. 공민왕 재위 10년에, 홍건적[紅巾賊: 중국 원나라 말기에 하북(河北) 지방의 한산동(韓山童)이 이끄는 도적의 무리로, 붉은 두건을 머리에 둘러 동지의 표지로 삼았다 하여 홍건적이라고 함]의 침략으로 공민왕과 노국 공주는 개경(開京)을 떠나 지금의 안동(安東) 지방까지 파천(播遷: 임금이 난리를 피하여 도성을 떠나 다른 곳으로 옮아감)을 하게 되었고, 이때 안동 고을 백성들은 정성을 다하여 임금의 일행을 맞이하였다. 그러나 안동엘 들어오려면 시내(송야천 또는 소야천이라고도 함)를 건너야 하는데 물이 흘러 노국 공주가 시내를 건너지 못하고 있을 때, 이 소식을 들은 안동 고을 부녀자들이 앞을 다퉈 시냇물에 들어가 한 줄로 서서 허리를 굽혀 사람의 몸으로 다리를 만들었다. 이 바람에 노국 공주는 사람의 몸으로 만들어진 인(人)다리(놋다리)를 건너 편안히 안동 고을로 들어올 수 있게 되었다는 것이다. 이후로 안동 고을의 부녀자들은 정월 보름날 밤이 되면 옛날을 회상하며 놋다리밟기를 하였는데 이것이 긴 세월 속에 우리의 풍속으로 자리 잡아 지금까지 전해 오는 것이라고 한다.

이러한 놋다리밟기에 대하여 우리 민속에 관한 서적을 보면 대부분 '놋다리'를 '동교(銅橋)'라 하고, 놋다리밟기의 노랫말에서도 '청계산의 놋다리[동교(銅橋)]지'라 하고 있다. 바로 여기에 두 가지 의문점이 보이는데 하나는 '청계산'이고 또 다른 하나는 '놋다리[동교(銅橋)]'이다.

먼저 안동 지방에는 주변에 청계산(淸溪山)이라 부르는 산이 없고, 좀 멀리 떨어져 있는 상주에나 가야 청계산이 있다. 이처럼 안동 지방에는 없고 다른 지방에 있는 산 이름이 안동 지방의 놋다리밟기 노래 가사에 등장하는 것은 표기상의 오류인 듯하다. 또한 청계산이라는 산에 부녀자들이 한복을 입고 엎드려 만든 놋다리가 있다는 것도 이해하기가 어렵다. 따라서 노래 가사에 나오는 '청계산'의 '산'은 '산(山)'이 아니라 '상(上)'으로 보아 '청계상(淸溪上: 맑은 시내 위)'이 되어야 이치에 맞을 것 같다. 그래야 맑은 시냇물 위에 놋다리가 만들어지는 것이다. 그러므로 놋다리밟기 노래 가사는 '청계산의 놋다리지'가 아니라 '청계상의 놋다리지'로 해야 옳은 것인데, 세월이 흐르며 사람들은 '청계상'보다는 '청계산'이 발음하기가 편리했고, '청계상'보다는 '청계산'이 더 뚜렷한 이미지(image)를 주기 때문에 '청계상'이 '청계산'으로 바뀌지 않았나 추정해 보는 것이다.

또 다른 의문점은 '놋다리'를 '동교(銅橋)'라고 표기한 것은 그 의미상 일치하지 않는다. '동교(銅橋)'를 풀이하면 '銅(구리 동)' 자와 '橋(다리 교)' 자이므로 '구리 다리'가 되는데, 한복을 입은 부녀자들이 서로 허리를 부여잡고 만든 다리를 '구리 다리'라고 한자화 한 것은 인식의 오류인 듯하다. 오히려 '사람의 몸으로 만든 다리'라는 뜻으로 '인교(人橋)' 또는 '인(人) 다리'가 더 옳을 것이다. 아마도 '놋다리'를 '동교(銅橋)'라고 한 것은 '놋다리'의 '놋'이 '놋쇠·놋대야·놋그릇·놋숟가락·놋젓가락' 등에 쓰이는 '놋'과 같은 의미로 착각하여 '동교(銅橋: 구리 다리)'로 표기한 것으로 보여지는데, 아마도 놋쇠가 구리에 아연을 혼합하여 만든 합금이기 때문일 것이다.

그러면 '놋다리'는 무엇일까? '놋다리'의 설명을 위해 음운 분석을 해보면, '놋다리'는 '노+ㅅ(사이시옷)+다리'가 된다. 즉 '노의 다리'가 되는데 여기서 '노'는 무엇일까? 우리말의 고어(古語: 옛말)에 의하면, '노'는 '명주실로 바탕을 조금 거칠게 짠 얇고 가벼운 비단'이라고 설명하고 있다. 그러니까 '놋다리'는 '놋다리〉노의 다리〉비단의 다리'이므로 '비단 다리'가 되는 것이며, 이것을 한자화 하면 '羅(비단 나)+橋(다리 교)'가 되는 것이다.

따라서 '놋다리'는 '동교(銅橋: 구리 다리)'가 아니라 '나교(羅橋: 비단 다리)'라고 해야 마땅할 것이다. 그도 그럴 것이 실제로 놋다리밟기 놀이를 할 때 부녀자들이 한복을 곱게 차려 입고 엎드려 놋다리를 만들기 때문에 비단 다리인 나교(羅橋)라고 해야 옳을 것이다.

그래서 그런지 전에 만들어진 국어사전에는 '동교(銅橋)'가 '놋다리의 한자말'이라 설명하고 있지만, 근래에 만든 국어사전에는 '동교(銅橋)'가 등재되어 있지 않다. 앞으로는 '나교(羅橋)'가 '놋다리의 한자말'이라는 설명이 국어사전에 등재되기를 기대해 본다.

5. 두들기 고개, 재랭이 고개,
   무릎 고개의 사연

　'안성맞춤'으로 유명한 경기도 안성에는 삼죽(三竹)이라는 곳에 '두들기 고개'가 있다. 이 고개가 있는 삼죽의 지명이 원래는 '죽삼 (竹三)'이었고, 그 윗동네가 '죽이(竹二)', 그 다음이 '죽일(竹一)'이 었다. 키가 작은 대나무가 많은 곳이라 하여 지명에 '竹(대 죽)' 자 를 넣은 것이다. 그런데 면장(面長) 회의를 할 때에 각 면장의 호칭 을 하다 보면, 죽일면의 면장은 '죽일면장'이 되고 면의 호칭도 '죽 일면'이 되어 많은 사람들의 웃음거리가 되곤 하였다. 그래서 이런 상황이 모두가 좋지 않다고 하여 '죽(竹)' 자를 뒤로 넣어 부르기로 합의를 보았다. 그 후로 '일죽면, 이죽면, 삼죽면'이 되었고, '이죽 면'은 옛날에 쓰였던 '죽산(竹山)'이라는 지명을 되찾아 '죽산면'이 되어 지금까지 사용되고 있다.

　삼죽에 있는 '두들기 고개'에는 3가지 유래가 전하고 있다.
　첫째는 옛날 죽산현의 먹골이라는 곳에는 형장(刑場)이 있었고,

인근의 안성현과 양성현에는 형장이 없었다. 그래서 안성현과 양성현에서 큰 죄를 물어 처형할 때에는 죽산현에 있는 형장으로 죄인을 호송해야 하는데, 그곳을 가려면 삼죽에 있는 두들기 고개를 넘어야 했다. 사실 호송하는 포졸이 죄인을 끌고 이 고개를 넘으면 죄인은 형장의 이슬로 사라지는 것이다. 짐승도 도살장이 가까우면 가지 않으려고 이리저리 버틴다는데 하물며 사람이야 오죽하겠는가. 죄인도 이 고개를 넘으면 바로 형장임을 알고 이곳을 넘지 않으려고 발버둥을 치면 호송하는 포졸들은 육모 방망이로 두들겨서 죄인을 호송하였다 한다. 이렇게 죄인을 방망이로 두들겼던 고개라 하여 '두들기 고개'라고 하였다 한다.

둘째는 죄인들이 호송될 때면 죄인의 가족이나 친지(親知)들이 호송되는 죄인을 따라오기도 하는데, 두들기 고개까지는 함께 올 수 있으나 이 고개를 넘어서는 더 이상 따라갈 수 없는 것이 당시의 관례였다. 따라서 죄인의 죽음이 애통하고 원통하여 따라왔던 가족과 친지들이 그 자리에 주저앉아 땅을 두드리고 울었다 하여 이 고개를 '두들기 고개'라 하였다고 한다.

셋째는 두들기 고개 주변의 토질(土質)이 지금까지도 차진 황토이다. 옛날 짚신을 신고 이곳을 지나게 되면 짚신 사이로 황토가 달라붙어 짚신이 끌리거나 벗겨지곤 하였다. 그래서 사람들은 두들기 고개에 올라와 양손으로 짚신짝을 두드려 황토를 털었다 하여 '두들기 고개'라고 하였다 한다. (항간에 떠도는 이야기로는, 이곳의 흙이 얼마나 차진 황토인지 '시집간 새색시가 첫 아이를 낳아야 짚신에 붙은 흙이 떨어졌다'고 하였다)

그러나 위의 3가지 이야기는 전해 오는 유래이고, 실제로는 두들기 고개가 분수령(分水嶺: 한 근원의 물이 두 갈래 이상으로 갈라져 흐르는 경계가 되는 산마루나 산맥)이기 때문이다. 이곳은 구봉산·국사봉·도덕산·칠장산·칠현산이 남북으로 맥(脈)을 잇고 있어, 이곳을 기점(起點)으로 동편으로 흐르는 물은 남한강(南漢江)으로 흘러들고, 서편으로 흐르는 물은 안성천(安城川)으로 흘러드는 것이다. 두들기 고개도 이 산맥 중의 한 곳으로 분수령에 속한다. 따라서 이곳이 둔덕처럼 높은 곳이라 하여 '두듥(둔덕의 옛말)+이(접미사)'가 연철 과정을 거쳐 '두들기'가 된 것이다. 옛말에 두들기 고개가 있는 삼죽의 지형이 높다는 뜻으로,

'朝鮮之高는 竹山이요, 竹山之高는 三竹이라.'
(조선지고 죽산) (죽산지고 삼죽)
'조선의 높은 곳은 죽산이요, 죽산의 높은 곳은 삼죽이다.'
라고 하여 '삼죽'이 높다고 하였던 것이다.

경기도 남단에 위치한 평택(平澤)은 글자 그대로 '편평한 늪'이다. 옛날에는 비가 조금만 와도 물난리가 났었다. 오죽하면 평택은 '아내 없이는 살아도 장화 없이는 못 산다'고 할 정도로 물난리가 자주 났던 곳이다. 그런데 평택 시내 북쪽에 '재랭이 고개'라고 불리는 고개가 있다. 그곳이 고개라고 하니까 고개인 줄 알지 그냥 언덕 정도밖에 안 된다. 그래도 평택 장날이 되면 고개 남쪽의 빈 터에는 농산물을 팔고 사는 장이 서고, 특히 김장철이 되면 무·배추·파·마늘·고추 등 대대적으로 장이 선다. 그런데 왜 이곳을 '재랭이 고개'라고 하였을까?

평택에는 타시와 인접하여 무봉산과 덕암산이 있고 그 외의 대부분은 낮은 구릉(丘陵)이지만, 북쪽으로 시내와 인접한 곳에 언덕보다 조금 큰 '자란산'이 있다. 관심 없이 지나다 보면 산인지 언덕인지 구분하기가 어려울 정도이지만 그래도 산은 산이다. 옛날에는 이 산의 남쪽으로는 사람들이 사는 주거지였고 북쪽에는 논과 밭 그리고 과수원이 전부였다. 사람들이 농사일을 하러 논밭으로 가려면 자란산의 고개를 넘어야 하는데 바로 이 고개가 '재랭이 고개'인 것이다. 그러니까 '자란산 고개'에서 '산'이라는 음절이 탈락되고 접미사 '이'가 붙어 '자란+이+고개'가 되었다가, 'ㅣ'모음 역행동화 현상으로 '재랜이 고개'가 되었고, 다시 발음하기 편리한 간이화 현상으로 '랜'이 '랭'으로 바뀌어 '재랭이 고개'가 된 것이다.

항간에는 '자란산'에 대한 관심이 별로 없는 듯하지만, 평택 시내에 있는 초·중·고등학교 교가의 가사에는 거의 '자란산'이 등장한다. 하여튼 '재랭이 고개'는 자란산에 있으며, '자란산 고개'가 변하여 만들어진 이름이다.

경기도 포천에는 '무릎 고개'가 있다고 한다. 이 무릎 고개에 얽힌 사연은 필자가 지명 유래에 관심을 갖고 있던 시절 시골 버스를 타게 되었는데, 그 당시 바로 옆자리에 함께 앉았던 한 노인으로부터 듣게 된 이야기이다.

옛날 포천의 한 마을에 과거를 준비하고 있는 한 선비가 있었다. 선비는 이웃 마을에서 예쁘고 현숙하다고 소문이 자자한 처녀와 혼인을 하게 되었다. 부부는 크게 넉넉치는 않았으나 장원 급제를 꿈꾸며 오손도손 하루하루가 즐거웠다. 시간이 흘러 과거 날짜가

다가오자, 선비는 과거를 보러 한양으로 떠나게 되었다. 예쁘고 사랑스러운 아내를 혼자 두고 떠나자니 발길이 떨어지지 않았으나, 입신양명(立身揚名)을 하여 아내를 행복하게 해 줄 생각에 위안을 삼고 한양으로 떠났다.

한편 이웃 마을에는 선비의 아내를 연모하던 떠꺼머리총각이 있었다. 이 총각은 선비의 아내를 처녀 시절부터 마음에 두고 있었고 혼인을 한 후에도 연모하는 마음을 지우지 못하고 있었다. 총각은 선비가 과거를 보러 떠난 틈을 타 그 아내에게 접근하였으나, 현숙한 선비의 아내는 총각을 단호하게 내쳐 버렸다. 말 한마디 제대로 못하고 내쫓긴 총각은 쉽게 물러날 기세가 아니었다. 쫓겨난 총각은 구애 방법을 바꾸기로 하였다. 새벽같이 선비 집의 담장을 넘어 헛간에 숨어들었다가 동이 트고 사람들이 오갈 때면 선비 집의 대문을 열고 태연하게 나오는 것이었다. 다음 날에도 그다음 날에도 총각은 아침이 되어 사람들이 한창 오갈 때면 버젓이 선비 집의 대문을 열고 나왔다. 이 짓거리를 보게 된 마을 사람들은 처음에는 눈을 의심하면서도 선비의 아내는 그럴 사람이 아닐 것이라고 하였지만, 하루가 지나고 이틀이 지나면서 선비 아내에 대한 소문은 화살보다도 빠르게 번져 나갔다. 그러나 선비의 아내는 근래에 대문 빗장이 열려 있는 것에 의심은 갔지만, 집 안에 이상한 낌새가 전혀 없어 크게 마음을 쓰지 않았다. 선비의 아내는 밖에 떠도는 소문에 대해서는 전혀 모르고, 그저 선비 낭군이 장원 급제를 하고 집으로 돌아올 날만 손꼽아 기다리고 있었다.

몇 달이 지나자 선비가 과거에 낙방하고 초라한 행색으로 마을에 들어서는데 사람들이 자기 아내에 대해 쑥덕거리는 이야기를 듣게 되었다. '선비의 아내가 밤마다 이웃 마을 총각과 정분을 나눈다'는 와전된 소문이었다. 선비는 이 소문이 자기 아내를 전부터 연모했던 이웃 마을 총각이 혼자 저지른 짓거리였음을 알지 못하고 아내를 의심하여 발길을 돌리고 말았다. 아내는 뒤늦게 선비 낭군이 왔다가 이상한 소문을 듣고 곧바로 발길을 돌렸다는 말을 전해 듣고는 버선발로 선비의 뒤를 쫓았다. 선비는 벌써 저만치 언덕을 오르고 있었다. 아내는 있는 힘을 다해 뛰어가다 넘어져 무릎으로 기면서 선비의 뒤를 따르다가 그만 언덕 옆 낭떠러지로 굴러 목숨을 잃고 말았다. 선비가 돌아와 아내의 시신을 안았을 때 아내의 무릎에서는 아직도 선혈이 흐르고 있었다. 마을 사람들은 아내의 죽음을 매우 안타까워하였고, 이 후로 선비의 아내가 무릎으로 기어오르던 이 고개를 '무릎 고개'라고 불렀다 한다.

6. 아리랑 고개의 의미

'아리랑'은 우리나라의 대표적인 민요의 하나로서, 기본 장단은
세마치(민속 장단에서 보통 빠른 3박자의 9/8박자)이지만 지방의 특
성에 따라 곡조와 가사가 다르며 아리랑 타령(打令)이라고도 한다.
아리랑은 우리 한민족(韓民族)의 노래로서 한민족을 하나로 묶는
힘을 가지고 있다. 또한 아리랑은 배워서 익힌 노래가 아니고 어
려서부터 자연스럽게 알게 되었으며, 즐거울 때는 흥을 돋우기 위
해 불렀고, 슬플 때는 서로를 위로하여 불렀으며, 민족이 위기에
처했을 때는 민족적 동질성을 구축하기 위해 불렀던 우리 민족의
혼이 깃든 노래이다. 그래서 아리랑을 일러 '한민족의 숨결'이라
고도 하고, 입이 아닌 '가슴으로 부르는 노래'라고도 하며, '한민족
의 한(恨)이 서린 노래'라고도 한다. 나아가 아리랑은 우리나라 사
람은 물론 해외의 한민족 사회에서도 널리 애창되고 있으며, 외국
인들도 많은 관심을 가지고 있어 그들은 '아리랑'을 'Korean Folk
Song(한민족의 노래)'이라고 하였다. 이렇게 세계적으로 알려진 아
리랑은 2012년 12월 '유네스코 인류무형문화유산'으로 등재되는

쾌거를 이루기도 하였다.

이러한 아리랑은 그 종류도 다양하여 서울 아리랑, 경기 아리랑, 정선 아리랑, 진도 아리랑, 밀량 아리랑을 비롯한 50여 종의 300여 수가 전하고 있으며, 아리랑의 어원에 대해 연구하는 이들 또한 매우 많다. 따라서 그들이 주장하는 학설(學說)이 많고 분분하여 '아리랑 어원 백설(語原百說)'이란 말이 생겨날 정도이다. 그러나 그들이 말하는 학설이 각기 다르더라도 그 안에는 한민족의 역사와 정서가 고스란히 담겨 있기 때문에 어느 것이든 부정될 수 없으며, 그들 나름대로의 독자적인 연구 가치를 인정해 주는 것이 연구자와 연구물에 대한 도리일 것이다.

아리랑의 어원에 대한 유래는 다양하게 전하고 있는데 몇 가지만 소개하고자 한다.

첫째는 사람의 이름에서 왔다는 설(說)이다. 그 중 하나는 신라의 시조 박혁거세의 비(妃)인 알영(閼英) 부인이다. 왕비는 백성들에게 농작(農作)과 양잠(養蠶)을 장려하여 백성들이 잘 살 수 있도록 해주었다고 한다. 이에 감명을 받은 백성들이 왕비를 칭송하여, '알영, 알영' 하며 부르던 것이 '아리랑'이 되었다는 것이다. 또 하나는 경상도 밀량 부사의 무남독녀 아랑이다. 아랑은 재주가 뛰어나고 용모가 출중하여 주변 총각들에게 선망의 대상이었다. 그런 그녀를 흠모하던 관아의 젊은 아전이 아랑의 유모를 포섭하여 아랑을 몰래 꾀어내었다. 젊은 아전은 아랑을 겁탈하려다 뜻을 이루지 못하자, 이 일이 탄로날까 두려워 그만 아랑의 목숨을 끊고 말

(재)정선아리랑문화재단 뮤지컬 퍼포먼스 아리아라리

왔다. 억울하게 죽은 아랑은 혼령이 되어 신임 사또에게 억울함을
호소하였다. 사또는 젊은 아전을 잡아 처형한 후, 아랑의 넋을 위
로하고자 아랑각이란 사당을 지어 아랑의 정절을 기렸다는 데서
'아랑'이 '아리랑'으로 불렸다고 한다.

둘째는 고개 이름에서 왔다는 설이다. '아리랑'은 옛날 고대 국
가인 낙랑(樂浪)의 남쪽에 있는 '자비령(慈悲嶺)'의 원래 이름이라
고 한다. 또한 '낙랑'은 '악랑(樂浪)'이라고도 읽으며, '아라'로도 발
음이 된다고 하여, 나라 이름인 '아라'와 '자비령'의 옛이름으로 인
하여 '아리랑'이 되었다는 것이다. 한편으로는 '아리랑'의 '아리'는
'밝다[光(광)]'의 어간인 '밝'의 옛말이고, '랑'은 '령(嶺)'의 전음(轉
音: 다른 음으로 바뀐 음)으로 '아리랑 고개'는 '광명한 고개'라는 견
해도 전한다.

셋째는 한자어(漢字語)에서 왔다는 설이다. 먼저 '아리랑'은 '我

(나 아)+ 離(떠나갈 리)+娘(아가씨 낭)'의 뜻으로 '나는 사랑하는 임을 떠나간다'라는 말이 '아리랑'으로 되었다 한다. 또 하나는 '아리랑'은 '我(나 아)+耳(귀 이)+聾(귀머거리 롱)'이라고도 하는데, 직역하면 '나는 귀머거리다'라고 할 수 있겠지만 속뜻은 '나는 귀머거리가 되고 싶다'를 의미하는 것이란다. 옛날 홍선 대원군이 경복궁을 증축할 때, 나라는 어수선하고 부역에 끌려온 백성들의 원성이 여기저기서 들끓으니 대원군이 말하길, "차라리 귀나 먹었으면 좋겠다"고 한 말에서 '아이롱'이 '아리랑'으로 변했다는 것이다.

넷째는 여음(餘音)에서 왔다는 설이다. 고려 속요(高麗俗謠)로 간주되는 청산별곡(靑山別曲)의 후렴구가 '얄리얄리 얄랑셩 얄라리 얄라'인데, 바로 이 후렴구의 '얄리얄리'가 '알리알리'를 거쳐 '아리아리'로 된 것이 '아리랑'으로 부르게 되었다 한다. 청산별곡의 내용을 살펴보면, 앞부분에서는 '청산에 살겠다'고 하였지만 뒷부분에서는 '너보다 근심이 많은 나도 자고 일어나서 운다', '올 사람도 갈 사람도 없는 밤은 또 어찌하리이까?', '미워할 사람도 사랑할 사람도 없이 맞아서 울고 지낸다' 등 대부분이 임을 그리워하는 마음을 표출한 것으로 보아 '아리랑'은 한민족의 한의 정서가 엿보이는 노래기도 하다.

다섯째는 알[卵(란)]에서 왔다는 설이다. '아리랑'이나 '아라리요'에서 어근을 찾는다면 '알'이다. 또한 우리 민족의 역사를 돌아볼 때, 어근 '알'은 '알[卵(란)]'과 의미가 상통한다고 보는 것이다. 옛날 설화에 의하면, 신라, 가야, 고구려의 시조(始祖)인 혁거세왕, 수로왕, 동명성왕은 모두 알에서 태어났다. 따라서 시조의 뜻을 함축하고 있는 '알'은 한민족의 시조이기도 하고, 뿌리이기도 하며, 국가로도 볼 수 있다는 것이다. 또한 '고개'는 민족의 수난과 같은 어려운 고비를 이겨내는 한민족의 은근과 끈기의 은유적 표현일 수도 있다고 한다. 따라서 '아리랑 고개'의 '아리랑'은 신화 속에 등장하는 한민족의 시조 즉 '알[卵(란)]'에서 유래했다고 주장하는 것이다. 이 외에도 '아리랑 고개'에 대한 연구자와 연구물이 많이 있고, 또한 그들의 연구 내용은 나름대로 한민족의 역사와 전통을 바탕으로 연구한 것이므로 앞글에서 언급한 바와 같이 모두가 '아리랑 고개'를 이해하는 데 의의가 있음은 부인할 수 없는 사실이다.

그러나 '아리랑 고개'에 관련된 많은 연구물이 있지만, 필자는 그들의 연구 내용과는 좀 다른 견해를 가지고 있다.

우선 '아리랑'의 '랑'은 고개를 뜻하는 '嶺(고개 령)'의 바뀐 음(音)으로 생각되며, '아리랑 고개'는 앞 글에서 언급되었던 두들기 고개, 재랭이 고개, 무릎 고개를 비롯하여 박달재 고개, 대관령 고개, 추풍령 고개처럼 실존하는 그런 고개가 아니다. 아리랑 고개는 묵은 곡식은 떨어지고 보리는 아직 여물지 않아 농촌의 식량 사정이 가장 어려운 시기를 은유적으로 표현한 '보릿고개'처럼 우리 민족의 가슴속에 한이 되어 머무르는 가상의 고개로 보는 것이다.

둘째로 '아리랑'의 '랑'이 고개의 뜻을 가지고 있다면 '아리랑'만 써도 되는데 왜 '아리랑 고개'라고 하였을까? 그것은 우리 민족이 원래 천성이 착하여 상대방을 배려하는 습성이 강하기 때문이다. 그래서 대화를 할 때에도 '일요일(日曜日)' 하면 될 것을 '일요일날'이라고 하여 '날'을 더 붙여 주고, '역전(驛前)'을 '역전앞', '우두(牛

頭)'를 '우두머리', '대하(大蝦)'를 '대하새우', '청천(靑天)'을 '청천하늘', '생률(生栗)'을 '생률밤', '황토(黃土)'를 '황토흙'이라고 하는 것이다. 실제로도 '아리랑을 넘어간다'보다 '아리랑 고개를 넘어간다'가 더 쉽고 편하고 확실한 느낌이 있다고 생각된다.

셋째로 '아리랑'의 '아리'와 '쓰리랑'의 '쓰리'는 어떤 뜻일까? '아리'와 '쓰리'를 다른 곳에서 그 뜻을 찾으려 하지 말고 글자 자체에서 의미를 찾으면 되리라 생각한다. '아리'는 '마음이 몹시 고통스럽다'는 뜻을 가진 어휘 '아리다'의 어간 '아리'로 보고, '쓰리'는 '마음이 쑤시는 것처럼 아프고 괴롭다'는 뜻을 가진 어휘 '쓰리다'의 어간 '쓰리'로 보면 될 것이다. 그도 그럴 것이 '아리랑 고개'는 우리 한민족의 마음속에 한이 서려 있는 가상의 고개이기 때문이다. 우리나라 5천 년의 역사를 돌아볼 때, 백성들은 끼니 한번 마음 편히 먹지 못하고 평생을 가난 속에 허덕이며 살아왔고, 또한 5~6년에 한 번씩 전쟁을 치르면서 부모는 아들을 잃고, 아내는 지아비를 잃고, 자녀는 아버지를 잃으며 살아왔으니, 전쟁터에서 아들을 잃은 부모의 마음, 지아비를 잃은 아내의 심정, 아버지를 잃은 자녀들의 가슴속에 맺힌 그 한이 오죽하겠는가. 바로 이처럼 가슴에 한이 맺힌 고개가 '아리랑 고개'인 것이다.

넷째로는 '아리랑 고개'의 노랫말에도 이별의 한이 서려 있음을 알 수 있다. 옛날부터 전해 오는 신화와 전설 등에 의하면 '고개'는 이별의 장소였다. 앞 글에서 언급하였던 두들기 고개, 무릎 고개 그리고 그 유명한 박달재 고개에 전하는 유래처럼 '고개'에는 이

승과 이별을 고(告)하고 저승으로 가는 이별의 한이 서려 있기도 하다. '아리랑 고개'도 사랑하는 아들, 지아비 그리고 아버지와 가슴에 한이 맺힌 이별을 하는 곳이다. 그리고 '아리랑 고개'의 노랫말에, '나를 버리고 가시는 임은 십 리도 못 가서 발병 난다'는 말은 아들, 지아비, 아버지와 같은 사랑하는 이들이 사지(死地)로 떠나지 않기를 염원하는 뜻이 담겨 있고, '청천하늘엔 잔별도 많고 우리네 가슴속엔 수심도 많다'는 말은 사랑하는 이들이 전쟁터로 떠난 후에 그들의 생사(生死)가 염려되어 걱정하는 것이며, '눈이 오려나 억수 장마 지려나 만수산 검은 구름이 막 모여 든다'는 말은 떠난 이들에 대한 걱정과 근심이 세월이 갈수록 더욱 쌓여 간다는 뜻이고, '날 좀 보소 날 좀 보소 날 좀 보소 동지 섣달 꽃 본 듯이 날 좀 보소'라는 말은 전쟁이 끝나고 기적처럼 살아 돌아오기를 염원하는 뜻이라 생각된다.

하여튼 가난한 농부가 해마다 힘겹게 보릿고개를 넘듯이, 아들을 잃은 늙은 어버이가, 지아비를 잃은 외로운 아내가, 아버지를 잃은 불쌍한 자녀가 가슴에 한을 품고 평생을 넘어왔고 또 넘어가야 하는 고개이면서도 한편으로 고개 너머에는 이보다는 조금이나마 나은 세상이 있기를 기대하며 넘는 고개가 바로 한이 맺혀 아리고 쓰린 '아리랑 고개'인 것이다.

7. 새완두, 얼치기완두, 살갈퀴의 속성^{屬性}

　새완두, 얼치기완두, 살갈퀴는 그 생김새나 속성이 사촌(四寸) 관계라 해도 무리가 없을 정도로 엇비슷하며, 모두가 산지, 밭둑, 개천가 등 풀이 자랄 수 있는 환경이라면 어디서나 흔하게 볼 수 있는 식물들이다.

　이 중에 새완두는 콩과의 두해살이 덩굴풀로서 밭이나 산기슭에 서식하는데, 줄기는 잔털이 조금 나 있고 밑부분에서 가지가 갈라져 50cm 안팎으로 자란다. 잎은 새깃 모양의 작은 잎이 6~8쌍으로 엇갈려 나고 끝부분에는 갈라진 덩굴손이 있다. 초여름에 흰빛을 띤 연한 백자색의 꽃자루가 달린 3~4개의 꽃이 긴 꽃대에 붙어 밑에서부터 피기 시작한다. 또한 꽃은 아주 작은 나비 모양으로 꽃도 작고 열매도 작아 새들의 먹이가 되는 완두라 하여 '새완두'란 이름이 붙었다고 한다. 그러나 그보다는 새완두의 꼬투리 모양이 새의 주둥이를 닮아 '새완두'가 되지 않았나 싶다. 우리가 알고 있는 '새조개'가 조개의 살이 새의 모습과 흡사하다고 하여 '새조개'

라 불리는 것을 보면, '새완두' 역시 꼬투리가 새의 주둥이를 닮아 그렇게 부른다 해도 크게 어긋남이 없을 것 같다. 새완두의 열매는 차로 끓여 마시기도 하고, 줄기와 잎은 연하여 가축의 먹이로 이용되며, 새완두의 꽃말은 '조용한 사랑'이란다.

얼치기완두는 그 모양새와 속성이 새완두와 살갈퀴의 중간 정도이므로 새완두도 아니고 살갈퀴도 아닌 중간치기라 하여 '얼치기완두'라는 이름이 붙었다고 한다. 한편에서는 꽃 모양과 꼬투리 모양이 완두와 흡사하지만 너무 작아서 '얼치기완두'라 하였다는 말도 있기는 하다. 얼치기완두도 역시 콩과의 두해살이 덩굴풀이며, 높이는 30~60cm 정도이고, 잎도 깃꼴 겹잎인데 끝에 난 덩굴손은 작은 잎이 변한 것이라고 한다. 5~6월에 연한 홍자색 꽃이 잎겨드랑이의 총상꽃차례(總狀一: 긴 꽃대에 꽃자루가 있는 여러 개의 꽃이 어긋나게 붙어서 밑에서부터 피기 시작하여 끝까지 피는 것을 말함)로 달리고, 꼬투리에는 3~6개의 까만 씨앗이 들어 있다. 얼치기완두도 새완두나 살갈퀴처럼 군락을 이루어 자라며, 연한 줄기와 잎은 가축의 먹이로도 사용되고, 꽃은 꿀을 따거나 관상용으로도 쓰이며, 어린 잎과 줄기는 삶아 나물로 먹기도 하고, 여물기 전의 열매는 볶아 먹기도 한단다. 꽃말은 '나를 사랑해 주세요'란다.

살갈퀴는 연한 줄기와 붉은 자색으로 앙증맞게 피는 꽃과는 달리 그 이름이 섬뜩하다. 새완두의 꽃은 마치 꽃에 앉아 있는 나비의 모습이고, 얼치기완두의 꽃은 꽃에 매달린 나비의 모습이며, 살갈퀴 꽃의 모습은 꽃에 앉았다가 막 날아오르는 나비와 같은데 이름은 왜 살갈퀴일까?

들리는 이야기로는, '갈퀴'는 작은 잎이 양쪽으로 마주하여 나란히 달린 모습이 농기구인 갈퀴를 닮아 그렇게 지었다 하기도 하고, '살'은 줄기에 달린 잎들의 모습이 머리빗의 빗살을 닮아 '살'이 붙여졌다고 하거나, 또는 잎이 좁고 날카롭게 보인다 하여 '살(煞: 사람을 해치거나 물건을 깨뜨리는 독하고 모진 기운)'이 붙여진 것이라고 말들을 한다. 그러나 그보다는 살갈퀴의 덩굴 모습을 보고 이름을 지은 것이 아닌가 한다. '살'은 줄기나 잎이 억세다는 느낌이 없을 정도로 연하여 '느낌이 가볍고 부드럽다'는 뜻의 '살갑다'에서 '살'을 취하고, '갈퀴'는 잎의 끝에 나 있는 덩굴손이 마치 농기구인 '갈퀴'를 닮았으므로, '부드럽다'는 뜻의 '살'에 농기구인 '갈퀴'를 더하여 '부드러운 갈퀴'의 뜻을 가진 '살갈퀴'가 된 것으로 보는 것이 좋을 듯하다. 그리고 '덩굴손' 자체로도 '부드러운 갈퀴'이므로 '살갈퀴'라 해도 무방할 것이다.

살갈퀴 역시 콩과의 덩굴성 두해살이 풀로, 들이나 밭은 물론 햇빛이 드는 곳이라면 어디서나 군락을 이루며 서식한다. 줄기는 네모지고 가지는 갈라져서 60~150cm 쯤 자란다. 잎은 어긋나고 끝에 갈라지는 덩굴손이 있다. 늦봄에 붉은 자색의 꽃이 잎겨드랑이에서 1~2개씩 피고, 꼬투리는 새완두나 얼치기완두보다 길다. 줄기와 잎은 사료로 이용된다고 하나 도시에서는 잡초 취급을 받고 있으며, 씨는 식용으로 사용할 수 있다고 하지만 씨앗이 여물었다 싶으면 스스로 꼬투리를 터뜨려 씨앗을 땅에 뿌린다. 특히 잎 끝에는 덩굴손이 있어 주변의 물체를 감고 올라가면서 자란다. 살갈퀴는 새완두나 얼치기완두에 비해 생명력이 더욱 왕성하지만, 그래

새완두, 얼치기완두, 살갈퀴의 잎모양

도 꽃말은 '사랑의 아름다움'이란다.

지금까지는 새완두, 얼치기완두, 살갈퀴의 속성에 대하여 이야기했지만, 이번에는 필자와 살갈퀴와의 악연(惡緣)을 이야기하고자 한다.

내가 이사를 온 곳의 주변에는 영산홍(映山紅: 진달래과의 한 종으로 4~6월에 여러 가지 색의 꽃을 피우는 관상목임)이 참으로 많다. 둘러보면 여기도 영산홍, 저기도 영산홍이다. 나는 아침이면 일찍 일어나 산책을 하는 습관이 있는데, 가을의 단풍도 좋지만 봄을 맞아 흰색부터 분홍색과 붉은색까지 흐드러지게 핀 영산홍 꽃을 바라보며 산책로를 걷는 기쁨은 한 시간도 부족했다. 아침에 눈을 뜨면 '오늘은 얼마나 피었을까?' 생각하며 산책을 나가곤 하였다. 사실 나에게는 영산홍의 매력에 빠지게 된 계기가 있었다. 지금으로부터 20년 전에 강화도에 있는 경기도학생교육원에 근무할 당시, 교육원의 교육 계획에 따라 교육생을 인솔하여 강화역사관을 탐방하는 기회가 있었다. 역사관에는 우리나라 역사를 더듬어 볼 수 있는 좋은 사료(史料)도 많았지만, 특히 역사관 주변의 조경이 일품이었다. 오래된 영산홍이 꽃을 피웠는데 그 아름다움에 그만 넋을 빼앗기고 말았다. 나만이 아닌 듯했다. 함께 온 학생들도 영산홍의 아름다움에 마음을 빼앗긴 것 같았다. 나는 그때 마음속에 다짐을 했다. '만일 내가 한 학교의 관리자가 된다면 나는 그 학교에 영산홍을 심고, 학생들과 함께 그 아름다움을 즐기리라'고. 그 후로 내가 관리자로 근무했던 학교에는 지금도 봄이 되면 흰색이며 분홍색이며 붉은색의 영산홍 꽃이 흐드러지게 피어 있단다.

나는 이사를 온 후, 첫 해는 영산홍 꽃을 바라보며 아침 산책을 즐겼다. 그런데 둘째 해부터는 영산홍의 군락 사이에 살갈퀴가 드문드문 보이기 시작했다. 그때 나는 그런 살갈퀴에 별로 신경을 쓰지 않았다. 줄기와 잎이 그리 강해 보이지 않았고, 꽃은 붉은 보라색의 작은 나비 같았으며, 꼬투리는 밑에서부터 여물어 올라오는데 까맣게 여물면 스스로 터뜨려 까만 씨앗이 여기저기 떨어졌다. 그해는 그저 그런 줄로만 알았다. 셋째 해 봄이 되었다. 영산홍의 군락에는 영산홍 꽃이 피기도 전에 이미 살갈퀴가 영산홍을 뒤덮어 버렸다. 작년에는 영산홍 군락 속의 살갈퀴였는데 금년에는 살갈퀴 군락 속의 영산홍이 되어 간신히 목을 곧추세우고 꽃을 피우려 안간힘을 쓰고 있었다. 나는 산책길에 손이 닿는 곳의 살갈퀴를 열심히 걷어 내었지만 전체로 보면 그것은 일부분에 지나지 않왔다. 살갈퀴의 생존력은 참으로 대단했다. 이제 영산홍은 살갈퀴에 묻혀 보이지 않았다. 영산홍뿐만이 아니다. 보도블록, 시멘트, 아스팔트가 깔린 곳을 제외하고 흙이 있는 곳이라면 어디든 살갈퀴가 점령해 버렸다. 또 한 해가 지나고 넷째 해의 봄을 맞았다. 영산홍 군락이었던 자리에는 군데군데 빈 자리가 많았고, 주변엔 작고 앙상한 가지로 간신히 겨울을 버틴 영산홍이 잎도 변변히 달지 못하고 서 있었다. 이제 조금 있으면 살갈퀴가 또 영산홍 전체를 뒤덮을 것이고, 그러면 나는 또 열심히 손이 닿는 곳의 살갈퀴를 걷어 낼 것이다.

영국의 생물학자 다윈의 《종의 기원(種-起源)》에서 말한 '자연 선택설'에 따르면, 생물들이 생존을 위해서는 한정된 자원 속에서 보다 좋은 조건을 얻기 위해 서로 간에 다투는 경쟁을 할 수밖에 없다고 한다. 넓은 의미로 보면, 식물이나 동물은 모두 생존 경쟁 (生存競爭)을 한다는 것이다. 이를 좀 더 구체적으로 나누어 보면, 이동 능력이 없는 식물은 생존 경쟁의 범주에 속하고 이동이 가능한 동물은 약육강식(弱肉强食)의 범주에 속하는 것이다. 인간도 동·식물과 같이 생존 경쟁의 범주에 속한다고 하겠지만, 그래도 인간에게는 서로 좋도록 조정하여 협의하는 '타협'이란 것을 할 줄 알기에 참으로 다행한 일이라 생각된다.

식물에게도 이러한 '타협'이란 게 있었으면 했다. 그러나 그들은 오직 생존을 위해 상대보다 먼저 자라서 광합성(光合成)의 한 요소인 햇빛을 많이 받는 것이 적자생존(適者生存: 환경에 적응하는 생물만이 살아남고, 그렇지 못한 것은 도태되어 사라지는 현상)의 원리인 것을…….

　금년 봄에는 고맙게도 꽃밭 관리자들이 일찌감치 살갈퀴를 걷어내고 빈 자리에 영산홍을 보식하였다. 내년 봄에는 만발한 영산홍 꽃을 감상하며 걷는 산책길을 기대해 본다.

V

교훈

1. 공자^{孔子}가 말하는 나이에 대한 별칭^{別稱}

사람이나 생물이 세상에 나서 살아온 햇수를 나이라고 한다. 사람의 나이에 대한 셈법은 크게 두 가지로 나뉜다. 그 하나는 우리나라를 비롯하여 중국과 일본 등 주로 동양권에서 이루어지는 방식으로 아이가 태어나면 바로 한 살로 간주하는 셈법이다. 또 하나는 유럽과 미국 등에서 생활화된 방식으로, 아이가 태어나서 1년이 되어서야 한 살로 간주하는 셈법이 있는데 이를 만 나이라고 한다. 만 나이의 셈법에는 또 두 가지 방식이 있다. 하나는 우리나라처럼 개월 수와 관계없이 태어나자마자 한 살로 간주하여 얻은 나이에서 연도를 중심으로 한 살을 빼는 셈법이 있고, 또 하나는 미국이나 유럽에서 행하는 것처럼 태어난 달을 기준으로 1년이 지나야 한 살로 간주하는 셈법이 있다. 근래에는 중국과 일본에서도 태어난 달을 기준으로 하는 만 나이 셈법을 사용하고 있다 한다.

그러나 어느 셈법이 더 나은지는 쉽게 판단할 일은 아니다. 우리나라처럼 아이가 태어났을 때 한 살로 간주하는 동양권의 셈법은 아이가 어머니에게 잉태됐을 때부터 한 생명으로 인정되어 10개월 후 세상에 태어나면 그 잉태 기간을 한 살로 간주하는 것이고, 미국이나 유럽권에서는 잉태 기간을 포함하지 않고 아이가 세상에 태어난 때부터 새 생명으로 인정하여 1년이 경과한 후 한 살로 셈하는 것뿐이다. 실용적인 면에서는 만 나이의 셈법이 나을 수도 있겠지만, 생명 존중 사상에 따른 철학적인 면에서 본다면 아이의 잉태 기간을 나이 셈법에 넣는 것이 더 가치 있게 보여지기도 한다. 우리는 조상 대대로 지금까지 삼신할머니가 점지하여 한 생명이 잉태된 때부터 나이의 셈을 시작하였다. 이것은 생명을 존중하고 귀하게 여겼다는 인본주의의 증거이며 또한 우리 민족이 생명을 존엄하게 생각하는 심오한 진리를 생활화해 왔다고 자부할 만 하다.

나이에 대한 어원은 두 가지 측면에서 찾아볼 수 있다. 하나는 나이의 옛말인 '나리'에서 왔다고 하는데 이는 '날이'가 변한 것이라 한다. 즉, '날이'의 어근인 '날'이 '日(일)'의 뜻으로 '해'를 의미한다는 것이다. 따라서 '나이'는 '해'를 의미하여 만들어진 말이라고 볼 수 있다. 또 하나는 '낳다'의 어간인 '낳'과 접미사 '이'가 결합되는 과정(낳+이〉나히〉나이)을 거쳐 '나이'가 되었다고 한다. 나이에 대한 어원의 두 견해가 모두 나름대로 의미를 가지고 있지만, 후자의 견해는 우리말의 고어(古語)에서 그 실례(實例)를 쉽게 찾아볼 수 있다. 고어사전에는 '나이'의 옛말로 '나히'가 등재되어 있고,《내훈(內訓)》에는 '나이 다섯 살에'를 '나히 다섯 서레'라 하였으며,《오륜행실도언해(五倫行實圖諺解)》에는 '이제 나이 늙고'를 '이제 나히 늙고'라고 표기하였다. 따라서 나이는 '해'의 뜻도 포함하고 있지만, '낳다'라는 말에서 그 어원을 찾는 것이 더 이치에 맞을 듯하다.

공자(孔子)는 사람의 나이에 대하여 각각의 나이대에 부합할 만한 별칭을 말하였는데《논어(論語)》의 위정편(爲政篇: 정치를 행하는 것에 관한 가르침)에 다음과 같은 글이 실려 있다.

공자 말씀하시기를, 나는 열다섯에 배움[志學(지학)]에 뜻을 두고, 서른에 자립[而立(이립)]하며, 마흔에 불혹(不惑)하고, 쉰에 천

유교의 시조인 공자

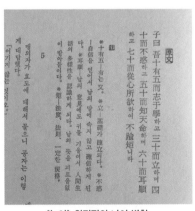

《논어》 위정편의 나이 별칭

명(天命)을 알며, 예순에 이순(耳順)하고, 일흔에 하고 싶은 바[從心(종심)]를 행하여도 법도에 어긋남이 없었다.

이 말을 바탕으로 긴 세월이 흐르며 나이에 관한 별칭이 하나 둘 더 만들어지기도 하였는데 그 별칭들을 열거하면 다음과 같다.

열다섯 살 지학(志學: 학문에 뜻을 둠)

스무 살 약관(弱冠: 갓을 쓰기 시작함, 갓을 쓰기에는 아직 미숙함)

서른 살 이립(而立: 얼굴에 수염도 나고 스스로 자립함)

마흔 살 불혹(不惑: 주변 사람이나 환경에 정신을 빼앗기지 않음)

쉰 살 천명(天命: 하늘의 밝은 도리를 앎)

예순 살 이순(耳順: 듣는 대로 모두 이해할 수 있게 됨)

일흔 살 종심(從心: 생각나는 대로 행동하여도 법도에 어긋남이 없음)

일흔일곱 살 희수[喜壽: 옛날에는 일흔 살까지 살기도 힘들어 70세를 '드물 희(稀)' 자(字)를 써서 '희수(稀壽)'라 하였고, 77세는 더 오래 살아 기쁘기 때문에 '기쁠 희(喜)' 자를 써서 '희수(喜壽)'라 하였다고 함. 한편 '喜(기쁠 희)' 자의 초서에 '일곱 칠(七)' 자가 두 자나 들어 있어 77세를 희수(喜壽)라 하였다는 이야기도 있음]

여든여덟 살 미수[米壽: 벼를 재배·탈곡·도정한 후 밥을 지어 먹을 수 있을 때까지 여든여덟 번의 과정을 거친다고 하여 '米(쌀 미)' 자를 써서 미수(米壽)라 한다고도 하고, 또 하나는 '八十八(팔십팔)'을 모아 한 글자로 만들면 '米(쌀 미)' 자가 되기 때문에 88세를 '미수(米壽)'라 하였다고 함]

아흔아홉 살   백수[白壽: '百(일백 백)'에서 '一(한 일)'을 빼면 셈으로는 99가 되고 한자(漢字)로는 '白(흰 백)'이 되므로 99세를 '백수(白壽)'라고 함]

《논어》위정편에 나오는 나이 별칭의 원문

子曰 吾十有五而志于學하고 三十而立하며, 四十而不惑하고 五十而知天命하며,

(자왈 오십유오이지우학 삼십이립 사십이불혹 오십이지천명)

六十而耳順하고 七十而從心所欲하여도 不踰矩니라.

(육십이이순 칠십이종심소욕 불유구)

2. 동방예의지국 東方禮儀之國

　사람이 살아가면서 마땅히 지켜야 할 도리를 '예(禮)'라고 한다. 원래 '禮(예도 례)'라는 한자는 인간이 신(神)을 섬기며 신에게 제(祭)를 올릴 때의 경건한 자세와 정성껏 차린 제물을 뜻하여 만들어진 글자이다.

　'禮(례)'란 글자를 풀이해 보면, '示(보일 시)'와 '豊(굽 높은 그릇 례)'가 합하여 만들어진 글자로, 회의 문자(會意文字: 둘 이상의 뜻을 가진 글자를 합하여 새로 만들어진 한 글자)이면서 형성 문자(形聲文字: 뜻을 나타내는 글자와 음을 나타내는 글자가 합하여 새로 만들어진 한 글자)이기도 하다. 좀 더 자세히 설명하면, '示(보일 시)'는 '二+小'로 나뉘는데 '二' 모양은 고문(古文)에서 '上(위 상)'의 뜻을 지니므로 하늘을 가리키고, '小' 모양은 '日(날 일)·月(달 월)·星(별 성)'의 셋을 의미한다. 따라서 하늘의 해와 달과 별이 땅의 온갖 현상을 바라보고 인간에게 길흉(吉凶)을 알리는 것을 의미하기 때문에 '示(보일 시)'는 인간이 신을 경외하며 지녀야 할 경건한 마음과 올바른 자세를 뜻하는 글자이다. '豊(굽 높은 그릇 례)'는 '풍년 풍'으로 쓰이기도 하지만, '豐+豆'로 나눌 수 있는데 '豐' 모양은 제기(祭器)에 음식을 담은 형상이고, '豆' 글자는 '콩 두'의 뜻도 있지만 원래는 음식을 담는 굽이 높은 제기의 모양이다. 따라서 '豊(굽 높은 그릇 례)'는 제사와 같은 의식 때 제기에 정성껏 음식을 담아 진설(陣設: 제사 때 법식에 따라서 상 위에 음식을 벌여 차림)한 제물을 뜻하는 글자이다. 그러므로 '禮(예도 례)'는 인간이 신에게 제(祭)를 올릴 때 신을 경외하는 자세와 정성껏 진설한 제물을 합하여 만들어진 글자라고 하겠다.

옛날부터 우리나라는 동방예의지국(東方禮儀之國)이라 불리어 왔는데 참으로 자랑스러운 전통이 아닐 수 없다. 그런데 이 말은 우리 민족이 스스로 한 말이 아니고 유교의 창시자(創始者)인 공자(孔子)를 비롯한 중국 사람들이 한민족(韓民族)을 일컬어 한 말이다. 공자의 7대손인 공빈(孔斌)이 고대 한민족에 관련된 이야기를 모아 엮은《동이열전(東夷列傳)》에는 다음과 같은 기록이 전한다.

먼 옛날 동쪽에 부족 국가가 있었는데 이를 동이(東夷)라 하였다. 그 나라에는 단군왕검(檀君王儉)이라는 훌륭한 사람이 태어나더니 아홉 부족인 구이(九夷)가 그를 받들어 임금으로 모셨다. 일찍이 그 나라에는 자부선인(紫府仙人: 중국 신화에 등장하는 도교의 신선으로, 상고 시대 우리 한민족의 학자였다고 함)이라는 도(道)에 능통한 학자가 있었는데 중국의 황제(黃帝: 중국 전설상의 제왕)가 찾아와서 글을 배우고 내황문[內皇文: 삼황내문(三皇內文)이라고도 하며, '수신(修身)하여 의로운 사람이 되는 도리'라는 내용임]을 받아 가지고 돌아와 염제[炎帝: 신농씨(神農氏)]의 뒤를 이어 황제에 오르고 백성들에게 공손하고 삼가는 생활 방식을 가르쳤다. 그 후 요(堯) 임금 다음으로 순(舜) 임금도 중국의 황제가 되어 백성들에게 사람 노릇을 하는 윤리와 도덕을 가르쳤다.

한편 소련(小連)·대련(大連) 형제가 있어 부모에게 극진히 효도하였는데 부모가 돌아가시자 3년을 슬퍼하였다. 이들은 바로 한민족의 후손인 동이족이었다. 그 나라는 크지만 교만하지 않고 병사(兵士)는 강하나 이웃을 침범하지 않는다. 풍속 또한 순후하여 길가는 사람은 길을 양보하고 먹는 자는 밥을 미루며 남녀가 따로 거처하니, 가히 동방(東方)의 예의(禮儀)의 군자국(君子國)이라 하겠다. 이런 연유로 하여 나의 할아버지 공자께서는 '그 나라에 가서 살고 싶다'고 하시면서 '누추하지도 않다'고 말씀하셨다.

이처럼 우리 한민족은 2,500년 전 공자 시대 이전부터 예의(禮儀)를 숭상하며 몸소 실천했던 민족이었다. 그러나 공자 시대의 중국은 정치와 사회가 매우 혼란했기 때문에 공자는 이를 바로 잡고자 말과 글로 훈육(訓育)하였지만 크게 성과를 얻지 못했다. 오죽하면 공자의 평생 소원이 '뗏목이라도 타고 조선(고조선)에 가서 예의를 배우는 것'이라고 하였겠는가.

더하여 사마천(司馬遷)의 《사기(史記)》에는 3,400년 전 중국의 은(殷)나라가 우리 한민족과 같은 동이족이라 하였으며, 그들은 특히 흰옷을 즐겨 입었다고 하였다. 은나라가 우리 한민족의 조상인 동이족이 세운 국가라고 볼 수 있는 근거로는 은허(殷墟: 은나라 도읍

이 있었던 곳)에서 상투 유물이 발견되었다 하며, 중국 학계에서도
은나라의 조상은 동이족이었을 것으로 추정하고 있기 때문이다.

또한 공자 역시 《공자세가(孔子世家)》에서 자신은 은나라 후손
이라고 하였다. 다음은 공자가 세상을 떠나기 전에 제자인 자공(子
貢)에게 한 말이다. 여기서도 자신이 은나라 사람임을 다음과 같이
밝혔다.

"장사(葬事)를 치를 때 보면, 하(夏)나라 사람은 동족 계단에
빈소(殯所)를 차렸고, 주(周)나라 사람은 서쪽 계단에 빈소를 차
렸으며, 은나라 사람은 양쪽 기둥 사이에 빈소를 차렸다. 어젯밤
꿈에 나는 두 기둥 사이에서 은나라 사람들의 제사를 받았다. 나
는 원래 은나라 사람이었다[子始殷人也(자시은인야)]"

고 하였다. 그리고 공자는 주나라가 자신이 주장한 사회 제도의 개
혁안을 받아들이지 않자, 제자인 자공에게 다음과 같이 말했다.
"구이(九夷: 단군왕검을 모셨던 아홉 부족의 나라)로 가야겠다."
"그곳이 고루하면 어쩌시겠습니까?"
"구이는 군자불사지국(君子不死之國)이다"
고 하였다.
즉 구이는 '군자의 도(道)가 사라지지 않는 훌륭한 나라'라는 말
이다. 예의를 가장 근본으로 삼는 공자는 마지막 소원으로 동방예
의지국인 동이족의 땅, 바로 우리나라에 와서 살고 싶어했던 것
이다.
물론 우리나라가 2,500년 전에만 동방예의지국이었던 것은 아

니다. 그 후에도 예의를 숭상하였으며, 오늘날에 와서는 우리나라
가 동방예의지국이라고 자랑할 만한 일이 생겼다. 바로 2019년 7월
6일 한국의 서원 9곳이 중국의 서원을 제치고 동아시아 서원 중 유
일하게 그 가치를 인정받아 유네스코 세계유산에 등재된 것이다.

　우리나라 서원은 조선 시대 성리학을 가르치던 교육 기관으로,
관료 양성에 힘썼던 중국의 서원과는 달리 존현양사(尊賢養士: 어
진 사람을 존경하고 인격을 갖춘 선비를 양성함)라 하여 선비들이 그곳
에 선현(先賢)의 위패를 모시고 제사를 지내며 그분의 정신과 뜻을
되새겨 학문을 닦음은 물론 예의를 바탕으로 자신의 인격을 도야
하는 장소였기에, 유네스코 세계유산위원회로부터 인간 교육이 우
선하는 문화적 가치를 인정받아 유네스코 세계유산에 등재된 것
이다. 특히 예로써 사당(祠堂)에 참배(參拜)하는 제향 의식(祭亨儀

소수서원 전도, 이호신 2019 한지에 수묵채색 180×272cm

式)이 높은 평가를 받았다고 한다.

이처럼 옛날이나 지금이나 예(禮)를 바탕으로 한 우리들의 아름다운 삶은 세계적으로도 자랑할 만한 일이며, 후대에까지 이어갈 수 있도록 우리 모두가 관심을 갖고 노력을 아끼지 말아야 할 것이다.

유네스코 세계유산에 등재된 우리나라 문화유산 14곳

❶ 석굴암·불국사(1995)　❷ 해인사 장경판전(1995)

❸ 종묘(1995)　❹ 창덕궁(1997)　❺ 수원 화성(1997)

❻ 경주역사유적지구(2000)

❼ 고창·화순·강화 고인돌유적(2000)

❽ 제주 화산섬 용암동굴(2007)　❾ 조선왕릉(2009)

❿ 한국의 역사마을 하회와 양동(2010)　⓫ 남한산성(2014)

⓬ 백제역사 유적지구(2015)　⓭ 산사 한국의 산지승원(2018)

⓮ 한국의 서원(2019)

유네스코 세계유산 한국의 서원 9곳

• 논산-돈암서원(사계 김장생)　·영주-소수서원(성리학자 안향)

• 함양-남계서원(일두 정여창)　·경주-옥산서원(회재 이언적)

• 장성-필암서원(하서 김인후)　·달성-도동서원(한훤당 김굉필)

• 안동-도산서원(퇴계 이황)　·안동-병산서원(서애 류성룡)

• 정읍-무성서원(학자 최치원, 영천자 신잠)

※ ( ) 속은 배향(配享)하여 모시는 분임

3. 까마귀와 반포지효^{反哺之孝}

까마귀는 털빛이 검고 윤기가 나며 울음소리가 듣기에 매우 거북한 새이다. 그래서 그런지 까마귀는 우리 속담에 좋지 않은 내용으로 비유되며 흉조(凶鳥)로 인식되고 있다.

자신과 아무 관련 없이 진행된 일이 공교롭게도 다른 일이 벌어진 때와 같아 공연한 의심을 받게 되었을 때, 하고 많은 새 중에 굳이 까마귀를 끌어들여 '까마귀 날자 배 떨어진다' 하고, 깜빡 잊기를 잘하는 사람을 조롱할 때도 '까마귀 고기를 먹었나' 하며, 미운 사람이 하는 말이 모두 듣기 싫을 때도 '까마귀 열두 소리에 고운 소리 하나 없다'고 한다. 그렇다면 까마귀가 이렇듯 좋지 않은 속담에 회자(膾炙)될 만큼 정말로 흉조일까? 이를 생태학적으로 우리 농경 사회 전통에 비추어 보면 흉조라기보다는 오히려 길조에 가깝다는 것이 대체적인 평가이다.

까마귀는 털빛이 검고 울음소리가 흉한 것이 흠이지 인간에게 크게 해를 끼치지는 않는다고 한다. 인가(人家) 부근에 살며 일부 농작물에 해를 끼치는 경우가 있기는 하지만, 농부들의 말에 의하

면 길조(吉鳥)라고 하는 까치보다는 까마귀가 해를 덜 끼친다고
한다. 까마귀는 매우 영리한 조류에 속한다. 지능이 침팬지만큼이
나 높아 도구를 사용할 줄 알고, 무리 속에는 우두머리가 있어 나
머지 무리는 그의 명령에 따라 일사불란(一絲不亂)하게 행동한다
고 한다.

필자가 초등학교에 교사로 근무하던 시절인 1970년대 후반의 기
억이다. 당시 초등학교 3학년 국어 교과서에, 까마귀 무리 중에 '은
별 영감(까마귀에 대해 관찰자가 붙여 준 이름)'이라는 영리한 우두머
리의 이야기가 실려 있었다. 까마귀의 행동과 특성을 연구하던 관
찰자가 까마귀 무리를 향해 총을 쏘는 것처럼 지팡이를 들어 올리
면 은별 영감은 위험을 감지하고 다급한 울음소리를 내어 까마귀
무리가 하늘 높이 날아서 피하도록 하고, 지팡이를 들지 않고 짚고
만 있으면 평범한 울음소리를 내어 낮은 상태를 유지하며 날게 하
는 등 그때그때의 상황에 따라 무리를 안전하게 이끌어 간다는 내
용이었다.

까마귀를 역사적인 관점에서 살펴보면 까마귀는 매우 신성시되
는 동물이기도 하다. 중국 신화에는 까마귀를 태양 속에 산다는 삼
족오(三足烏)로 추앙하였고, 또한 삼족오를 일러 태양 그 자체라고
하며 높이 숭앙하였다. 우리나라에서는 고구려를 건국한 주몽(朱
蒙)은 삼족오를 고구려의 상징으로 삼았고, 후연(後燕)을 포함한
중원(中原) 대륙을 정벌하여 대고구려를 이룩한 광개토대왕도 삼
족오의 깃발을 휘날렸으며, 고구려의 후손들을 규합하고 고구려의

옛 영토를 회복하여 발해를 세운 대조영(大祚榮) 역시 삼족오를 국가의 상징으로 삼았다.

한편 까마귀가 효조(孝鳥)로 칭송받는 이야기도 심심찮게 전해지고 있다. 까마귀를 효조라 하여 자오(慈烏: 인자한 까마귀), 자조(慈鳥), 반포조[反哺鳥(안갚음, 즉 자식이 성장하여 어버이를 봉양하는 일을 하는 새)]라고도 하는데, 이 말이 사람들의 입에 오르내리며 동화 같은 이야기가 전해 온다.

옛날 한 노인이 동산에 올랐을 때 우연히 까마귀 둥지에서 괴이한 일이 벌어지는 것을 보게 되었다. 둥지 안에는 늙고 병든 어미 까마귀 두 마리가 웅크리고 있었고 둥지 밖에서는 그 자식들로 보이는 까마귀들이 분주하게 움직이는 것을 보았다. 한 까마귀는 개울에서 물을 입에 머금고 날아와 어미에게 물을 먹이고, 다른 까마귀는 물고기를 물어와 먹이며, 또 다른 까마귀는 들과 산에서 먹이를 물어다 어미에게 먹이는 것이었다. 이 모습을 보고 있던 노인은 무릎을 탁 치면서 '늙고 병약한 어미에게 먹이를 물어다 주는 까마귀야말로 반포지효(反哺之孝)하는 동물이로구나' 하였다.

이 이야기가 널리 전해지면서 까마귀는 많은 사람들에게 반포조라며 효조라 불리게 되었다고 한다.

이와 같은 이야기는 옛날이야기에 지나지 않지만, 중국에는 실제로 역사에 반포지효에 관련된 이야기가 전하고 있다. 중국 남북조 시대에 진(晉)나라의 무제(武帝)로부터 태자세마(太子洗馬)라는 벼슬에 임명된 이밀(李密)이란 사람이 있었다. 이밀은 자기가 아니면 자신을 길러 주신 아흔이 넘은 조모(祖母)를 봉양할 사람이 없다 하여 관직을 사양하는 글을 올렸는데 이 글이 바로 그 유명한 진정표(陳情表)이다. 진정표에는 '이 글을 읽고 눈물을 흘리지 않으면 효자가 아니다'라고 할 정도로 효심이 잘 나타나 있어 '오조사정(烏鳥私情: 까마귀의 처지 또는 형편, 반포지효와 같은 뜻임)'이란 고사(故事)가 만들어졌다고 전한다. 진정표는 매우 긴 문장으로 되어 있으나 그 내용을 요약하면 다음과 같다.

신(臣)은 일찍이 부모를 여의었기에 저를 불쌍히 여긴 조모가 거두어 키워 주셨나이다. 신은 어릴 적에 병약하여 아홉 살이 되어도 걷지를 못 했고 친척도 없이 박복하여 늦게야 자식을 두었나이다. 이런 중에 조모 유씨(劉氏)가 병환으로 자리에 누

우니 그 곁을 떠날 수가 없었나이다. 조정(朝廷)을 받들면서 여러 사람으로부터 관직에 발탁을 받았으나 조모를 공양하느라 관직을 사양하였음에도 특별히 조서(詔書: 임금의 명령을 적은 문서)를 내리심에 그저 감읍할 따름이나이다. 그러하심에도 신이 또 표문(表文: 임금에게 표로 올리던 글)을 올려 사양하니 다시 조서를 내리시어 신을 준엄하게 꾸짖으셨나이다. 신 또한 조서를 받들고 싶으나 조모의 병환이 날로 위독하니 어찌할 바를 모르겠나이다. 지금도 조모가 마치 해가 서산에 지려는 것처럼 곧 숨이 끊어지려 하니 그저 조모와 손자인 신과 둘이 서로 목숨을 의지하고 있을 뿐이옵니다. 이런 까닭으로 조모 곁을 떠날 수가 없나이다.

신 밀은 금년에 나이가 마흔 넷이고 조모는 아흔 여섯이니 앞으로 신이 폐하께 충성을 다할 날은 길고 조모를 봉양할 날은 짧사옵니다. 원하옵건대 신의 처지가 까마귀가 어미 새의 은혜에 보답하려는 사사로움[烏鳥私情(오조사정)]과 같사오니 조모가 돌아가시는 날까지 봉양토록 허락해 주시길 바라나이다. 조모가 이승을 떠나는 날까지 봉양할 수만 있다면 신은 살아서는 목숨 바쳐 충성을 다하고 죽어서는 결초보은(結草報恩)을 하겠나이다. 이에 신은 두려운 마음을 이기지 못하여 삼가 재배하고 표를 올리나이다.

진무제(晉武帝)가 이밀이 올린 진정표를 읽고 그의 효심에 감동하여 조서의 뜻을 거두고 조모를 봉양하는 데 부족함이 없도록 노비와 식량을 하사하였다고 한다.

반포지효(反哺之孝)에 대한 새로운 이야기

까마귀를 동물적 관점에서 살펴볼 때, 윤리와 도덕을 아는 인간은 치사랑(손윗사람에 대한 사랑)을 할 수 있지만, 동물들은 아무리 지능이 높아도 약육강식(弱肉强食)의 범주를 벗어날 수 없으므로 치사랑을 할 수 없다는 견해가 있다. 따라서 까마귀도 동물의 범주에 속하므로 어미가 새끼에게 먹이를 물어다 주는 본능적인 내리사랑은 있어도 새끼가 어미에게 먹이를 물어다 주는 치사랑은 있을 수 없다는 것이다.

그러면 반포지효의 고사는 왜 생겼을까?

까마귀는 암·수컷이 함께 새끼를 키우는데 새끼들이 성장하여 둥지를 떠날 무렵이면 몸집이 어미보다 더 크다고 한다. 왜냐하면 어미는 먹이를 구하기 위해 하루 종일 날갯짓 운동을 하여 몸집이 작고, 새끼는 받아 먹기만 하고 나는 운동을 하지 않기 때문에 몸집이 크다는 것이다. 이런 상황에 몸집이 작아 보이는 새(어미)가 커 보이는 새(새끼)에게 먹이를 물어다 주는 것을 보고 착각하여 새끼가 어미를 먹인다고 오해한 것이란다. 이를 증명이라도 하듯 남극에 사는 물새들은 새끼가 둥지를 떠날 때쯤에는 먹이를 받아 먹기만 한 새끼가 어미보다 몸집이 더 크다고 한다.

그렇지만 옛날부터 까마귀에 얽힌 반포지효는 치사랑이 사라져 가는 현대 사회에 시사(示唆)하는 바가 매우 크다고 하겠다.

4. 업業과 인과응보因果應報

　외국 사람들에게도 그들 나름대로의 생활 문화가 있겠지만 우리나라 사람들은 종교의 유무와 관계없이 일상생활 속에서 전생(前生) 타령을 참으로 많이들 한다. 사람들이 오래도록 생활고(生活苦)에 시달리거나 애써 계획한 일이 수포로 돌아가거나 자녀들에 관한 일이 잘 풀리지 않고 부모의 속을 썩이는 등 너무나 어렵고 운수 사나운 일을 많이 겪게 되면 자연히 전생 타령이 나오게 마련이다.

　"나는 전생에 무슨 죄(업보)를 얼마나 많이 졌길래 이 모양 이
　꼴로 이 고생을 한단 말이냐?"

고 하며 한탄을 하는데 결국 전생에 어떤 업(業)을 지었냐는 말이다. 한편 이웃집 사람들은 사업이 잘되어 경제적으로 윤택하고 자식들은 착하고 공부도 잘하며 하는 일마다 그야말로 만사형통(萬事亨通)하여 그 집안에는 걱정 거리가 하나도 없는 것처럼 보일 때면,

　"저 사람들은 전생에 나라를 구했나 웬 팔자가 저리도 좋아!"

라고 하며 부러워한다.

이처럼 기쁠 때나 슬플 때나 좋을 때나 나쁠 때나 많은 이들의 입에 오르내리는 '전생'이란 무엇을 말하는 것일까? 전생을 과학으로는 설명할 수 없겠지만 불교에서는 삼생[三生: 전생 · 현생(現生) · 후생(後生)] 중의 하나로 이 세상에 태어나기 이전의 세상이라고 한다. 그러면서 전생과 현생 그리고 현생과 후생의 관계는 업(業)과 그에 대한 인과응보(因果應報)가 행(幸)과 불행(不幸)으로 나타나며 끝없이 윤회(輪回)한다고 하였다.

불교의 윤회 사상에서 늘 언급되는 '업'이라 하는 것은 몸과 입과 마음으로 짓는 선악(善惡)의 소행이라 하여 행동거지에 따라 짓는 신업(身業)과 말씨에 따라 짓는 구업(口業) 그리고 마음 씀씀이에 따라 짓는 의업(意業)으로 나누어 말하며 이들을 통틀어 삼업(三業)이라고 한다. '인과응보'는 수레바퀴의 회전이 그지없는 것처럼 중생(衆生)이 삼계 육도(三界六道: 인간이 사는 세 가지 세계와 윤회하여 이른다는 여섯 세계)의 미혹의 세계에서 생(生)과 사(死)를 되풀이한다는 윤회설(輪回說)에 바탕을 두고 있다. 이는 곧 전생에서의 행위의 결과에 따라 현생에서의 행과 불행이 있고, 현생에서의 행위의 결과에 따라 후생에서의 행과 불행이 생긴다는 말이다. 이와 같은 의미를 담고 있는 '업'과 '인과응보'는 불교에서 추구하고 있는 윤회 사상에 근간이 되는 불교적 용어(用語)이지만, 이 용어들은 이미 불교라는 종교적 울타리를 넘어 일반인들은 물론 타 종교인까지 모두가 속담처럼 사용하고 있다.

이러한 '업'을 내용에 따라 구분해 볼 때, 우선 옳은 생각에 따른 언행을 선업(善業), 못된 생각에 따른 언행을 악업(惡業)이라 하고, 전생에 지은 선악에 따라 현생에서 받게 되는 업을 전생업(前生業), 현생에서 지은 선악의 업을 현생에서 받게 되는 경우에는 현생업(現生業)이 되며, 이것을 다음 생애에서 받게 되면 후생업(後生業)이 되지만 후생에서 볼 때 현생업은 전생업이 되는 것이다.

　그렇다면 현생은 우리가 현재 살고 있어 눈으로 보고 확인할 수 있다고 하겠지만 전생과 후생이 과연 존재하는 것일까? 전생에 살았던 기억이 없고 후생에 살 것이라는 기약도 없으니 전생과 후생이 존재한다고 하기엔 실제적인 근거가 없다. 그렇다고 하여 없다고 단언하기엔 그만한 근거 또한 없다. 아마도 신(神)의 존재에 대해 종교인과 비종교인이 논하는 것과 다를 바가 없어 보인다. 이럴 땐 긍정적 사고로 판단하는 것이 좋으리라는 생각이 든다. 우선 합리적으로 생각해 볼 때, 어제가 있었기에 오늘이 있고 오늘이 있기에 내일이 있는 것처럼 전생이 있었기에 현생이 있고 현생이 있기에 후생이 있다 할 것이며, 후생이 현생이 될 때 현생은 다시 전생이 되는 것이다. 따라서 전생의 업이 현생의 삶에 영향을 주고 현생의 업이 후생의 삶에 영향을 끼친다고 본다면 전생 때문에 현생이 힘들어도 후생에는 현생보다는 낫게 하기 위해서라도 현생에 선업(善業)을 지어야 하지 않겠는가. 후생이 존재한다면 말이 후생이지 후생이 한 생애로 끝나는 것이 아니라 후생이 현생이 되면 그 다음이 후생이 되고 그 후생이 현생이 되면 그 다음이 또 후생이 되므로 현생의 삶이 그저 간단한 것이 아니니 현재의 삶을 함부로 하지 않는 것이 온당한 일일 것이다.

다음은 불교에서 말하는 열 가지 악업(惡業)을 나열하였다. 그러나 내용을 살펴보면 꼭 불교에 한정된 것이라기보다는 기독교의 십계명과도 흡사하며 일반인들도 이미 알고 있는 내용들이다.

첫째, 몸으로 짓는 세 가지 악업

(1) 살생(殺生): 사람이나 짐승을 함부로 죽이는 일

(2) 투도(偸盜): 남의 물건을 몰래 훔치는 일

(3) 사음(邪淫): 부부 이외의 사람과 성(性)을 무분별하게 다루는 일

둘째, 입으로 짓는 네 가지 악업

(1) 망어(妄語): 진실하지 못한 허망한 거짓말

(2) 기어(綺語): 교묘하게 꾸미며 도리에 어긋나는 말

(3) 양설(兩舌): 양쪽을 이간질하여 싸움을 붙이거나 한 입으로 두 말 하는 일

(4) 악구(惡口): 남에게 욕을 하거나 나쁘게 말하는 일

셋째, 마음으로 짓는 세 가지 악업

(1) 탐욕(貪慾): 지나치게 탐하는 욕심

(2) 진에(瞋恚): 자기 의사에 반함에 대하여 성내는 일

(3) 우치(愚癡): 못나고 어리석음

이상과 같이 악업을 열 가지로 나누었는데 사람들은 악업을 지은 양에 따라 그 반응도 다르다고 한다. 악업을 많이 지은 사람이 진리(眞理)를 들으면 노여워하고, 중간 정도인 사람은 진리에 대하여 반신반의하며, 악업이 적거나 없는 사람은 진리를 들으면 기뻐한단다. 사람들이 악업을 멀리하려면 깨달음이 있어야 하는데 깨

달음은 행한 일에 대하여 바르게 아는 것이다. 깨달음 없이는 갈등 속에서 자신의 마음 한편에 감추어져 있는 악업의 유혹을 뿌리치기가 어렵다는 것이다.

문득 독일의 헤르만 헤세가 쓴《데미안》이 생각난다. 그는《데미안》에서 마음속의 심오한 탐구와 갈등을 그렸다. 다음은《데미안》을 읽은 독자라면 누구나 좋아하고 애송하는 핵심 문장이다.

새는 알에서 나오려고 투쟁한다. 알은 세계다. 태어나려는 자는 하나의 세계를 깨뜨려야 한다. 새는 신에게로 날아간다. 신의 이름은 아프락삭스다.('아프락삭스'가 전영애 옮김의《데미안》에는 '압락사스'로 표기하였지만, 필자는 옛날에 읽었던 기억을 살려 '아프락삭스'로 표기하였다)

새로운 생명체가 태어날 때 어미는 맨몸으로 벽을 뚫는 것만큼 힘들고 아픈 산고(産苦)의 고통을 겪는다고 한다. 사람도 이러한 고통 속에서 축복을 받으며 고귀한 생명체로 태어난 것이다. 새가 알을 깨고 나오는 과정이 치열하고 힘들었지만, 이것이 아름다운 과정인 것처럼 사람 또한 하나의 세계를 깨뜨리고 또 다른 세계로 새롭게 태어난 것이다.

이제 태어난 자의 삶에 대한 주사위는 던져진 셈이다. 어떻게 살아가야 할 것인가에 대한 판단은 태어난 자의 몫이다.《데미안》에 등장하는 '아프락삭스'라는 신(神)도 한편은 선(善)을 간직하고 다른 한편에는 악(惡)을 지닌 신이라고 하였다. 하물며 사람의 마음속에 어찌 선만이 존재하겠는가. 그러나 현생에서 후생으로 갈 때

에는 재물과 명예와 같은 부귀영화(富貴榮華)도 소용이 없고 선업
이든 악업이든 오직 자신이 지은 업(業)만이 따라갈 뿐이란다.

5. 순국殉國 · 호국護國과 열사烈士 · 의사義士

우리나라는 삼일절 · 제헌절 · 광복절 · 개천절의 4대 국경일과 현충일과 같은 기념일을 맞으면 학교나 관공서 등의 공공 기관에서 기념 행사를 한다. 행사의 식순은 국민의례부터 시작을 하는데, 국민의례는 먼저 '국기에 대한 경례'를 하고 다음은 '애국가 제창' 그 다음이 '순국선열(殉國先烈)과 호국 영령(護國英靈)에 대한 묵념'을 한다. 이러한 과정은 초등학교 시절부터 지금까지 기념 행사에 참석할 때마다 무수히 반복되었던 일인데도 막상 '순국'과 '호국'의 차이점을 느끼지 못하고 지내 온 듯하다. 그러면 '순국'과 '호국'에는 어떤 차이점이 있을까?

우선 한자(漢字)로 풀이를 해 보면, '殉國(순국)'의 '殉(순)'은 '따라 죽을 순' 자이므로 '순국'은 '나라를 위하여 목숨을 바친다'는 뜻이 된다. 예를 들면 모든 박해와 고난을 물리치고 자기가 믿는 종교를 위하여 목숨을 바칠 때를 순교(殉教)라 하고, 좋은 제도는 아니었지만 옛날 임금이나 귀족의 장례에 그를 추종하던 사람 · 동물

그리고 애용하던 기물 따위를 죽은 이의 옆에 같이 묻던 일을 순장 (殉葬)이라 하였다.

따라서 순국선열이라 함은 다른 민족에게 빼앗긴 조국을 되찾고자 자발적으로 독립 투쟁을 벌이다 분사(憤死: 분에 못 이겨 스스로 목숨을 끊음)·전사(戰死)·옥사(獄死)·병사(病死)한 이들을 이르는 말이다. 이에 대해 독립유공자예우에 관한 법률에 의하면, '순국선열은 일제의 국권 침탈(國權侵奪)이 있었던 1910년 전후부터 광복 전인 1945년 8월 14일까지 국내외에서 일제의 국권 침탈에 반대하거나 독립 운동을 위해 일제에 항거하다가 순국한 자로서, 건국 훈장이나 건국 포장 또는 대통령 표창을 받은 자'라고 정의를 내리고 있다. 따라서 대한민국의 건국 공로자들이 바로 순국선열이라 하겠다.

'護國(호국)'은 '護(호)' 자가 '보호할 호'이므로 '나라를 보호하여 지킨다'는 뜻이다. 따라서 '호국 영령'은 국가의 부름을 받고 전쟁에 나가 적으로부터 국가를 보호하고 지키기 위해 싸우다가 희생된 이들이다. 사전적 의미로는 '목숨을 바쳐 나라를 지킨 명예로운 영혼'이라 할 수 있으며, 주로 6·25 전쟁에 참전했다가 목숨을 바친 용사들이 이에 속한다. 이들의 충혼(忠魂)을 기리는 날이 바로 6월 6일 현충일인데, 현충일은 창군(創軍) 이래 국토 방위 전선에서 전사·순직·병사한 장병과 군노무자·애국 단체원 등의 충성을 기리는 날이라 하겠다.

다음은 열사(烈士)와 의사(義士)의 차이점을 알아보고자 한다.

순국선열과 호국영령의 애국정신이 살아 숨쉬는 국립현충원

열사와 의사의 활동에 불을 붙인 것은 1905년[광무(光武: 조선 고종 34년에 제정된 연호) 9]에 일본이 한국의 외교권을 빼앗기 위해 한국을 보호한다는 명목으로 강제로 체결한 을사조약(乙巳條約)이다. 이 조약의 내용은 첫째 일본 외무성이 한국의 외국에 대한 관계 및 사무를 통치 지휘하고, 둘째 금후로는 한국 정부가 일본 정부를 경유하지 않고는 어떤 국제적 조약이나 약속도 할 수 없으며, 셋째 한국 황제 밑에 1명의 (일본) 통감을 두어 한국의 외교에 관한 사무를 관리한다는 것 등 다섯 조문으로 되어 있다.

이는 일본이 한국의 외교권은 물론 내정까지 관장하겠다는 속셈이었다. 이에 울분을 참지 못한 민영환(閔泳煥)은 결고동포(訣告同胞: 동포에게 이별을 고함)라는 유서를 써 놓고 자결하였고, 조병세(趙秉世)도 자결하였으며, 이한응(李漢應)은 을사조약이 체결되기 전에 의분을 참지 못하고 자결하였다. 이러한 일이 전국으로 알

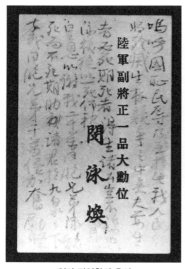

열사 민영환의 유서

일제의 을사조약 부당성을 알리기 위해
네덜란드 헤이그로 파견된 밀사들

려지면서 지방에서는 우국지사(憂國之士)들이 들고 일어나 항일의
기세는 불타는 벌판처럼 꺼질 줄 몰랐다.

이런 중에, 1907년 6월 네덜란드의 정치 도시 헤이그에서 26개
국 대표가 참석하는 만국평화회의(萬國平和會議)가 열리게 되었다.
한국은 이 회의에 참석하여 을사조약의 부당함을 알리기 위해 밀
사(密使)를 파견하기로 결정하였다. 이에 이준(李儁)과 이상설(李相
卨)이 고종의 신임장과 친서를 받아 가지고 러시아의 상트 페테르
브르크로 떠나, 러시아 주재 공사관이며 프랑스어에 능통한 이위
종(李瑋鍾)과 함께 네덜란드로 향했다. 네덜란드에 도착한 이들은
회담이 개최되기 전에, 고종의 신임장을 제시하고 한국의 전권 위
원으로서 회의 참가를 요구하는 한편, 을사조약은 오로지 일본의

협박에 못 이겨 체결된 것으로 대한제국 황제의 자주적 입장에서 승락한 것이 아니기 때문에 마땅히 무효화 되어야 한다고 주장하면서 이 조약의 무효화를 회의의 정식 의제로 상정시켜 달라고 요청하였다.

그러나 일본 대표 고무라의 방해 공작으로 회의 개최 당사국인 네덜란드 정부와 평화회의 의장인 러시아 대표 넬리도프는 을사조약이 이미 국제적으로 승인된 이상, 다시 국제회의에 상정시켜 의논할 수 없으며, 한국 대표도 참석할 수 없다고 거절하였다. 이에 한국 대표들은 열강의 여론을 환기시키기 위해 영국·미국·프랑스의 대표들을 개별 방문하여 을사조약의 부당성을 역설하고, 각국 신문을 통하여 일본의 침략 행위를 폭로하였으나 구체적인 성과는 얻지 못하였다. 이준은 울분을 참지 못하고 네덜란드 헤이그에서 자결하였다.

1909년[융희(隆熙: 순종 때의 연호) 3] 초대 통감 이토 히로부미[伊藤博文(이등박문)]가 돌아왔다. 그는 일본 정계의 거물로서 대단한 전략가였다. 당시 만주 문제가 일본과 러시아 간에 중요 문제로 떠오르자, 이 문제를 해결하려고 러시아 대표 코코프체프와 만주에 있는 하얼빈에서 회담을 하기로 되어 있었다. 이러한 사실이 신문에 보도되자, 전부터 을사조약의 원흉인 이토 히로부미를 없애려고 기회를 엿보던 안중근(安重根)은 굳은 결심을 하고 만주로 떠났다.

그러나 이토 히로부미를 제거할 기회가 쉽게 찾아오질 않자, 그는 다시 러시아 블라디보스토크로 떠나 그곳에서 의병을 양성하고 우국의 동지들을 규합하는 데 힘을 기울이고 있던 중, 이토 히로부미가 하얼빈에 온다는 소식을 전해 들었다. 그는 이토 히로부미를 사살할 목적으로 가슴 속에 권총을 지니고 동지 우덕순(禹德淳)과 함께 하얼빈 역으로 향했다. 이토 히로부미의 도착이 임박해지자, 역전에는 러시아의 고관과 주민들 그리고 그를 환영하는 일본인들로 인산인해를 이루고 있었다. 안중근은 사람들의 틈에 끼어 역 안으로 잠입하는 데 성공했다. 오전 9시경에 이토 히로부미가 도착하자, 일본과 러시아의 고관들이 열차 안으로 들어가 환영을 하였다. 이토 히로부미는 열차에서 내려 러시아 군대를 사열하기 시작했다. 안중근의 예리한 눈과 이토 히로부미를 겨냥한 총구는 그를 놓치지 않고 추적하고 있었다. 군악 소리가 역의 광장을 뒤흔들어 총을 쏜다해도 모를 지경이었다. 하늘의 도움으로 뜻을 이룰 수 있는 좋은 기회를 맞이하게 되었다.

이토 히로부미가 안중근이 있는 군중 앞으로 점점 다가오고 있었다. 사정거리에 들어서자, 안중근의 권총은 그를 향하여 불을 뿜었고 연이어 3발을 쏘아 수행한 대신들에게도 총상을 입혔다. 이토 히로부미가 가슴에 총탄을 맞고 쓰러지자, 그 현장은 순식간에 아수라장으로 변해 버렸다. 러시아 군대와 일본 헌병들이 달려들어 안중근을 체포했다. 얼마 후 한국 침탈의 원흉이었던 이토 히로부미는 응급 치료의 효과도 없이 죽어 갔다. 이 소식이 일본에 전해지자, 일본의 조정과 민간에서는 경악을 금치 못했으며, 이로 인하여 한국에 대해 더욱 강력한 식민지화 정책이 추진되었다.

1909년 12월 이토 히로부미의 장례가 일본에서 거행되었고, 1년

안중근 의사

뒤인 1910년 12월 안중근은 여순 감옥에서 순국하였다. 그는 죽는 순간에도 일본 법정에 굽히지 않고 태연한 모습으로 눈을 감았던 것이다.

위 글의 내용처럼, 열사는 나라를 위해 충성을 다하여 외적(外敵)과 싸운 사람으로, 맨몸으로 저항하며 자신의 지조를 나타내다가 의롭게 목숨을 바친 이들이다. 이들은 강력한 항의의 뜻으로 자결을 하거나 뜻을 굽히지 않아 옥사하는 경우가 대부분이며, 이준을 비롯하여 민영환·조병세·이한응 같은 이들과 3·1 운동에 앞장서 한국의 잔 다르크라 불리던 유관순(柳寬順) 같은 이들을 바로 열사라고 한다.

의사는 국가와 민족을 위해 무력(武力)으로 일의 성패와는 관계 없이 외적에 항거하여 의롭게 목숨을 바친 이들이다. 의사에는 하얼빈 역에서 이토 히로부미를 저격한 안중근을 비롯하여, 1932년 1월 8일 도쿄 사쿠라다몬에서 관병식(觀兵式)을 마치고 돌아오는 일본 천황 히로히토에게 수류탄을 던져 저격하려 하였던 이봉창(李奉昌), 1932년 4월 29일 홍커우 공원에서 열린 일본 천황의 생일을 기념하는 천장절(天長節) 축하식장에 폭탄을 던져 시라카와 요시노리 대장을 죽이고 여러 요인들에게 부상을 입혔던 윤봉길(尹奉吉)과 같은 이들을 의사라 하겠다.

그리고 지사(志士)는 국가와 민족을 위해 자신의 몸을 바쳐 일하려는 충절(忠節)을 가진 모든 이들을 일컫는다. 열사와 의사도 여기에 포함되며, 또한 열사와 의사와는 달리 충절이 있는 경우라면 살아 있는 이들에게도 사용할 수 있는 호칭이다.

백범 김구 선생과 윤봉길 의사

이봉창 의사

6. 태극기太極旗와 애국가愛國歌

태극기는 우리나라의 국기(國旗)로서, 흰 바탕의 한 가운데에 붉은색과 푸른색으로 태극을 상징하는 원을 이루고, 사방의 네 모서리에는 대각선으로 검은색의 4괘(四卦)가 그려져 있다. 이는 1882년(고종 19)에 박영효(朴泳孝)가 일본에 수신사(修信使)로 다녀올 때 처음으로 제작·사용하였고, 이듬해에 정식으로 우리나라 국기로 채택·공포된 것이다. 이보다 앞서 세계 각국은 근대 국가로 발전하면서 국기를 제정하여 사용하기 시작하였다. 우리나라의 경우에는 1882년에 체결된 조미 수호 통상 조약(朝美修好通商條約)의 조인식이 직접적인 계기가 되었다고 한다. 하지만 그 당시 조인식에 게양되었던 우리나라 국기의 형태에 대한 기록은 아쉽게도 아직 나타나지 않고 있다.

그러나 지금의 우리나라 국기에 대해 알 수 있는 기록이 있는데, 1882년 박영효가 고종(高宗)의 명에 따라 '대조선 특명전권대신 겸 수신사'로 일본에 다녀오면서 그 과정을 기록한《사화기략(使和記略)》이다. 이 기록에 의하면, 그해 9월 박영효는 선상에서 태극 문양과 그 둘레에 8괘 대신 건·곤·감·리(乾·坤·坎·離)의 4괘를 그려 넣은 기를 만들어 사용하였고, 바로 10월에 이 사실을 본국에 보고하였다.

고종은 다음 해인 1883년 왕명으로 태극 문양과 4괘를 넣어 만든 태극기를 국기로 제정·공포하였다. 그러나 그 제작법을 구체적으로 명시하지 않은 관계로 다양한 형태의 국기가 만들어져 오다가, 1942년 대한민국 임시 정부에서 국기 제작법을 일치시키기 위해 '국기 통일 양식(國旗統一樣式)'을 제정·공포하였지만 일반 국민들에게는 널리 알려지지 않았다.

그러다가 1948년 8월 15일 대한민국 정부가 수립되면서 국기의 제작법에 다시 관심이 모아지고 이에 정부는 1949년 1월 '국기 시정 위원회(國旗是正委員會)'를 구성하여 그해 10월에 '국기 제작법 고시'를 확정·발표하였다. 이후 국기에 관한 여러 가지 규정들이 제정·시행되어 오다가, 2007년 1월 '대한민국 국기법'이 제정되어 지금까지 실행되고 있는 것이다.

'태극기'라는 명칭을 사용하기 시작한 것은 1919년 3월 1일 조선의 민족 대표 33인이 독립 선언을 하던 때부터였다고 한다. 나라를 빼앗긴 조선 백성들은 기미년(己未年 1919) 3월 1일 정오에 탑골 공원에서 독립 선언문 낭독과 함께 전국적으로 대한 독립 만세 운동을 펼치기로 되어 있었다. 이날 참여할 모든 백성들은 누구를 가리지 않고 태극기를 들고 나오기로 하였는데, 그때만 해도 '조선 국기'라고 부르던 명칭을 일본인들이 알아차리지 못하도록 하기 위해 '태극기'로 부르자고 약속을 하면서부터였다고 한다. (그러나 한

편 태극 문양 때문에 '태극기'라고 하지 않았나 하는 추측도 해본다) 그러다가 1942년 3월 1일 대한민국 임시 정부 수립 23주년 3·1절 기념식에서 우리나라 국기의 명칭을 '태극기'로 정하고 그 존엄성을 명문화하였던 것이다.

태극기의 흰 바탕은 티 없이 순일(純一)한 한민족의 성정(性情)을 나타내고, 중앙에 위치한 청색과 적색의 태극 문양은 음양(陰陽) 이원(二元)의 두 요소로 우주 만물이 쇠하여 사라지고 성하여 자라나는 생장 변화의 근원이 되는 실체를 의미한다. 또한 건(乾)은 양(陽)으로 하늘과 부(父)를 뜻하며 방위는 북서쪽이고, 곤(坤)은 음(陰)으로 땅과 모(母)를 뜻하며 방위는 남서쪽이다. 감(坎)은 수(水)로 달을 뜻하며 방위는 북쪽이고, 이(離)는 화(火)로 해를 뜻하며 방위는 남쪽을 나타낸다.

이러한 4괘는《주역(周易)》에서 나온 것으로, 이는 중국 삼경(三

經) 중에 하나인 역경(易經)이며, 만상(萬象)을 음양(陰陽) 이원(二元)으로 설명하여 그 으뜸을 태극(太極)이라 하였고, 거기서 64괘를 만들어 철학·윤리·정치상의 해석을 덧붙인 것이다.

다음은 4괘의 의미를 이해하는 데 도움이 되게 하고자,《주역》에서 4괘에 대해 설명한 내용 중에, 그 일부를 발췌해 본다.

건(乾 ☰)은 '크게 형통한다. 곧으면 이롭다'고 하면서, '건(乾)의 원(元)이여! 만물이 이에 힘입어서 비롯하나니 곧 하늘을 거느렸도다. 구름이 가고 비가 내려서 모든 만물이 형상을 이룬다. 시작과 끝을 밝게 알면 육위[六位: 천도(天道)인 음(陰)과 양(陽), 지도(地道)인 유(柔)와 강(剛), 인도(人道)인 인(仁)과 의(義)를 상징하는 역괘(易卦)]가 제때에 이루어질 것이니, 때로 육룡(六龍)을 타고 하늘을 어거(馭車: 거느려서 바른 길로 나가게 함)한다'고 하였다.

곤(坤 ☷)도 '크게 형통한다. 역시 곧음이 이롭다'고 하면서, '지극하도다, 곤원(坤元)이여! 만물이 여기에서 난다. 곧 하늘에 순종하고 하늘을 받드는 것이다. 곤(坤)의 후덕함이 만물을 실어서 무강(无疆: 끝이 없음)한 건(乾)의 덕에 합한다. 포용하고 넓고 빛나고 커서 만물이 모두 형통한다'고 하였다.

감(坎 ☵)을 원래는 습감(習坎: 물이 계속하여 흘러온다는 뜻)이라하였다. '감(坎)은 성실함이 있으면 오직 마음이 형통할 것이다. 행하면 높임을 받는 일이 있을 것이다. 감(坎)은 원래 험한 것이다. 물은 흘러도 넘치지 아니하며, 험한 데를 가도 성실함을 잃지 않는다. 하늘의 험한 곳은 높아서 올라갈 수 없고, 땅의 험한 곳은 산천과 구릉이다. 물이 계속해 오는 것이 감(坎)이다. 군자는 이것을 거울삼아 덕행을 닦고 교화하는 일을 익힐 것이다'고 하였다.

이(離 ䷜)는 '곧으면 이롭고 형통한다'고 하면서, '암소의 유순(柔順)함을 기르면 길할 것이다. 이(離)는 자리를 잡는다는 말이다. 해와 달은 하늘에 자리를 잡고, 백곡과 초목은 땅에 자리를 잡는다. 거듭 밝음으로써 바른 자리에 서서 천하를 교화하여 풍속을 이룬다. 밝은 것이 두 번 일어나는 것을 이(離)라고 한다. 대인은 이것으로써 밝은 것을 계승하여 사방을 비춘다'고 하였다.

다음은 애국가에 대한 이야기이다. 애국가는 우리나라의 국가(國歌)로서, 나라를 사랑하는 마음으로 온 국민이 부르는 노래이다. 작곡가는 안익태(安益泰)로 되어 있으나, 작사자는 윤치호(尹致昊)·안창호(安昌浩)·최병헌(催炳憲)·김인식(金仁湜)·민영환(閔泳煥) 등이라는 설로 분분하여 아직 미상(未詳)으로 남아 있다.

우리의 애국가는 16소절로 간결하면서도 장중하며, 일제 침략기에는 스코틀랜드의 민요곡인 '올드랭 사인' 곡조에 맞추어 불렀으나, 1948년 8월 15일 정부 수립과 동시에 국가로 지정되었고, 이때부터 1935년 오스트리아 수도인 빈에서 안익태가 작곡한 지금의 애국가 곡조가 불려지게 된 것이다.

애국가가 처음에는 '애국창가'라고 하였다가 '무궁화가'라 불리기도 하였고, '애국충성가'라고도 하여 고종 황제 찬양과 민족 의식 고취를 강하게 표출하기도 했었다.

또한 우리나라에서 '애국가'라는 제목으로 시나 노래가 나타나기 시작한 것은, 독립 운동가였던 서재필(徐載弼)이 독립 신문을 발행하면서 개화 사상에 영향을 받은 많은 애국자들이 자주 독립

사상과 개화 운동을 촉구하는 내용의 시를 쓰면서부터였다. 이러한 시들은 '애국가'라는 제목으로 독립 신문에 계속하여 발표되었고, 그러다가 이러한 '애국시'가 '애국가'라는 노래로 처음 불리게 된 것은, 1896년 독립문(獨立門) 정초식(定礎式)에서 윤치호가 짓고 선교사이며 배재학당의 교사였던 번커가 곡을 붙인 것을 배재학당의 학생들이 불렀던 것이라고 한다.

다음은 당시 '애국가'와 관련된 가사 중에서, 현재의 애국가 가사와 가장 비슷한 가사로 만들어진 '애국찬미가(무궁화가2)'를 참고로 소개해 본다.

1절 동해 물과 백두산이 말으고 달토록
     하나님이 보호하사 우리 대한 만세
     (후렴) 무궁화 삼천리 화려 강산
     대한 사람 대한으로 길히 보전하세
2절 남산 우헤 저 소나무 철갑을 두른 듯
     바람 이슬 불변함은 우리 긔상일세
3절 가을 하날 공활한데 구름 업시 놉고
     밝은 달은 우리 가슴 일편단심일세
4절 이 긔상과 이 맘으로 님군을 섬기며
     괴로오나 질거우나 나라 사랑하세

이와 같은 애국가 가사의 작사자에 대하여는 앞에서도 언급했듯이 여러 사람이 언급되고 있지만, 애국가의 후렴구인 '무궁화 삼천리 화려 강산 / 대한 사람 대한으로 길이 보전하세'가 1896년 독립

문 정초식 때 배재학당 학생들이 부른 '애국가'에서 처음 등장했다는 점을 들어, '애국가'의 가사는 윤치호가 지었다는 설이 대두되고 있다.

더하여 정 모 씨는 1955년 국사편찬위원회에 보낸 '애국가 작사자에 관한 의견서'에서, 애국가 가사는 1945년 윤치호가 개성에 은거할 때 그 자녀들에게 기념으로 써 주었다는 것과, 1907년 '찬미가'라는 소 책자 속에 윤치호의 작으로 기록된 원본이 있다는 점, 그리고 윤치호가 아니라는 측에서 문제로 삼고 있는 '님군을 섬기며'라는 구절을 '충성을 다하야'로 쓴 것에 대하여는 윤치호의 자녀들이 직접 목격했다는 점을 들어 애국가의 작사자는 윤치호라고 주장한 바 있다.

한편, '애국가'의 작사자가 윤치호가 아니라 안창호라고 주장하는 측에서는 후렴구의 철자법이 구식이 아니고 신식으로 쓰였다는 점과, '님군을 섬기며'라는 구절을 '충성을 다하야'로 바꾼 것에 대한 의도를 유추해 볼 때, 오히려 안창호라는 의견을 제시하고 있다.

또한 안 모 씨는 《독립 건국을 이룩한 안창호 애국가 작사》라는 저서에, 안창호의 친필인 '무궁화가2'가 발견되었다는 내용을 중심으로 기술하여 애국가의 작사자는 안창호라 주장하고 있다.

하여튼 국사편찬위원회에서는 애국가의 작사자가 아직도 미상으로 남아 있는 이 문제를 다각적으로 심도 있게 협의하여 우리 애국가의 '작사자 OOO, 작곡가 안익태'라고 대한민국 미래의 꿈나무들에게 말해 줄 수 있는 그날이 되도록 하루 빨리 결론을 도출해 줄 것을 기대해 본다.

(아직까지 사회적 합의가 이루어지지 않은 '애국가 작사자'에 관하여 필자는 편견 없이 객관적으로 기술하려 노력하였으나, 혹여 독자의 의견에 부합되지 못한 부분이 있더라도, 본고가 애국가 작사자의 시비(是非)를 가리는 것이 아니라 우리 청소년들에게 애국가의 유래와 의미를 알리는 것이 목적인 점을 감안하여 너그러운 이해를 구한다).

7. 사춘기^{思春期}와 갱년기^{更年期}

삼라만상(森羅萬象: 우주에 존재하는 온갖 사물과 현상)이 음양 이기(陰陽二氣)에 의해 생장(生長)하였다가 소멸하는 것처럼, 사람도 태어나면 성장하여 장성(長成)하였다가 쇠하여 늙고 끝내는 세상을 등지는 것이 자연의 순리(順理)라 하겠다. 그러나 사람은 자연의 순리를 따르면서도 동식물과는 달리 '요람에서 무덤까지'라는 슬로건(slogan)을 내걸고 좀 더 나은 삶을 영위하고자 많은 노력을 기울여 왔다. 그 일환으로 여러 학자들이 사람이 태어나서 죽을 때까지의 생애 주기를 그 특성에 따라 구분하여 연구를 하였는데, 세계적인 심리학자 프로이드는 아동의 발달 과정을 5단계로 나누어 설명하였고, 스위스의 철학자이며 심리학자인 피아제는 그의 '인지 발달 이론'에서 인간의 일생을 5단계로 나누어 설명하였으며, 미국의 정신 분석 학자인 에릭슨은 인간의 생애 주기를 8단계로 나누어 그 이론을 펼쳤다. 이 중에 에릭슨이 말한 인간 발달 과정의 8단계는 각 단계마다 생애 주기에 따른 심리적·사회적으로 해결하고 넘어가야 할 발달 과업이 있다고 하였다. 우리나라 학자들

중에도 일부는 인간 발달 과정을 8단계로 나누어 그 특성을 설명하고 있다.

인간 발달 과정에 대하여 여러 학자들의 이론을 종합해 보면 7단계 정도로 정리가 된다. 첫째 단계는 영아기(嬰兒期)로 출생에서 2세 정도까지의 젖먹이 시절을 뜻하고, 둘째는 유아기(幼兒期)로 2세에서 6세 정도의 어린아이로 놀이를 즐기는 시기이며, 셋째는 아동기(兒童期)로 6세에서 12세 정도의 학동(學童)으로 초등학교에서 의무 교육을 받아야 할 시기이다. 다음 넷째는 청년기(靑年期)로 12세에서 20세 정도의 청소년으로 신체와 정신이 왕성하게 발달하기 시작하는 시기이며, 다섯째는 성년기(盛年期)로 20세에서 40세 정도의 장년(壯年)으로 혈기 왕성하고 한창 활동할 시기이고, 여섯째는 중년기(中年期)로 40세에서 60세 정도의 나이에 해당하여 장년보다는 더 숙련미가 있으나 노인이라 하기에는 아직 이른 시기이며, 일곱째는 노년기(老年期)로 만년기(晩年期) 또는 모년기(暮年期)라고도 하여 노인으로 지내는 시기이므로, 생리적인 모든 기능이 감퇴되고 개성의 주관화(主觀化)가 강하면서 불안해 하고 불만을 토로하며 저항의 경향이 두드러지는 시기라 하겠다.

그런데 현실에서는 학자들이 말하는 인간의 생애 주기 안에 두 가지 주기를 더 포함해야 할 것 같다. 바로 아동기에서 청년기로 넘어갈 즈음에 나타나는 사춘기와 중년기 중간 정도에서 나타나는 갱년기가 그것이다.

　우리나라에서의 사춘기는 '중2병(中二病)'이라고 하여 특별한 대우를 받는다. 가족은 물론 학교에서는 중3부터 고3까지도 모두 중2를 무서워한단다. 중2병에 걸리면 모든 일이 '기·승·전' 다음엔 '결'이 아니라 '엄마 탓'이다. 늦게 일어나도 엄마 탓, 성적이 오르지 않아도 엄마 탓, 친구와 말다툼을 해도 엄마 탓, 그저 제 잘못은 없고 모든 것이 엄마 탓이다. 감정의 기복은 또 어떤가. 꼭 정신 나간 사람 널뛰기하듯 한다. 무엇 때문에 화가 났는지는 몰라도 현관에 들어서며 책가방을 집어던지고 방문이 부서져라 쾅 닫고 들어갔다가는 금세 언제 그랬냐는 듯 방문을 빠끔히 열고 나와서는 해해거리며 애교를 떨고 엄지와 검지로 하트를 지어 보이고는 이번에는 기·승·전 다음에 용돈이다. 이러한 사춘기를 일러 '성장통을 겪는 시기'라고 한다. 이때는 목소리가 굵어지고 얼굴에는 여드름이 나며, 신체의 변화를 느끼면서 가끔씩은 혼자 있고 싶어지기도 하고, 반항과 저항이 멋있어 보이며, 차원이 다른 세계를 찾아 떠나고 싶은 충동을 느끼기도 한다.

　이러한 '思春期(사춘기)'를 한자로 풀이하면 '봄을 생각하는 시기'라고 할 수 있다. 이를 좀 더 자세히 설명하면, '春(봄 춘)'은 회의 · 형성 문자로서, '艸(풀 초)+屯(진칠 둔)+日(날 일)'이 합하여 만들어진 문자이고, '屯(진칠 둔)'은 '一(한 일)+屮(싹날 철)'이 합쳐진 것이어서 '대지[一(한 일)]를 뚫고 싹[屮(싹날 철)]이 움터 나오려고 애쓰는 모양'의 뜻을 가진 문자가 된다. 결국 사춘기에 쓰인 한자 '春(봄 춘)'은 '풀[艸(풀 초)]이 햇볕[日(날 일)]을 받아 비로소 땅 위로 싹이 돋으려고[屯(진칠 둔)] 한다'는 뜻을 가진 문자인 것이다. 또한 우리가 흔히 사용하고 있는 '春夏秋冬(춘하추동)'이란 글자에서도 봄을 뜻하는 '春(춘)'이 제일 먼저 쓰이고 있다. 사계절의 시작이 봄이 되듯이 인간 발달 단계에서 봄에 해당하는 사춘기는 자신의 인생에 있어 그 시작과 같은 것이라 하겠다.
　따라서 사춘기는 '중2병'이라 하여 마음대로 행동하는 것이 아니라 신체의 변화가 정상적인 성장 과정임을 인지하고, 이에 적응하면서 불현듯 치미는 충동을 통제하며, 부모로부터 독립하려는 심리 상태가 나타나는 것은 자아 정체성(自我正體性: '나는 누구인가?'에 대하여 다른 사람과 구별되는 총체적이고 함축적이며 변하지 않는 나의 본질 또는 그것을 깨닫는 성질)을 확립하려는 의도가 있음을 암시하는 것이므로 이 또한 정상적인 인간 발달 단계의 한 과정임을 알아야 한다.
　2500년 전에도 사춘기는 있었던 모양이다. 공자(孔子)는 사람이 태어나 15세 정도에 이르면 자아 정체성을 확립하기 시작하는 사춘기임을 알고, 학문을 통해 현명하게 사춘기를 극복하고 자아 정체성을 확립하라며, 사람의 나이 15세를 일러 '지학(志學: 학문에 뜻을 두는 일)'이라 하였던 것 같다. 사춘기는 자신의 인생을 설계함에 있어 그 첫 단추를 꿰는 시점이다. 강하건 약하건 간에 누구나 겪는 사춘기를 무모한 행동의 핑곗거리로 삼지 말고 나 자신을 위한 진정한 자아 정체성을 확립하는 계기로 삶아야 할 것이다.

인간 발달 단계에서 사춘기만큼이나 유명한 '갱년기'가 있다. 웃기는 얘기로 사춘기 자녀와 갱년기 엄마가 다투면 갱년기 엄마가 이긴단다. 사춘기보다 세다는 갱년기에 들면 신체적 변화가 크게 오고 몸과 마음 모두가 고통스러워진다. 갱년기는 여성뿐만 아니라 남성들도 겪는데 남성보다는 여성이 더욱 크게 체감하며 갱년기 증상 또한 더욱 심하다고 한다. 따라서 갱년기에 나타나는 증상이 사춘기에 나타나는 증상보다 훨씬 강하고 다양하다. 우선 신진대사 활동이 쇠하여지면서 마음이 우울해지고, 자신감이 떨어지며, 의욕이 감퇴되어 외출도 줄어들고, 건망증이 심해지며, 별일도 아닌데 짜증을 내고, 모든 일에 초조하고 불안해 하며, 사소한 일에도 예민해지고, 갑작스럽게 안 골던 코를 골며, 소화 기능이 저하되어 자주 체하고, 관절에 무리가 와 아프며, 오한을 동반한 식은 땀이 나고, 수족 냉증과 다리 저림 현상이 나타나며, 피부가 노화되어 건조하고, 얼굴에 홍조 현상과 몸에 열이 나기도 하며, 두통과 불면증에 시달리고, 어지럼증과 피로감을 자주 느끼며, 가끔은 비관적인 생각이 들 때도 있다고 한다.

이처럼 사춘기보다 갱년기에 더 큰 고통이 따르는 것은 아마도 이별의 아픔이 더 크기 때문인 것 같다. 사춘기는 아동기와 이별을 한다고 하지만, 오히려 장대한 꿈을 그리며 자아 정체성을 확립하는 시기이므로 그 이별의 아픔을 느끼기보다 청년기를 맞이하는 기대감이 있기에 성장통이 있다 하더라도 크게 어려움을 느끼지는 않을 것이다. 그러나 갱년기는 그동안 혈기 왕성하고 한창 활동했던 생애 주기의 장년으로서 가정과 사회의 일원으로 열심히 일하여 최상의 꿈을 이루었던 성년기·중년기와 이별을 하고, 이제 모든 생리적 기능이 감퇴되고 쇠하여지는 노년기를 맞이하자니 그 몸과 마음의 고통이 얼마나 클 것인가를 미루어 짐작할 수 있을 것이다.

그러나 인간도 어쩔 수 없이 자연의 이치에 순응하여 노년기를 맞이해야 한다. 그래서 '更年期(갱년기)'에 '更(다시 갱)' 자를 써서 '다시 해[年(해 년)]를 맞이한다'고 하였다. 공자도 갱년기에 해당하는 사람의 나이 50세를 일러 '지천명(知天命: 하늘의 이치를 안다)'이라 하지 않았던가. 따라서 갱년기는 하늘의 이치를 알고 순리에 따르는 시기임을 의미하는 것이라 하겠다.

그런데 오늘의 현실은 놀랍게도 100세 시대에 들어섰다. 갱년기의 시기를 늦추어 60세라 하더라도 노년기의 기간이 40년이나 된다. 하늘의 이치를 알고 건강을 유지하며 가정에서나 사회에서 보람된 일을 찾아 노년기를 즐겁고 행복하게 영위하는 것이 노년기의 과제이다. 인생 경륜(經綸)이 쌓인 늙은이는 작은 도서관에 버금간다 하였고, 또한 노년기의 중간인 80세가 되면 천리안(千

里眼: 먼 데서 일어난 일을 직감적으로 감지하는 능력)이 생긴다고 하였다. 후손들을 위해 지혜를 나누고 천리안으로 미래의 세상을 헤아려 준다면 이보다 더 큰 보람이 어디 있겠는가.

8. 치매癡呆와 똥칠

치매는 사회생활을 하는 데 필요한 정상적인 정신 능력, 곧 지능·의지·기억 따위가 대뇌 신경 세포의 손상 등으로 말미삼아 지속적·본질적으로 상실된 상태를 말한다. 한자로는 '癡(어리석을 치)'와 '呆(어리석을 매)'를 써서 '어리석은 사람'이라 할 수 있다. 이를 좀 더 깊이 생각해 보면, '癡(치)'와 '痴(어리석을 치)'는 서로 상통하는 글자이며 '치(痴)'는 '疒(병질 엄)'과 '知(알 지)'가 합하여 만들어진 문자이므로 '지식이 병들다'의 뜻이 된다. 또한 '呆(매)'는 '口(입 구)'와 '木(나무 목)'이 합해진 글자로 '나무 위에서 입을 벌리고 있는 모양'이다. 나무 밑에서 입을 벌리고 있어야 열매를 얻을 수 있는데 나무 위에서 입을 벌리고 있는 꼴이니 정말로 어리석은 일이 아닐 수 없다. 따라서 '치매(癡呆)'는 '지식이 축적되어 있는 대뇌가 병들어 어리석은 사람이 된다'는 의미를 가진 질환이다.

치매의 질환은 정상적으로 지적 수준을 유지하다가 후천적으로 인지 기능이 손상되고 인격의 변화가 발생하는 것으로, 기억을 하고 사고를 할 수 있는 능력이 점차 감퇴하여 일상적인 생활을 하기가 어렵게 되는 질병이다. 우리나라에서 근래(2018년 기준)에 조사된 치매 환자의 수는 75만 명 정도라고 하는데, 이 중 70만 명이 65세 이상의 노인으로 노인 10명 중 1명이 치매 환자이고, 80세 이상의 노인 중에는 4명 중 1명이 치매 환자라고 한다. 치매의 유형에는 알츠하이머 치매, 혈관성 치매, 이마 관제엽 치매 등이 있다. 이 중 알츠하이머 치매가 가장 많다고 하는데, 이는 대뇌가 위축되어 단기 기억 상실과 적절한 어휘를 찾는 데 어려움을 겪고, 방향 감각이 현저하게 감퇴되어 자주 길을 잃기도 하며, 돈에 대한 관리가 소홀해지고, 새롭거나 복잡한 음식을 만들지 못하며, 약을 챙겨 먹는 것도 잊어버리고, 추론하거나 판단하는 일에는 더욱 어려움을 느낀다는 것이다.

치매의 질환은 별안간 나타나는 것이 아니라 사전에 치매의 증상이 나타난다고 한다. 많은 사람들의 입에 오르내리는 치매의 증상을 모아 정리해 보면 다음과 같다.

- 성격이 거칠어지고 까다로우며 신경질을 자주 낸다.
- 지나치게 예민하여 자기 제어를 못 할 때가 있다.
- 평소에 하지 않던 욕설을 하거나 험담을 자주 한다.
- 상대방을 지나치게 경계하거나 증오심을 나타낸다.
- 시간, 날짜에 대한 인식이 둔하거나 혼동을 한다.
- 숫자에 대한 인식이 둔하고 계산 등 추상적 사고력이 떨어진다.

- 가고자 하는 장소를 혼동하거나 기억을 못 한다.
- 본인 또는 가족의 이름을 기억하지 못하거나 글자에 대한 인지력이 떨어진다.
- 상대방을 다른 사람과 혼동하거나 아주 기억을 못 한다.

이처럼 치매의 증상이 다양하게 나타나지만, 증상만으로는 치매 질환을 진단하기가 어렵다고 한다.

우리말에는 치매와 비슷하게 쓰이는 말로 노망(老妄)이란 말이 있다. 늙어서 망령(妄靈: 정신이 흐려서 말이나 행동이 정상을 벗어난 상태)이 들었다는 뜻이다. 그런데 엄밀히 말하면 치매와는 구별이 되는 말이다. 왜냐하면 노망은 나이가 들어 신체의 노화에 따른 자연스러운 현상이지만, 치매는 의학적으로 진단하여 질환으로 규정되는 치료의 대상이기 때문이다.

필자가 어렸을 때의 일이다. 이웃집에 연로한 할머니가 계셨다. 할머니는 식사를 잘 하지 않고 대신 구슬보다 큰 눈깔사탕을 입에 달고 사셨다. 아들이나 며느리가 시장에서 눈깔사탕을 사다가 할머니에게 드리는 날에 맞춰 그 집에 가면 눈깔사탕을 횡재한다. 아들이나 며느리로부터 사탕 봉지를 넘겨받은 할머니는 흰색 사탕만 남기고 빨간색·노란색·파란색의 사탕은 마당으로 집어던졌던 것이다. 색깔이 있는 사탕을 먹으면 죽는다고 소리치며 흰 사탕만 남기고 나머지 사탕은 마당으로 버리는 것이었다. 할머니 덕분에 동네 꼬마들은 맛있고 예쁜 눈깔사탕을 주워 먹곤 하였다. 지금 생각하니 이 할머니는 치매가 아니고 노망이었던 것 같다. 왜냐하면

그 할머니가 치매 질환이라면 색이 있는 사탕을 먹으면 죽는다고 하는 그런 생각 자체를 할 수 없었을 것이기 때문이다.

치매 이야기를 하면서 '건망증(健忘症)'을 빼놓을 수가 없다. 건망증도 일단 기억의 장애로, 보고 들은 것을 금방 잊어버리거나 어떤 시기 이전의 일을 기억하지 못하는 등의 증상을 보인다. 그런데 '건망증'을 한자로 표기할 때, '忘(잊을 망)' 자와 '症(증세 증)' 자는 '건망증'과 관련이 있는 문자라고 볼 수 있으나, '健(튼튼할 건)' 자는 '건망증'과 관련이 없어 보인다. 그러나 '健(건)' 자가 일반적으로 '튼튼하다'는 뜻으로 쓰이고 있지만, '매우, 심히'의 뜻도 가지고 있어 '健忘症(건망증)'의 '健(건)'이 여기서는 '매우, 심히'의 뜻으로 쓰였기 때문에 '매우 잘 잊어버리는 증상'이라고 풀이하면 될 것이다.

한편 '健(건)' 자가 '건망증'의 '健(건)'과 같이 '매우, 심히, 몹시, 잘'이란 뜻으로 쓰인 예(例)가 있어 소개한다. 중국 당(唐)나라의 시인으로 향산거사(香山居士)라는 호를 가진 백거이(白居易)가 그의 술친구인 황보서(皇甫曙)에게 지어 보낸 '偶作寄郎之(우작기랑지: 우연히 시를 지어 낭지 황보서에게 보내다)'라는 제목의 시(詩) 끝부분에 '健忘(건망)'이 나온다.

歷想爲官日(역상위관일: 벼슬살이 세월을 되돌아보니)
無如刺史時(무여자사시: 자사 시절만 같지 못하여)
〈중략〉
老來多健忘(노래다건망: 늙어가며 잘 잊음이 늘어나는데)
唯不忘相思(유불망상사: 오직 서로 그리던 일만은 잊지 못하네)
*자사(刺史)는 중국에서 군(郡)을 감독하는 지방 관리의 벼슬 명칭임

그리고 우리나라 조선 시대의 학자이며 시인이었던 서거정(徐居正)과 김종직(金宗直)은 그들의 시에서 '건망증'을 일러 '기억을 흘린다'는 뜻으로 '새는 술잔[漏卮(누치)]'이라 표현하기도 하였다.

건망증과 치매를 혼동하는 경우가 많은데 건망증과 치매는 확연히 다르다고 한다. 건망증은 그 자체로는 병이 아니며 다른 병에 부수적으로 동반되는 증세일 뿐이란다. 자동차 열쇠를 손에 들고 찾는다든지, 휴대폰을 냉장고에 넣고 어디에 두었는지 모르다가 나중에 찾게 될 경우, '다시는 이런 실수를 하지 말아야지'라고 하는 마음가짐이 생기면 이것은 건망증이라 할 수 있다. 이처럼 건망

증은 기억이 잠시 모호해졌을 뿐 상기만 시켜주면 다시 떠올릴 수 있는 상태이고, 반면에 치매는 기억 자체가 완전히 소멸되는 질병이다.

치매는 세상에서 가장 슬픈 질병이라고 한다. 오래 전에 내가 현직에 근무하고 있을 때 가족 중에 치매 환자가 있는 선생님이 있었다. 당시만 해도 치매 환자가 그리 많지 않았던 시절이었지만, 불행하게도 그 선생님의 모친이 치매 질환을 앓고 있었다. 그 선생님은 주변에 치매 환자를 돌보아 줄 만한 시설이 없어 집에서 모친을 모시고 있었다. 나는 가끔 그 선생님으로부터 모친의 상황을 듣곤 하였는데 가족들 모두가 모친과의 전쟁 아닌 전쟁을 치렀다고 하였다. 모친과의 전쟁은 크게 3가지로, 식사를 많이 하는 것은 둘째 치고 방 벽과 이부자리에 똥칠을 하는 것, 옷을 입히면 모두 벗어 버리는 것 그리고 자꾸 방 밖으로 뛰쳐나오는 것이었다. 그래서 방 청소를 하고 새 이부자리를 깔아 놓으면 또 똥칠을 하고, 옷을 입히면 또 벗어던지고, 방 안에 모셔 놓으면 어느 틈에 나와 밖으로 돌아다니고……. 그 뒤로 근무지가 서로 멀리 떨어지다 보니 그 선생님 모친의 소식 또한 듣지 못했다.

10여 년이 지나고 나는 '지명 유래'와 '민속 유래'를 연구하면서 문득 그 선생님 모친의 일이 떠올랐다. 곰곰이 생각해 보니, 그 선생님의 모친이 왜 그와 같은 행동을 했는지 이해를 할 것 같았다. 방 안에 가두어 놓으니 대변을 방에서 보아야 하고, 혼자 똥을 치우려니 손에 묻고, 손에 묻은 똥을 닦으려니 방 벽이나 이부자리에 문질러 닦아야 하고, 똥이 옷에 묻으니 옷을 벗어야 하고, 방 안에서 똥 냄새가 나니 밖으로 나올 수밖에 없었을 것이다. 아무리 치매 질환을 앓고 있다 하더라도 자신의 몸을 보호하고자 하는 본능은 남아 있는 것이다. 더러운 것과 지독한 냄새를 꺼리는 것은 치매 환자에게도 본능일 것이다. 따라서 치매 환자가 벽에 똥칠을 했다고 표현하는 것은 잘못된 말일 것이다. 치매 환자의 입장에서 보면 이것은 똥칠이 아니고 본능적으로 손에 묻은 똥을 벽이나 이부자리에 문질러 닦은 것이다.

또한 치매 환자의 가장 큰 특징은 최근의 일부터 잊어버리는 것이란다. 학창 시절의 일은 멀쩡한 사람처럼 기억하면서 방금 밥을 먹고도 안 먹었다고 한다. 그래서 치매 환자의 딸이 친정에 오면,
　"저×(며느리)이 나 밥 안 줬어"
라고 딸에게 이른다. 그럴 경우 딸은 치매 환자의 특징이 최근 것부터 망각한다는 사실을 알고,
　"엄마! 조금 전에 밥을 잡수셨잖아"
라고 하면 될 것을 질책하듯이,
　"언니(올케)! 왜 엄마 밥 안 드렸어?"
라고 한다면, 이제부터 그 집안은 난리판이 일기 시작할 것이다.
　'그렇다면 네가 모셔라', '왜 내가 모시냐?', '나는 못 모신다'…….
　건강한 시부모를 모시는 것도 힘들다고 하는데, 하물며 환자 중에 그것도 치매 환자를 모시는 것은 그 어려움에 가늠이 가질 않는다. 혹여 마음에 들지 않는 것이 좀 있다 하더라도 그저 '애쓴다', '고맙다', '미안하다' 등등 위로의 말을 전하는 것이 가족으로서 도

리(道理)일 것이다.

어디선가 들은 이야기이다. 치매 환자인 아버지가 까치를 가리키며 아들에게 물었다.

"아들아! 저 새 이름이 뭐니?"

"까치요."

"저 새 이름이 뭐니?"

"까치요."

"저 새 이름이 뭐니?"

"에이, 까치라니까요."

이 모습을 보고 있던 어머니가 아들에게 말했다.

"아들아! 너는 어렸을 때 아버지에게 똑같은 질문을 더 많이 했단다."

이 말을 듣고, 아들은 머리를 긁적이며 멋쩍게 아버지를 바라보았다고 한다.

9. 삼우제^{三虞祭}와 사십구재^{四十九齋}

근래에는 사람들이 '삼우제'를 '삼오재'라 하고, '사십구재'를 '사십구제'라고 부르는 경향이 있다. '삼오재'란 말이 나온 이유는 아마도 장례를 치른 지 3일이 되는 날이거나 또는 세 번째 지내는 제사라 하여 '삼', 돌아가신 지 5일이라 하여 '오', 그리고 발음상 모음조화 현상으로 앞의 양성 모음을 닮아 '제'가 '재'로 바뀌어 '삼오재'가 된 것 같다. 또한 '사십구제'란 말은 49일 만에 지내는 제사일 것이라고 생각하여 '제'라고 하거나, 아니면 발음상 모음조화 현상으로 앞의 음성 모음을 닮아 '재'가 '제'로 바뀌어 '사십구제'가 된 것이 아닌가 한다.

하지만 최근의 경향과는 달리 먼저 가신 이를 추모하는 제사 명칭으로는 '삼우제'와 '사십구재'가 맞는 말이다. '삼우제'의 '우제(虞祭)'는 유교 문화에서 온 것인데, 망인(亡人)이 이승을 떠나 저승으로 가야 하는데 이승에 미련이 남아 못 떠나고 구천(九泉)을 떠돌지나 않을까 염려하여 망인의 혼백(魂魄: 넋)을 달래 주기 위해 지내는 제사이다. 또한 '사십구재'의 '재(齋)'는 불교 문화에서 온

우제의 예법에 따른 제사상 차림

것으로, 망인이 세상을 떠난 지 49일째에 명복(冥福: 죽은 뒤에 저승
에서 받는 복)을 비는 천도재(薦度齋: 망인의 혼령이 극락세계로 가도록
기원하는 불공)와 같은 의미를 가진다.

'우제'에는 초우제(初虞祭), 재우제(再虞祭), 삼우제(三虞祭)가
있다.

초우제는 장례(葬禮)를 치른 날에 처음으로 지내는 제사인데, 되
도록 낮 시간에 지내야 하며, 사정에 따라 늦어지게 되면 저녁 상
식[上食: 상가(喪家)에서 아침 저녁으로 영실(靈室)에 올리는 음식]을 겸
하여 지낸다. 또한 이때 혼을 집으로 불러들이는 반혼제(返魂祭)를
겸하기도 한다. 그리고 만약 묘지(墓地)가 멀어 당일로 본가에 도
착하지 못할 경우에는 중간 숙소에서라도 제사를 지내는 것이 상
례(喪禮)이다.

재우제는 두 번째 지내는 아침 제사로, 초우제를 지낸 뒤 처음으로 맞는 유일[柔日: 쌍일(雙日)이라고도 하며, 아라비아 숫자에 비교하면 짝수가 되는 날] 즉, 육갑(六甲)의 십간(十干) 중에서 을(乙), 정(丁), 기(己), 신(辛), 계(癸)의 날에 재우제를 지내야 한다. 그러나 장례일이 유일인 경우에는 다음 날이 강일(剛日)이 되므로 다음다음 날에 재우제를 지내야 한다. 그래야 유일을 지켜 재우제를 지낼 수 있기 때문이다.

삼우제는 장례를 치르고 세 번째 지내는 제사로, 재우제를 지낸 다음 날 아침에 지내는 제사이다. 삼우제는 재우제와 달리 강일[剛日: 기수일(奇數日)이라고도 하며, 아라비아 숫자에 비교하면 홀수가 되는 날] 즉, 육갑의 십간 중에서 갑(甲), 병(丙), 무(戊), 경(庚), 임(壬)의 날에 삼우제를 지내는데, 자동적으로 재우제 다음 날이 강일이 된다. 그러나 묘지가 멀거나 특별한 사유가 있을 경우, 초우제나 재우제는 돌아오는 중에 본가가 아닌 다른 숙소에서 제사를 지내더라도 문제가 되지 않지만, 삼우제만은 반드시 본가에 돌아와서 재우제 이후 맞는 첫 강일 아침에 제사를 지내는 것이 상례이다.

삼우제가 끝나면 상주(喪主)는 묘지를 찾아 성묘(省墓)를 하는데, 간소하게 묘제를 지내고 봉분과 묘역을 살피며 잘못된 곳은 손질을 한다. 옛날에는 매장을 많이 했고 따라서 야생 동물들이 봉분을 훼손하는 일이 많아 삼우제의 의미가 더욱 컸다고 한다. 그리고 삼우제에는 강일 아침에 혼백(魂帛: 신주를 만들기 전에 임시로 명주나 모시를 접어 만든 신위)을 모시고 제사를 지낼 경우, 다시 혼백을 모시고 장지(葬地)에 가서 묘제를 지낸 다음 혼백을 태우거나 매혼(埋魂: 혼백을 무덤 앞에 묻는 일)을 하기도 한다. 이와 같은 일들이 전통적인 우제의 예법이다.

　다음은 우제를 지내는 절차를 간략히 기술하는데, 차례와 제사와는 약간의 차이가 있고, 지방의 풍속이나 가풍에 따라 그 내용이 다를 수도 있다.

1. 진설(陣設): 제사상에 채소, 과일, 포(脯), 해(醢:젓갈)를 진설하고 신주를 모신다.
2. 강신(降神): (신을 내리게 한다는 뜻으로) 주인(主人)이 향을 피우고 곡(哭)을 한 다음 재배(再拜)한다. 그런 다음 술을 잔에 따라 모사(茅沙: 그릇에 담은 모래와 거기에 꽂은 띠의 묶음)에 세 번 나누어 붓는다.
3. 진찬(進饌): 축(祝: 제사 절차를 총괄하는 사람)이 집사자(執事者)를 지휘하여 굽지 않은 어류와 육류·메(밥)·국·떡·국수 그리고 삼적[三炙: 양념하여 구운 육(肉)·어(魚)·계(鷄)]을 포함하여 주식(主食)을 진설한다.
4. 초헌(初獻): 주인이 집사자로부터 잔을 받아 모사에 조금씩 세 번 붓고 반쯤 남겨서 집사자에게 주면 영좌(靈座) 앞에 진설하고 메와 국의 뚜껑을 연다. 이때 모두가 무릎을 꿇고 축이 축문(祝文)을 읽는다.
5. 아헌(亞獻): 두 번째 술잔을 올리는 과정으로 주부(主婦)가 거행하는 절차이다. 초헌과 같이 하지만, 축문은 읽지 않고 주부 이하 여러 부녀(婦女)가 잠깐 곡을 한 뒤에 주부가 사배(四拜)를 한다.

6. 종헌(終獻): 마지막 술잔을 올리는 과정으로 친척이나 주인의 자녀가 거행하는 절차이다. 아헌과 같은 절차지만 헌자(獻者: 술잔을 올리는 사람)만 잠깐 곡을 한 뒤에 남자는 재배하고 여자는 사배하며, 철주(撤酒: 술잔을 거두는 일)는 하지 않는다.

7. 유식(侑食): 집사자가 이미 올려진 잔에 첨주(添酒)한 다음, 메 위에 삽시(揷匙: 숟가락을 꽂음)하고 시접(匙楪: 제사 지낼 때 수저를 담는 그릇)에 정저(正著: 젓가락을 바르게 놓음)하되 손잡는 곳이 서쪽을 향하도록 한다.

8. 합문(闔門): 축이 문을 닫거나 병풍으로 가리면, 주인 이하 모두 문 밖에서 한식경(一食頃: 한 차례의 음식을 먹을 만한 시간)을 기다린다.

9. 계문(啓門): 축이 헛기침을 세 번 하고 문을 열면, 주인 이하 모두 들어와 제자리에 서고, 집사자가 갱(羹: 국)을 물려내고 숙수(熟水: 숭늉)를 올린 다음 숟가락으로 조금씩 삼초반(三抄飯: 밥을 세 번 뜨는 일)을 한다. 그리고 숟가락은 숭늉 그릇에 담그어 놓는다.

10. 사신(辭神): 집사자가 수저를 거두고 밥그릇의 뚜껑을 덮으면 축은 신주(神主) 함의 덮개를 덮는다. 주인 이하 모두 곡을 하고 재배하면 축은 신주일 경우에는 사당에 모시고, 종이에 쓴 지방과 축문일 경우에는 불태운다. 끝으로 집사자는 진설하였던 제물을 물려 낸다.

다음은 사십구재에 대한 이야기이다. 앞부분에서도 언급했듯이 불교에서는 사람이 죽으면 현세의 업(業)을 모두 짊어지고 저승으로 간다고 하였다. 그러나 지옥에 떨어질 죄를 지었어도 그 자손들이 정성껏 공양을 하여 불공을 드리면 지옥에 드는 것을 면할 수가 있다고 하는데, 바로 사십구재가 그것이다. 부처의 십대 제자 중 한 사람이었던 목련(目連)이 아귀도(餓鬼道: 늘 굶주린 아귀들이 모여 사는 세계)에 떨어져 울부짖는 그 어머니를 굶주린 아귀도에서 벗어날 수 있게 하였던 것도 사십구재의 덕이었다.

사람이 죽으면 이승을 떠나 저승을 향해 49일 동안 걸어간다고 하며, 걸어가는 도중에 7일에 한 번씩 현생의 업에 대해 심사를 받는다고 한다.

7일째는 오대 명왕(五大明王)과 팔대 명왕(八大明王)의 으뜸이며, 일체의 악마와 번뇌를 굴복시키는 부동명왕(不動明王)의 화신(化身: 중생을 구제하기 위해 여러 가지 형상으로 바꾸어 이 세상에 나타난다는 부처)으로부터 첫 번째 심사를 받고, 14일째는 불교의 개조(開祖)인 석가여래(釋迦如來: 석가모니여래)의 화신으로부터 두 번째 심사를 받는다. 21일째에는 석가여래의 왼편에서 석가여래를 모시며 지혜를 맡은 문수보살(文殊菩薩)의 화신으로부터 세 번째 심사를 받고, 28일째는 석가여래의 오른쪽에서 불교의 진리와 수행의 덕(德)을 맡아 석가여래의 포교를 돕는 보현보살(普賢菩薩)의 화신으로부터 네 번째 심사를 받는다. 35일째는 석가여래의 부탁으로 입적(入寂)한 후 미륵불이 출세할 때까지 부처 없는 세계에 머물면서 육도(六道: 중생이 죽어 윤회하는 여섯 가지의 세계, 지옥·아귀·축생·아수라·인간·천상도)의 중생을 교화(敎化)한다는 지장보살(地藏菩薩)의 화신으로부터 다섯 번째 심사를 받고, 42일째는 도솔천(兜率

天: 수미산 꼭대기에 있는 부처가 사는 깨끗한 세상)에 살며, 56억 7천만 년 후에 성불(成佛)하여 이 세상에 내려와 제2의 석가여래로 모든 중생을 고해(苦海)에서 건져 내어 극락세계로 이끌어 준다는 미륵보살(彌勒菩薩)의 화신으로부터 여섯 번째의 심사를 받는다. 49일째는 중생을 질병에서 구원해 주고 법약(法藥: 중생의 마음의 번뇌를 없애 주는 불법의 약)을 준다는 약사여래(藥師如來)의 화신에 이르기까지 차례차례 심사를 받으면, 마지막으로 이날 염라대왕이 일곱 번에 걸쳐 받은 심사 내용을 종합하여 보고, 망인(亡人)이 지옥(地獄)으로 떨어질지 극락(極樂)으로 올라갈지를 결정짓는다.

바로 이때 이승에 남아 있는 자손들이 마지막으로 옥황상제(玉皇上帝)에게 망인이 극락에 오를 수 있도록 공양을 드리며 선처(善處)해 줄 것을 염원하는 제례의식(祭禮儀式)이 바로 사십구재인 것이다. 더하여 7일마다 심사를 받는 날에도 공양을 드리면 망인이 더 많은 공덕을 쌓을 수 있다고 한다.

결국 유교적 성향을 가진 우제(虞祭)나 불교적 성향을 지닌 사십구재(四十九齋)나 모두가 부모와 조상을 섬기는 일이다. 따라서 우제와 사십구재가 추구하는 근본 사상은 인간의 도리를 뜻하는 효사상일 것이다.

찾아보기

참고문헌

- 교양국사연구회 엮음,「이야기 한국사」, 청아출판사, 서울, 1993.
- 권오돈 역해,「禮記」, 홍신문화사, 서울 , 1996.
- 김부식 지음/ 김종성 해설,「삼국사기」, 도서출판 장락, 서울, 2004.
- 金星元 編,「韓國의 歲時風俗」, 明文堂, 서울, 1994.
- 김승용 지음,「우리말 절대지식」, 도서출판 동아시아, 서울, 2017.
- 김홍신 지음,「초한지 1~7」, 아리샘, 서울, 2012.
- 나관중 지음/ 황병국 옮김,「三國志 1~5」, 범우사, 서울, 1992.
- 박호순 지음,「알고 보면 재미있는 우리 민속의 유래」, 도서출판 비엠케이, 서울, 2014.
- 박호순 지음,「알고 보면 재미있는 우리 민속의 유래2」, 도서출판 비엠케이, 서울, 2016
- 서정범 지음/ 박재양 엮음,「새국어어원사전」, 도서출판보고사, 경기, 2018.
- 시내암 원저/ 강병국 평역,「수호지」, 진한엠엔비, 서울, 2018.
- 에리히 프롬 지음/ 권오석 옮김,「사랑의 기술」, 홍신문화사, 서울, 2012.
- 李奎浩著,「말의 힘」, 第一出版社, 경기, 1986.
- 이명호 지음,「구별하기 쉬운 야생화 비교도감」, 푸른행복, 경기, 2018.
- 李民樹 校註,「內訓」, 홍신문화사, 서울, 1999.
- 이선종 엮어 옮김,「한국 속담 대백과」, 아이템북스, 서울, 2011.
- 이영희 엮음,「한손에 잡히는 우리 민담」, 초록세상, 경기, 2006.
- 이재운 · 박소윤 엮음,「알아두면 잘난 척하기 딱 좋은 우리말 어원사전」, 노마드, 경기, 2008.
- 일연 지음/ 김원중 옮김,「삼국유사」, ㈜을유문화사, 서울, 2005.
- 林東錫 譯註,「孝經」(曾子 撰), 동서문화사, 서울, 2009.
- 陳泰夏 지음,「鷄林類事研究」, 光文社, 서울, 1975.
- 崔長洙 지음,「古詩歌解說」, 世運文化社, 서울, 1977.
- 崔長洙 지음,「古時調解說」, 世運文化社, 서울, 1977.
- 漢文教材編纂會,「杜詩諺解」, 景仁文化社, 서울, 1975.
- 허균 지음,「십이지의 문화사」, 돌베개, 경기, 2010.
- 허철구 지음,「공부도 인생도 국어에 답 있다」, ㈜도서출판 알투스, 서울, 2018.
- 헤르만 헤세 지음/ 전영애 옮김,「데미안」, 민음사, 서울, 2019.
- 박영목 외 4인 지음,「고등학교 독서와 문법」, ㈜천재교육, 서울, 2019.

- 박영목 외 4인 지음, 「고등학교 화법과 작문」, ㈜천재교육, 서울, 2019.
- 박영민 외 7인 지음, 「고등학교 국어」, ㈜비상교육, 서울, 2018.
- 윤여탁 외 17인 지음, 「고등학교 국어Ⅰ」, ㈜미래엔, 서울, 2016.
- 윤여탁 외 17인 지음, 「고등학교 국어Ⅱ」, ㈜미래엔, 서울, 2015.
- 한철우 외 4인 지음, 「고등학교 고전」, ㈜교학사, 서울, 2016.
- 한철우 외 4인 지음, 「고등학교 문학」, ㈜비상교육, 서울, 2015.
- 高大民族文化硏究所, 「韓國民俗大觀1~6」, 1995.
- 四書三經編纂委員會, 「四書三經」, 良友堂, 서울, 1977.
- 朴淏淳著, 「安城郡 地域의 固有地名에 對한 考察」, 1985.
- 평택문화원, 「평택민속지 상」, 2009.
- 평택문화원, 「평택민속지 하」, 2010.
- 금성출판사, 「국어대사전」, 1992.
- 두산동아, 「百年玉篇」, 2003.
- 민중서림, 「국어사전」, 2013.
- 言文社, 「言文大玉篇」, 1976.
- 一潮閣, 「古語辭典」, 1978.
- 한국사대사전 편찬위원회, 「韓國史大事典」, 1981.

사진 및 그림 자료 인용

한글 편찬의 의미와 정신을 담은 훈민정음, 참빛아카이브 - 18p

암행어사의 마패, 국립민속박물관 - 37p

고명을 얹은 떡국, 셔터스톡 - 52p

조선 시대 고종 임금의 고명딸인 덕혜옹주, 국립고공박물관 - 53p

껍질을 벗기지 않은 벼의 알맹이인 벼 낟알, 셔터스톡 - 65p

아기 백일상의 잔치떡인 백설기, 한국학중앙연구원 한국민족문화대백과 - 77p

남대문 전경, 송영직 - 87p

오방 신장도, 국립중앙박물관 - 104p

단오에 먹었던 명절 음식 수리떡, 해외문화홍보원 플리커 계정, 코리아넷 해외문화홍보원
(Jeon Han) - 108p

팥죽, 셔터스톡 - 130p

시루떡, 국립국어원 - 130p

투호, 국립민속박물관 - 133p

조선 시대의 투호놀이 그림 / 혜원 신윤복의 '임하투호', 공유마당 - 135p

고구려 고분 벽화 '수렵도', 국립문화재연구소 - 141p

중국 역사상 최초로 천하통일을 이룩한 진시황, Wikimedia Commons (Yuan, Zhongyi. China's
terracotta army and the First Emperor's mausoleum: the art and culture of Qin Shihuang's
underground palace. Paramus, New Jersey: Homa & Sekey Books, 2010. ISBN 978-1-931907-68-2
(p.140)) - 155p

천자(天子)가 된다는 용의 관상을 타고난 유방, Wikimedia Commons (http://earlyworldhistory.
blogspot.com/2012/03/liu-bang.html) - 163p

《연려실기술》, 국립중앙박물관 - 173p

조선 태조 이성계, 어진박물관 - 175p

잉어가 그려져 있는 효(孝) 문자도(文字圖), 한국학중앙연구원, 유남해 - 183p

포항 오어사 목어(吾魚寺 木魚), 한국학중앙연구원, 유남해 - 185p

비녀와 동곳, 국립민속박물관 - 187p

이팝나무, 셔터스톡 - 203p

민들레, 셔터스톡 - 210p

혜원 신윤복의 '그네 타는 여인들', 국립중앙박물관 - 214p

안동민속축제 놋다리밟기, 안동문화원 - 219p

(재)정선아리랑문화재단 뮤지컬 퍼포먼스 아리아라리, (재)정선아리랑문화재단 – 231p

새완두, 얼치기완두, 살갈퀴의 잎모양, 지리산 야생화 블로그(https://blog.naver.com/uari40), 유
　　걸 – 239p

유교의 시조인 공자, 셔터스톡 – 246p

소수서원 전도, 이호신 2019 한지에 수묵채색 180×272cm – 253p

순국선열과 호국영령의 애국정신이 살아 숨쉬는 국립현충원, 국립현충원, 이상화 – 269p

열사 민영환의 유서, 사진으로 보는 한국백년(1876~) – 270p

일제의 을사조약 부당성을 알리기 위해 네덜란드 헤이그로 파견된 밀사들, 사진으로 보는 한
　　국백년(1876~) – 270p

안중근 의사, 사진으로 보는 한국백년(1876~) – 273p

백범 김구 선생과 윤봉길 의사, 사진으로 보는 한국백년(1876~) – 274p

이봉창 의사, 사진으로 보는 한국백년(1876~) – 274p

태극기, 셔터스톡 – 277p

우제의 예법에 따른 제사상 차림, 셔터스톡 – 297p

권건하 – 95, 123

곽수진 – 167, 198, 258, 285, 293

표지와 본문에 **동구리** 사용을 허락한 권기수 작가께 감사말씀 드립니다.